历史与历史学家

History and Historians

SELECTED PAPERS OF
R. W. SOUTHERN

理查德·威廉·索森选集

[英] 罗伯特·J. 巴特莱特 ◎ 编著

李腾 ◎ 译

上海三联书店

该翻译过程受到了"上海市浦江人才计划的资助"

"光启新史学译丛"弁言

20世纪展开的宏伟历史画卷让史学发展深受其惠。在过去半个世纪里,历史研究领域延伸出许多令人瞩目的分支学科,诸如性别史、情感史、种族史、移民史、环境史、城市史、医疗社会史等,这些分支学科依然聚焦于人,但又深化了对人的理解。举凡人类活动的核心领域如经济关系、权力运作、宗教传播、思想嬗变、社会流动、人口迁徙、医疗进步等等都曾在史学的视野之内,而当代史家对这些领域的研究已大大突破了传统史学的范畴,并与普通人的日常生活息息相关。如今,一位普通读者也能够从自身生存状态出发,找到与历史作品的连接点,通过阅读历史,体悟人类过往智慧的种种精妙,进而在一定程度上主动去塑造自己的生活理念。通过阅读历史来定位我们的现在,通过历史研究为当下的种种决策提供依据,这已经是我们的现实中基于历史学的一种文化现象。不论是对物质生活或情感世界中细节的把握,还是期望对整个世界获得深邃的领会,当代历史学都提供了无尽的参照与启迪。这是一个史学的时代,也是一个人人都需要学习、参悟历史的时代。千百种貌似碎片化的历史专题研究、综合性的学术史研究、宏观化的全球史研究,都浸润着新时代的历史思维,为亿万读者提供了内涵丰富、层次多样、个性鲜明的历史读本。

微观史学或新文化史可视为一种新社会史学的重要方向,对此国内有不少译介,读者也较为熟悉。但新社会史学的研究远不止这两个方向,它在各方面的成就与进展,当然是我们这套译丛不会忽视的。除此之外,我们尤为关注代表着综合性史学思维的全球史，它是当代西方史学的重要分支，是新的世界史编纂方法和研究视角。

全球史的出现是一个非常重要的"历史性时刻"，它不仅是"从下往上看历史"新视角下所包括的普通民众，而且这标志着全球史已深入到前殖民，囊括第三世界的方方面面。为纠正传统西方中心论和以民族国家为叙事单位所带来的弊端，全球史自 20 世纪 60 年代诞生以来，越来越受到史学界的重视。全球史关注不同民族、地区、文化、国家之间的交往与互动，强调传播与接受，重视文化多元与平等，摈弃特定地区的历史经验，犹如斯塔夫里阿诺斯所说，要站在月球上观察地球，"因而与居住在伦敦或巴黎、北京和新德里的观察者的观点迥然不同。"

当代史学的创造力所在，可从全球史研究的丰富内涵中窥见一斑。全球史研究奠基在一种历史写作的全球语境之中，诉诸全球视野，构建起全球化叙事，突出历史上民族、国家、文化之间的交流、碰撞与互动。在当代史家笔下存在以下几种全球互动模式：一是阐述世界历史上存在的互动体系或网络，如伊曼纽尔·沃勒斯坦的《现代世界体系》(1974—1989)、德烈？冈德？弗兰克的《白银资本》(1998)、彭慕兰《大分流》(2000)；二是关注生态与环境、物种交流及其影响的，如艾尔弗雷德·罗斯比的《哥伦布大交换》(1972)、约翰·麦克尼尔《太阳底下的新鲜事：20 世纪人与环境的全球互动》(2001)；三是研究世界贸易、文化交流的，如卜正民的《维梅尔的帽子》(2008)、罗伯特·芬雷《青花瓷的故事：中国瓷的时代》(2010)、贝克特的《棉花帝国》(2014)；四是以全球眼光进行比较研究的，这包括劳工史、移民史等，如菲力普·方纳的《美国工人运动史》(1947—1994)、孔飞力的《他者中的华人：中国近现代移民史》(2009)；五是审视区域史、国别史之世界意义的，如迪佩什·查卡拉巴提的《地方化欧洲》(2000)、大卫·阿米蒂奇的《独立宣言：一种全球史》(2007)、妮娜·布雷的《海市蜃楼：拿破仑的科学家与埃及面纱的揭开》(2007)等；以至出现了所谓的跨国史研究。"跨国史"(transnational history)这一术语自 20 世纪 90 年代以来一直和美国历史研究的那些著作相关联。这一新的研究方法关注的是跨越边疆的人群、观念、技术和机构的变动。它和"全球史"（global history）相关，但又并不是一回事。"跨文化史"（Transcultural history）或"不同文化关系"（intercultural relation）是与"跨国史"相匹配的术语，但研究者认为在阐明那些跨国联系时，这两个术语过于模糊。"跨国"这个标签能够使学者认识到国家的重要性，同时又具体化其发展过程。该方法的倡导者通常把这一研究方法区别于比较史学（comparative history）。尽管如此，他们认为比较方法和跨国方法彼此是互为补充的。（A. Iriye and P. Saunier, ed., *The Palgrave Dictionary of Transnational History*, Macmillan，2009，p. 943）

全球史研究不断尝试以全球交互视角来融合新社会史学的微小题材，总体看来，这些新趋势和新热点在一定程度上纠正了全球史对整体性和一致性的偏好，为在全球视野中理解地方性知识乃至个体性经验做出了示范，同时凸显了人类历史中无处不在、无时不在的多样性与差异性。

本译丛是以当代历史学的新发展为重点，同时兼及以历史学为基础的跨学科研究成果，着眼于最新的变化和前沿问题的探讨。编者既期望及时了解国外史学的最新发展，特别是理论与方法上的新尝试和新变化，又要选择那些在研究主题上有新思路、新突破的作品，因而名之为"新史学译丛"。

近现代史学自18世纪职业化以来发展到今天，已经走完了一轮循环。时至今日，史学研究不再仅限对某一具体学科领域作历史的探讨，而是涉及哲学、文学、艺术、科学、宗教、人类学等多个领域，需要各个领域的专家协手共进。在一定意义上，史学是对人类文化的综合研究。这是一种现实，但更是一种理想，因为这意味当代新史学正在努力把传统史学很难达到的最高要求，当作了入门的最低标准。

历史演进总是在波澜不惊的日常生活里缓慢地进行着，无数个微小的变化汇聚累积，悄悄地改变着人类社会生活的整体面貌，因此，历史发展的进程，以长时段的目光，从社会根基处考察，是连续累进的。知识的创造同样如此，正如我们今天的全球史观，也是得益于人类漫长智识创造留给我们的智慧。历史研究虽然履行智识传播的使命，未来会结出什么样的智慧之果，我们很难知晓，也不敢预言，但愿它是未来某棵参天大树曾经吸纳过的一滴水，曾经进入过那伟大的脉络。无论如何，我们确信的是，通过阅读历史，研究历史，人们体验到的不仅仅是分析的妙处与思维的拓展，而且是在潜移默化中悄悄促进包容性社会的发展。

"光启新史学译丛"编委会

2017 年 9 月 1 日于光启编译馆

序

　　一个长久以来所渴望的计划终于在这本书里实现了。如同最好的历史书写一样，汇聚于此的理查德·索森爵士的作品既与时间相关又超越时间，尤其是他为皇家历史学会所做的四次主席讲演，提供了有关历史学家的目标和实践，以及历史在中世纪和近代时期广义文化中地位的深刻洞见。学会应当使这些文章能为年轻一代的学者和更为广泛的读者群所接触到，我们深信理查德爵士自己也必会乐见其成。

　　学会特别感谢彼得·索森给予的热情鼓励，还有亚历山大·默里的各种帮助。我们也要感谢我们的一位文字主管安德鲁·佩蒂格里，是他引领着这卷书走向了出版社，还有布莱克维尔出版社的克里斯多夫·惠勒的促进之功。尤其是要感谢的是罗伯特·巴特莱特，他真诚与卓越的贡献贯穿了这个计划的始终。在这个历史学吸引了比以往更为广泛读者的时代，希望这本书既能表明皇家历史学会曾经的重大贡献，也能标志着学会一如既往的对历史和历史学家们的承诺。

珍妮特·L.尼尔森(Janet L. Nelson)

皇家历史学会主席

自　序

　　理查德·索森爵士(1912—2001)被广泛誉为最伟大的中世纪
史学家之一。他的处女作《中世纪的形成》发表于1953年,被翻译
成了多种文字,且从未绝版,是这一领域的经典:它是对一个时代
清晰的阐释,同时捕捉到了这一时代的动力和人类思想情感的内
部运作。他对于圣安瑟伦的研究也是这位伟大隐修思想家的力
作。他宏伟的综合性著作《中世纪时期的西方社会与教会》生动地
展现了"迄今所知世界上最为详尽且彻底整合的宗教思想和实践
体系"。最后且最为雄心勃勃的计划是他的多卷本《经院人文主义
和欧洲的统一》。当然,他一生中也曾写过许多更短的篇章,像是
随笔、讲演、回忆等等。索森的多篇短论汇编于布莱克维尔出版社
1970年出版的《中世纪人文主义及其他研究》(*Medieval
Humanism and Other Studies*)当中。也正是在那一年,诞生了索森
在担任皇家历史学会主席期间反思中世纪历史书写的第一篇讲
演。按照学会的传统,这四篇主席讲演陆续刊登在了《学会汇报》
上。以"历史书写的欧洲传统之诸方面"为总标题,索森先后处理
了古典化的历史、普世历史、先知历史,还有一篇题为《过去的感
知》讨论了英格兰古物研究的历史,在他看来是旨在进行"对过去
的全面回顾"。

　　如同他所有的作品一样,这里收录的索森作品同样具有广泛的
领域、深邃的学识和鞭辟入里的洞见。这些文章自然地归纳在一
起并以书籍的形式加以再版,是为了使这些由一位卓越的中世纪
史学者在如此重要主题上的作品更便于阅读。此外,我们还增补
了索森在两个相关领域的特殊作品,亦即专业历史学的本质和对
其他中世纪学者的欣赏,其中既有他的老师也有他的同侪。

　　在为皇家历史学会所做的四次讲演中,索森探讨了过去的历史

学家并非是事件记录的来源,他们本身也是研究的主题。他看到了"将中世纪编年史家简单地视为史实贮藏室而非作者思想和意图之证据"的局限。他明确的主题恰恰是"过去的历史学家们的目标、方法和局限"。他的第一篇讲演讨论了古代罗马作家所激发的古典化、修辞化传统。在中世纪时期最著名的例子就是爱因哈德,最为成功的则是蒙茅斯的杰弗里。索森认识到,中世纪史家所编撰的讲演、堆砌的描述以及体裁上的苦心孤诣对于"寻找一个事实的现代史家"而言是无用的,但是这并非关键所在。他们的目的是创作典雅的艺术作品,带有典范性的道德色彩,必须从其目的这个角度加以理解。第二篇讲演中所讨论的普世历史学家则非常不同。建基于圣奥古斯丁所奠定的基础之上,以及他的长时段历史观和极具影响力的六阶段理论,他们发展出了一个清晰而连贯的模式,使在《创世记》和《启示录》中所描绘的从创世到末日的所有人类事务都可以纳入其中。在这里,索森所择取的主要对象是12世纪隐修神学家圣维克多的休,并对他的历史观念进行了细致的分析。虽然基督教普世历史的根基是神学的,索森仍然认为值得将之称为"科学的"。

预言的历史作为索森的第三个主题同普世历史一样,都奠基于《圣经》之上。它对于《圣经》的某些部分感兴趣,亦即那些可以用于解答未来的部分。而且,这些《圣经》文本可由其他的预言资料所补充,比如古代女预言家和凯尔特先知梅林的神秘指示。从这些地方着手,那些博学睿智的男男女女试图构建一种不仅延伸到过去,而且还要指向未来的历史图景。有时候,像是在菲奥里的约阿希姆这个最为著名的中世纪先知思想家身上,这些理论产生了实际的政治后果。索森的最后一篇讲演始于此前他所解读的历史类型——修辞的、普世的、预言的——都未曾涉及的反思,他将其目的归于现代历史学家在"总体环境中对过去思想和经验的重组"。他同时深思了他称为"延续性和和平的抚慰感"是能由过去所带来的,之后继续讨论了英国历史上的两组古物研究(Autiquaries)历史学家的性情和寻求此种慰藉的时刻。一个是在诺曼征服的余波中，当旧英格兰隐修院的僧侣们回忆过去以"给当下团体的认同"。他在此处主要讨论的是马姆斯伯里的威廉。另一个时刻是宗教改革后的一个世纪。这里的主角就不再是英格兰隐修士，而是英格兰绅士了，尤其是法官、古物学者和肯特郡的爱国者威廉·兰巴德。

3

索森强烈地意识到了中世纪的知识传统，它在12世纪成型，在文艺复兴或宗教改革时期也没有过时，反而是以强大的生命力一直延续到17世纪，部分甚至延伸到了19世纪。他写道，"在中世纪时期创建的相对稳定的知识体系直到19世纪中期还在很大程度上有效运转着"。这就解释了为什么他不仅将菲奥里的约阿希姆，而且将伊萨克·牛顿爵士纳入到了他对中世纪预言历史的解释中，以及在关于普世历史分析的结尾处，以他在圣约翰学院书架上普世历史的特色参考书为结尾。

索森对历史反思的宏大时代广度也在本书第二部分中所包含的三篇讲演中得以彰显。事实上，这三篇涉及更多的是19—20世纪而非中世纪。这有两个原因。首先，像索森多次指出的，历史直到19世纪才成为一门学术学科。在中世纪的大学里，没有人研究历史，而且历史也被排除在经院主义事业之外。因为缺乏权威的文本，无法提供系统的知识体系，"到19世纪之前历史还在各种科学中被视作一个破麻袋"。对于任何学术的历史学家而言，19世纪是一个天才的时代，他们必须回溯到那些先辈那里。这是一个基本的原因。对索森而言，还有一个特殊的原因是，他出生于1912年，他的老师们本身就是维多利亚时代英格兰的产物，并带有那个时代知识方法和侧重点的烙印，还有那个时代的文化品位以及教派划分的痕迹。对于索森而言，这并非一个陌生的世界。因此，他自然而然地引用着19世纪的小说家们（在《中世纪的形成》中包含着对简·奥斯丁的著名引用，以描绘中世纪教会世俗恩主的困境），而且他一直在与有争议的人物——约翰·亨利·纽曼（1801—1890）——进行着思想辩论。

第二部分的第一篇是索森在担任牛津大学奇切利教授时的就

职讲演。这篇文章不仅处理了 19 世纪中期作为学术学科的历史在牛津的建立，同时也涉及了推动实用教育转变的计划。索森意识到他自己是历史研究的维多利亚时代传统的产物，并在许多方面向这一传统致敬，但他同时也意识到了这一传统的局限，尤其是忽视了"在历史上与制度和政治无关的一切"。以对原始文本的细致分析为方法，以自由的持续发展为主题，英国宪政史研究在那个时代是革命性的，但是那个时代已经结束了。

这场讲演是在牛津举行的，听众也是牛津的，因此其关注点（在积极意义上而言）是地方性的。而在这一部分中的第二篇，《历史体验》则是在另一个大学的讲演，是一个总体上不同的尺度。在一个富有启发性的关于他认为自己第一个真正的历史洞见的叙述之后，索森着眼于 19 世纪历史思考的革命性发展，不是作为学术学科诞生意义上的时间，而是一种对变化、演进和发展的新感知，这些都能在知识和文化生活的许多领域中发现。他的个案包括达尔文、纽曼、恩格斯和勒南，一章古怪的四重奏反映了他广博的阅读和多样的兴趣，以及 19 世纪在他心中的核心地位。他探索了这些伟大人物的社会和知识背景，他们与新观念及新境况的角力，并且特别强调新的构想在他们思考中成型的时刻。随后的一篇，也就是本部分的最后一篇，索森向那些本科生听众们所传达的信息是，历史学问的目的应该是"在各个方面重建过去的心灵，并对时间、地点和人物个性给予紧密关注"。这恰恰就是他自己在处理达尔文、纽曼、恩格斯和勒南时所采用的方法。

本书的第三部分是他对其他中世纪学者的欣赏。第一篇是关于梅特兰的短章，他在索森出生之前就已经去世了，但却在中世纪历史书写的任何思考中都占据了一席之地。梅特兰在方法论和进路上是那个时代的先驱，而且他对于中世纪英格兰历史的贡献不仅在那个时代颇具影响，而且非常持久。对于研究中世纪的法律而言，他的作品仍然是最好的起始之处，阅读起来仍然让人兴趣盎然。如同索森所说，"所有当代的历史研究者都是他的继承者"。本书所囊括的其他部分包括索森对其老师的欣赏（波威克、加尔布雷斯），也包括他在牛津的同侪(亨特、里夫斯和斯莫利)。

　　索森是一个十分典型的牛津人。他在 1929 年进入巴利奥尔学院读本科,于 2001 年去世于牛津。他所有的永久职位都是在这所大学当中(1937—1961 年作为巴利奥尔的研究员、1961—1969 年作为奇切利教授、1969—1981 年作为圣约翰学院的院长)。这些对教师和同辈人的记录,因此就成为了 20 世纪大半时期牛津中世纪学术世界的纪念碑和记录。

　　在索森来到牛津前一年,波威克在这里成为了钦定教授,加尔布雷斯已经被任命为巴利奥尔的研究员,这里将成为索森的学院。这些幸运最终深刻地塑造了索森的智识生活,他在对这两位先师的回顾中流露出了感激和敬仰,同时还有对他们作为历史学家和教师之才能的激赏。很难将加尔布雷斯描绘为一个新历史学的拥护者,他在传统的宪政模式中来去自如。因为在事实上,他的核心作品是文本的编校和对业已出版的文档进行分析,但是他闪耀的人格与不羁的风格在索森的回忆中得到了足够清晰的体现。波威克则是另一种类型,人们可以在索森对波威克的描写中感受到,索森试图捕捉一些难以表述的东西,去记录老一代史学家在他周围所散布的"咒语",而这种咒语可能是其他人没有感受到的。他看到了波威克幻想的一面,索森对波威克杰作《亨利三世与领主爱德华》绝妙召唤以一句醒目的评价而达致巅峰:"历史也许就像是普鲁斯特所写的东西那样——是插曲式的、不规则的、萦绕于怀的。"

　　无论是波威克还是加尔布雷斯都是曼彻斯特历史学派的产物,这个学派与泰特和陶特的名字紧密相连,同时也和牛津有着千丝万缕的联系。尤其是在波威克身上,他可以被视为在牛津舞台上的潜在创新者。随着牛津的历史研究在 19 世纪中后期的发展,其目的在于通过将之与英格兰宪政历史详解,来对未来的行政人员和政治家进行一种通识教育。在索森看来,波威克希望以两种方式来改变这种模式,首先是通过纳入中世纪的宗教和思想史来拓宽这一研究的视野,其次是为研究生教育赋予一种新的专业性的严肃态度(那个时候,大多数的牛津和剑桥的教师们都对研究生学位持怀疑

5

态度）。索森自己并没有去攻读一个研究生学位，但他在 1932 年毕业之后的那些年里明显地受益于波威克的兴趣和鼓励。

牛津中世纪研究的主题范围的拓展，超越于宪政史及其手册——斯塔布斯的《宪章选编》，走向一个更为国际化且更为文化取向的中世纪，可以从我们在本书中付梓的最后三篇文章中看出。这是索森对其同时代的三位学者的欣赏（他们都比索森年长几岁）。他对于玛乔丽·里夫斯的描绘开始于"一个年轻的历史学者想要打破 1920 年代学术历史所限定的狭窄通道的尝试"。与之相似，贝丽尔·斯莫利受到波威克关于坎特伯雷大主教斯蒂芬·兰顿经院主义作品开拓性研究的影响，开始从事中世纪圣经注疏的研究，其代表作就是她的《中世纪的圣经研究》。亨特则并非一个多产的作者（他 1936 年完成的牛津大学博士论文在他去世后的 1984 年才出版），但他无疑是一位很有影响力的学者，他对于广义的欧洲思想史的贡献也很大。对于索森而言，所有这些学者（我们当然可以将索森本人也纳入其中）都代表着英国中世纪学术的转型。脱离了原先的国家和宪政界限而走向了国际和文化领域，创造了中世纪的新图景，这最终都体现在索森最后的作品《经院人文主义与欧洲的合一》之中。

索森的名望来自于作为中世纪时期宗教生活的向导，他的一些最为人所熟知的作品都关于一位圣人（安瑟伦）。他本人强烈的宗教原则也是众所周知。然而，他却并非对世界的物质实体视而不见——在《中世纪时期的西方社会与教会》中，他进行了一项供养一个本笃会隐修士与一个奥古斯丁会律教士所需花费的估算，结论则是后者相对便宜，而"这对于恩主来说无疑是一个重要的考虑"。对于经济和社会的类似考虑也可以在他对自己的老师和其他同辈学者的欣赏中看到。他认识到，对于一个 1930 年代的女性而言，想要获得一个学术职位有多么难；他对于从毕业到获得一个终身职位之间的担忧和不确定性也深有体会；他甚至告诉过我们当时加尔布雷斯的薪水和他在汉普斯特德公寓租金的细节（在 1921 年的时候，只有两英镑一周）。如同他对中世纪学者和教会人士的研究一样，这些思想和宗教活动并不是发生在一片真空当中，而是在一个真实的、物质的，有时甚至困窘的世界当中。

　　同样的具体性也运用于他对于这些历史学家的工作方法和日常生活的唤起当中。以娴熟的技巧和同理心来使用他们的信件和笔记，使索森能够建立起学术民工（艰苦单调）工作的细节性画面——誊写、编辑、创立团体以及从事长期计划，还包括讲座、教学和考试。在某种有趣的意义上，这些细节使本书形成了一个周而复始的循环。因为在皇家历史学会所做的讲演同样也不仅仅关注于历史的理论化，而且还关注历史工作——历史学家们的生意。历史学术的漫长故事，从古典时代到基督教根源，从古物研究到近代早期，再到19世纪作为一门学术科目的历史学，以及在20世纪的新变种，形成了一个延续的整体我们这些实践者可以带着敬意和兴趣来了解所有这些变化。这些就是索森在这些文章中所做的。

　　本书核心的四篇研究来自于《皇家历史学会汇报》。作为索森的继任者，皇家历史学会的主席珍妮特·尼尔森教授最先提议以书籍的形式对之重印。这个建议为布莱克维尔出版社欣然接纳。亚历山大·默里的建议对于本书的最终形式也极有帮助。[①] 他的传记式回忆提供了迄今关于理查德·索森爵士生平和著作最为全面和最新的资料。

　　除了《关于过去的真实》这篇未曾刊布的讲演之外，其他文本的编辑修订很少。我们对征引注释体系进行了统一编排，并在脚注中对于文本更为晚近的现代校订本和英译本进行了说明，但是无意给出关于其所讨论的主题全面的近来研究著作目录。对于行文中极少脚注中所引用的外文也都译为了英文。

罗伯特·巴特莱特（Robert Bartlett）
圣安德鲁斯大学

---

① *Proceedings of the British Academy* 120：*Biographical Memoirs of Fellows* 2 (2003), pp. 413-442.

目　录

1

I. 历史书写的欧洲传统之一：
从艾因哈德到蒙茅斯的杰弗里的古典传统

I

  我希望学会不会认为我将历史书写的欧洲传统作为我任职期间讲演的主题是在浪费时间。虽然有很多涉及广泛的著作冠以历史学之名出版，但是研究的目的、方法以及历史学家在过去的局限等仍在某种程度上被忽视了，至少在这个国度里如此。① 当然，也有一些明显的例外。圣奥古斯丁、吉本和麦考莱的历史态度与倾向被一再研究。在这些伟大的名字之外，其他历史著作的写作方

----

① 在德语学界，对这些问题的讨论要频繁得多，可以从下面选出的近期作品中看出。针对我们所讨论的时代，相关历史书写模式的阐述参见：H. Beumann, *Widukind von Korvei*（Abhandlungen über Corveyer Geschichtschreibung 3, Weimar, 1950），以及 *Ideengeschichtliche Studien zu Einhard und anderen Geschichtsschreibern des früheren Mittelalters*（Darmstadt, 1962）；H. F. Haefele, *Fortuna Heinrici IV Imperatoris*（Graz and Cologne, 1954）；L. Bornscheuer, *Miseriae Regum*（Arbeiten zur Frü hmittelalterforschung 4, Berlin, 1968）；A. Schneider, "Thietmar von Merseburg über kirchliche, politische und ständische Fragen seiner Zeit," *Archiv für Kulturgeschichte* 44（1962），pp. 34 - 71；G. Simon, "Untersuchungen zur Topik der Widmungsbriefe mittelalterlichen Geschichtsschreiber bis zum Ende des xii Jahrhunderts," *Archiv für Diplomatik* 4 （1958），pp. 52 - 119；5 - 6（1959 - 1960），pp. 73 - 153。

式也能反映出作者的生活环境及其知识背景，关于这些的研究却相对较少。作为历史学家，我们通常满足于简单地利用过去的编年史和历史记录，就像是从史实的采石场中筛选、打磨史料，以使之符合我们的目的，但却没有进一步探寻这种选择、强调或取舍的标准。这就是斯塔布斯（Stubbs）非常让人钦佩地编订那些编年纪时的做法。[②] 那些史料是他自己和其他历史学家赖以工作的原材料。他检查它们的可靠性，考证其能否提供在其他材料中找不到的新史实。然而，对那些不自觉地决定了哪些材料才能被留在缮写室中的观念，斯塔布斯却没有过多的关注。

12　　　　在很多方面，我们不得不赞叹这种漫不经心。这源于一百多年前历史学家们的自信，他们相信自己发现了新的方法、新的问题和新的工具，以解释过去。他们远远超过了那些古代的学者，认为后者的思想几乎不值得去探究。"如果这样的一个头脑没有被这样的方法所束缚，他能做出怎样的成就？"这是斯塔布斯对托马斯·阿奎那的直接反应；但是恐怕他并没有想过，在那些他极为关注的学者身上，正由于其独特的思维和写作方法，才让他们取得了如此高的成就。

　　对早期历史学家思想和方法不断增长的兴趣无疑是我们本身缺乏自信的表现，但这同时也是历史视野发展的标志，使其能及时地产出重要成果。现代历史学研究的奠基人（如同那些开拓者）在历史证据和事件上精挑细选，以使其符合历史学家的目的，而且他

---

② 此处指英国历史学家、安立甘宗牛津主教威廉姆·斯塔布斯（William Stubbs，1825 - 1901），主要作品包括：*Registrum Sacrum Anglicanum*：*An Attempt to Exhibit the Course of Episcopal Succession in England from the Records and Chronicles of the Church* （Oxford：Oxford University Press，1858）；*Chronica Magistri Rogeri de Houedene* （London：1867）；*Select Charters and Other Illustrations of English Constitutional History from the Earliest Times to the Reign of Edward the First* （Oxford：Clarendon Press，1870）；*Councils and Ecclesiastical Documents Relating to Great Britain and Ireland* （Oxford：Clarendon Press，1869 - 1878），*The Constitutional History of England in Its Origin and Development* （Oxford：Clarendon Press，1874 - 1878）。——译注

I. 历史书写的欧洲传统之一：从艾因哈德到蒙茅斯的杰弗里的古典传统

们倾向于认为，历史只能以一种方式进行恰当的书写。他们对作为社会和政治动物的人，比对作为思想和感受存在的人更有兴趣。至少在我看来，他们弄错了重点，而我对于我们历史传统的反思在某种程度上就是对这一学科局限的反思。我在这个学科中成长，而且深受其难以言表的恩惠。

我可能在导论里说的太多了。关于这一课题的三次或四次讲演，我头脑中所想的只能从个人观点出发，所以我得首先声明并非所有人都会同意，之后再分析一个具有长久争议历史的态度的历史背景。我首先要说的是，一个历史学家的责任就是创造艺术作品。这并不是说我主要认为作品必须文笔雅致，而是说作品应当带来情感和知识上的满足，将清晰统一的概念同生动的细节结合起来，并使所描绘的人物行为在其环境与性格的框架中是易于理解的。这听上去像是在描绘一个巴尔扎克式或托尔斯泰式的目标：因此，我认为一个历史学家应该与小说家和诗人一样，满足情感和知识的需要。而他如何在有限的文献中实现这个目标，就成为了一个重大的问题。

在一开始，我们必须认识到这种将历史学家的工作视为艺术的观点，与欧洲历史书写的主流直接对立。在过去的一千五百年中，欧洲出现了大量的历史著作，但其中受艺术目的启发而进行的写作微乎其微。欧洲历史传统的力量主要来自编年史作者和古物研究者。历史知识远比历史的写作重要。最具有影响力的历史学家为了许多目的搜集信息——为了立法和制度目的、为了满足对一个民族或一个省或一座城市知识的渴望或仅仅为了娱乐——但是在大多数情况下，他们都不会想到艺术。在这样的一种限制之下，他们并非从事一项轻松的工作。他们所做的，尤其是未能做到的，都成为其获得高度尊重的知识凭证（intellectual credential）。亚里士多德认为（在此提及并非是贬低他）在历史和艺术之间有一条巨大的鸿沟，而他的观点因为有坚实的基础，所以得以成为普遍经验，很难被推翻。因此我们要在此停顿一下，进行思考。

在亚里士多德看来，历史缺乏严肃艺术所包含的两个主要因素——形式（form）和普遍性（universality）。缺乏形式，即历史事件中没有戏剧的统一。并且，因为历史学家的任务就是按照事件的始末顺序对其进行详实的记述，而艺术的形式——即亚里士多德著名定义中的开端、高潮和结尾——无法在一个已经完成的结果中占有一席之地。结果就是，历史学家的作品必然像生活本身一样混乱无序：

> 历史记载的不是一个行动，而是发生在某一时期内的、涉及一个或一些人的所有事件——尽管一件事情和其他事情之间只有偶然的关联。③

因此，艺术形式就从书写的历史中被排除出去了。更为重要的是，由于历史材料缺乏普遍性，历史学家的作品就不可能拥有作为伟大艺术标志的普遍真理：

> 历史学家记述已经发生的事，诗人描述可能发生的事。所以，诗是一种比历史更富哲学性、更严肃的艺术，因为诗倾向于表现普遍性的事，而历史只记载一时一地具体的事。④

这些引用耳熟能详，但却值得我们重新反思，因为其总结了大量暗含在数个世纪发展中的欧洲历史意识。从 12 世纪到 19 世纪，欧洲绝大多数历史研究都本能地认为亚里士多德的观点是正确的，并深受影响。历史学家与他们作品中棘手的资料进行长期博弈，但没有人能逃出亚里士多德论证的力量。我们通常觉得，通过事件的表象来挖掘人类天性和内心意志等深层次的感受，着实是一件难事，有时候甚至是不可能的。唯有小说和诗歌领域例外，

14

---

③ Aristotle, *Poetics*, 1459a. 此处据亚里士多德：《诗学》，陈中梅译注，北京：商务印书馆 1996 年，第 163 页。——译注
④ Ibid., 1451b. 同上，第 81 页，据引文需要略有改动。——译注

在那里任何年龄和地方的人都可以在他们共同的人性上相遇。我们常常在思想上对我们的局限感到愤怒；但是它们就在那里，基本上就是亚里士多德所指出的局限。

然而，随着现代运动在历史书写领域的开展，亚里士多德传统及其对历史的贬低也日渐削弱。我今天并不涉及在 18 世纪后期和 19 世纪早期将历史从亚里士多德强加的传统中解放出来的长期斗争。只有对历史学缺乏形式和普遍性的批评不再被广泛相信，且历史学能够在学术之林中占据自己位置之时，才能说这场运动是成功的。我们可能会在以后再对这一斗争及其结果加以考量。然而，我想在今天回到欧洲历史传统形成的早期，在亚里士多德将其冻结之前。那时，历史学被广泛视为一种尤为精致、严格、细腻的人为艺术。

II

我所涉及的作者属于从 820 年到 1140 年的三个世纪，从艾因哈德的《查理大帝传》(*Life of Charlemagne*) 到蒙茅斯的杰弗里的《不列颠诸王史》(*History of the Kings of Britain*)。⑤ 我选择他们的原因在于，虽然他们当中没有一个学者有像比德那样的高度，也没有一个编年史家像马修·帕里斯 (Matthew Paris) 那样熟悉如此繁多且有趣的当代掌故，但他们有着更大的抱负，有着对目标与灵感的认同，一直到 17 世纪我们才能在欧洲找到类似的群体。这些作者们的灵感主要是古典式的，他们试图依据古代的实践和规范来创作出艺术的作品。因此，在评价他们的成就时，这一目标所达到的程度就成为了重要的衡量标准，而这也有助于我们理解为什么历史（作为）艺术的古典理念在 12 世纪大量地被更缺乏想象力却更实用的模式所取代。

---

⑤　中译版本可参见《查理大帝传》，戚国淦译，北京：商务印书馆 1979 年；《不列颠诸王史》，陈默译，桂林：广西师范大学出版社 2009 年。——译注

这些作者所继承并努力使之复兴的古典理念与我前面所描绘的亚里士多德的观点毫无共同之处。亚里士多德的历史观点被古代历史学家放到一边。在中世纪早期,那些话只作为一种历史有别于悲剧的警句而存在,而人们却对这一警句的来源和意义毫无所知。西方加洛林时代和后加洛林时代的历史典范来自萨鲁斯特(Sallust)和苏维托尼乌斯(Suetonius),来自维吉尔和卢坎(Lucan),来自波埃修斯(Boethius)和那些在学校中被教授的修辞作家。⑥这个典范就如同一个混杂的袋子,任何想要从中找到古代史学家严肃实践的研究者都会觉得其中存在令人痛苦的缺陷。萨鲁斯特是希腊罗马伟大历史学家的独家代表,而他自然不是最伟大的一个。然而,很难有更多或更好的学者,能比他留给人们的印象更加伟大或更加深刻。人们最后学到的总是他们想学的东西,而作者那些远非最佳的暗示,一般都足以传递关于过去那些可被接受的经验。我所提到的所有作者都曾被广泛地阅读,并将古代史学的一些基本原则传递给了他们的读者。

首先,他们强调历史是文学的分支,认为想要书写历史就应当以创作艺术品为旨归,要具有丰富的色彩,独特的表达和完备的形式。虽然历史的真相被一再提及,但是熟悉萨鲁斯特和苏维托尼乌斯的读者们很容易就能理解,在历史真相中并不排除一种慷慨的自由。在这种自由下,学者可以对史料进行筛选、整理,从而使事件丰满,带来知识上的满足并达到戏剧化的要求。如果这种自由的践行者在其作品中适当地加入了自己的观点和评论,他们就不会误读自己所尊崇的史学家们所传递的精神。早期中世纪学者受到了古代世界修辞传统的教育,自然理解古代历史学家们使用过的这种自由,并满怀热忱地追随古代作家们的典范。

---

⑥　关于历史与修辞在古代世界的结合,参见 H. Peter, *Die Geschichtsliteratur über die römische Kaiserzeit* (2 vols., Leipzig, 1897), 1, pp. 3 - 107; 2, pp. 179 - 210;尤其是 Quintilian, *Instituta oratoria*, I, viii, 18 - 21; X, i, 31 - 4; XII, iv; Pliny, *Epistolae*, v, 8; vii, 33; Cicero, *De Oratore*, II, ix, 36 - 38; xii, 51; xvi, 68; *Rhetorica ad Herennium*, i, 8 - 9。

所有这些关于历史主题的文学表现和修饰的经验，都是显而易见且易于学习的。在更深的层面上，还有关于历史事件本身结构的经验。就这一点来说，西方历史作品较少继承过去的遗产，这种缺乏就成为了严重的阻碍。对于历史因果的观点，波里比阿和修昔底德自然比萨鲁斯特更为严肃。然而在萨鲁斯特那里，除了华丽的修辞、睿智的讽刺、严肃的讲演和对人类事务的概括之外，《喀提林阴谋》的读者们——这本书现在已经成为他最受关注的作品——能够发现关于发展阶段的宏大观点，亦即人类社会随着财富和享受的增长，从一个充满原始活力和道德纯洁的社会逐步堕落，一直到国家政权最后毁于上层社会的声色犬马的生活。[⑦] 在修辞的背后，他的作品中还包含着社会变化理论的纲要及其发展机制的记录，这些足以引发关于历史因果关系普遍问题的思考。

与萨鲁斯特不同，维吉尔对社会变化的原因和结果不感兴趣，但是他提供了一个关于国家命运的观点，这也足以激发历史学家们的仿效。《埃涅阿斯纪》的读者们能看到其中有一个与神圣历史中人类堕落、救赎和圣化相平行的世俗历史。在特洛伊的熊熊大火和毁灭之外，还有一批幸存者注定要使这些战败者达到一个超越此前一切想象的高度——这不啻于一个世界帝国。这些幸存者到处受到攻击，不断颠沛流离，他们的领袖面临着巨大的考验和诱惑，人们忍受着所有的厄运，但是他们坚持着，最终新城将会建立起来，并给世界带来和平与正义。这是人与天主的意志合作，以完成他们的使命并创造历史的例子。甚至在《旧约》中以神力帮助一个民族兴起的记录，都没有像维吉尔的作品中表现得这样强大而深刻。

那么，这些古典传统的多种面相对于渴求书写的加洛林学者及其继承者们有怎样的影响呢？

16

---

⑦ 对萨鲁斯特之历史因果关系具有深刻洞察力的分析，参见 Gordon Williams, *Tradition and Originality in Roman Poetry* (Oxford: Oxford University Press, 1968), pp. 610–633。

III

我们先从那些没有影响的方面开始：没有证据表明后人对萨鲁斯特的历史因果理论有什么兴趣。我们要讨论的所有作者都引用了萨鲁斯特，甚至其中一些人将之视为首要典范，他们可能都曾钻研过萨鲁斯特，并一致同意他是古代世界最伟大的历史学家。[8] 但是，没有人注意到萨鲁斯特有一个关于政治社会发展和衰落的完整理论。尤为引人注意的是，这种全然的漠视也存在于那些清醒地意识到社会和个人都在不断堕落的作者当中。他们常常在司铎和民众的失范以及统治者的罪恶中找到自然灾害或政治灾难的解释，但这些解释严格来说都不是历史的——而是神学的。是天主的义怒引发了灾难，而正是这些罪恶使其愤怒。这里面并不涉及历史机制。在灾难之前或同时发生的天象变化或其他预兆扮演着同样的超自然角色。它们基本上只是神怒的预兆。有时，如果天上的异象和地上的灾难之间有很长的一段迟延期，这种预兆就被视为一种对那些能够理解预兆含义之人的仁慈提醒。但是，历史学家们对萨鲁斯特关于次要因素的全面学说却毫无所知，且不甚关注。

如果我们只简单地从古典作家在历史变化问题上的作用来判断其影响的话，那么，我们的结论就是影响甚微且是消极的。但是，在这一领域兴趣的缺乏却为对写作文体方面的浓厚兴趣所弥补。历史作为修辞艺术分支的理念被大家广泛而热切地接受了。历史学家们开始关注如何使用适当的语言呈现伟大而高尚的事件，并将这一主题塑造成艺术化的范式，强调壮丽宏伟的情节而忽

---

[8] John of Salisbury, *Policraticus*, ed. C. C. J. Webb (2 vols., Oxford, 1909), 1, p. 211，索尔兹伯里的约翰称其为"最为有力的拉丁历史学家"(*historicorum inter latinos potissimus*)，他的作品作为教科书相当普及。比如，在 1170 年左右，坎特伯雷的基督教堂图书馆有不少于 8 件副本(M. R. James, *The Ancient Libraries of Canterbury and Dover*〔Cambridge, 1903〕, p. 9)。

略细节以至于湮灭，而这就成为了一长串历史学家们所关心的当务之急。

初看之下，其中似乎有一些奇怪的矛盾。这个时代产生了经过仔细修饰而最为优美的作品，同时还出现了没有任何企图实现内在凝聚或艺术化精细的编年纪作品。现代读者倾向于将这些编年纪视为这一时期最令人印象深刻的历史作品，这些作品有时扩展到数个世纪，填满了礼仪年的空白之处。这是对宇宙秩序中涉及人类混乱生活的果断而坚定的记录。这是人们怎样近乎本能地来看待历史，而并非如他们所认为的历史应当如何书写。

这种编年纪与按照修辞规则书写的历史之间的对比令人吃惊，但我认为这并非不可理解。首先，虽然在体验层面上来看，事件似乎是不连续和混乱的，而在另一个层面上，它们可以被视为一种超越变化秩序的典型。这种书写方式使得历史处于全然无理性又全然理性、全然连贯又全然断裂的含混之中，这正是中世纪早期最为精心培育的经验之一。存在着多层历史真理的《旧约》成为了这种在明显混乱中体现秩序的基础。秩序来自于天主而非人，其并非为历史规则所发现，而是为超越于历史的启示所发现。在这种解释传统中成长的人们对于这些混乱有很强烈的意识，而对于事实和想象之间的区别却意识淡漠。当历史事实置于想象之火上时，就变得具有可塑性了。如果《旧约》历史中的混乱可以被神圣之火所解决，放置在人和天主真理间完美的组织结构中，那么就很容易得出结论，当下历史的失序能够与自由艺术之火相呼应。

这把火来自修辞。这是一种人们高度重视、悉心研习的艺术，却并不多用。9 世纪古典学问的复兴将修辞艺术带回到其在古代世界曾拥有过的至高无上的地位，并一直维持到 12 世纪前后。但是，除在学习大纲中的重要性之外，修辞的许多古代用途都消失了。这门古代艺术中最重要的法律和政治的修辞消失了，而作为中世纪修辞主要用途的书信修辞还没有出现，而讲道修辞则更在遥远的未来。然而，历史作为修辞的一个分支却没有失去其在古代的要素。

18

9

　　这种要素在 10 世纪和 11 世纪变得特别重要，因为这个时代前
所未有地重视公共和个人生活中事件的展现。典礼和各种盛大活
动是主要的事件，展现盛况是政府的主要支柱。这些大型活动突
出在教会的礼仪年中，标志着教会和帝国的共同崛起。很容易想到
作者在书写这些时刻时，心中必定充满了作为历史学家的责任。当
那一时期的历史学家因为没能做得更好而向其读者道歉时，他们从
不会认为自己的缺陷源于所掌握信息的缺乏——这对于我们而言
却是显而易见的——也并非源于他们没有解决掉的问题，更不在于
他们没能解释为什么事情会这样发展。他们只是哀叹自己措辞的
匮乏，他们在修辞色彩或格言上的不足，以及他们未能找到足够华
丽的辞藻来修饰他们的主题。⑨ 责备他们对于历史学家责任的理
解是很愚蠢的，因为历史自身就呈现出一种行动中的修辞。

　　现今对于历史的认识已不像曾经那般愚蠢。近来对于典礼举
行地和社会组织象征的研究使我们对 10—11 世纪作者们的观点
有了比上个世纪对这些作品进行编撰的学者们更为清晰的认识。
我们现在认识到，公开的盛大活动及其所显示出的权威宣示是当
时社会生活的核心事件。在描绘统治者的光荣时，历史学家并非
谄媚者，而是他们时代的解释者，且这种宏大的风格在那个时代被
视为历史首要实质的最佳外衣。

　　为获得一种风格和事件的和谐，就需要寻求一些主题，以不至
于损害这种宏大作用的高贵性。这种必要性引导着这一时期的历
史学家们转向了世俗统治者的生平传记，这些人不仅是最显而易
见的目标，出现在各种盛大的典礼当中——加冕礼、奉献教堂、节
日和葬礼、会议、战争以及多种多样的变节行为。这些都是重要的
事件；他们也是华美散文最合适的主题。此外，世俗统治者的繁
盛——由天主所拣选、在圣事中被任命、穿着华丽彩服、基督的代
表、国家之父、世界之主——为人们提供了关于和平和富足最好的

---

⑨　西蒙(G. Simon)在前面引用过的著作中收集了一系列为文学上弱点进行辩护
　　的文章，但是这个列表可以轻易扩大。

希望。那时的人们相信统治者的神圣使命，这种信任是空前绝后的，难以想象这些世纪里的历史学家们堆砌给他们统治者的谄媚只是由于他们掌握了赞颂的方法。

IV

艾因哈德率先为历史学家们开创了这一丰富的脉络，并展现了其创作方式。他的《查理大帝传》开启了西欧历史研究发展的新篇章，尝试恢复古典历史学家的文学艺术标准是其主要特点。没有人像艾因哈德那样在古典范式中创造出了当代的特色。虽然在他的作品中有些地方显得僵硬呆板或失实，但这部作品却极具原创性，并生动地刻画出一位伟大的蛮族统治者。这位君王在生理和知识上都有着巨大的欲望，具有治理国家的天赋和在实践中的创造力。查理曼在整个欧洲历史上罕有相匹者，而在日耳曼民族中也只有俾斯麦或可以与之相提并论。

艾因哈德很幸运地拥有这样一个能够填进古典风格画布的对象。他的后继者则没有这么幸运，而且没有人像艾因哈德熟悉查理曼那样对自己的写作对象有如此深入的了解。结果，他们就不得不大肆地使用浮华的修辞，来填补他们叙述对象的缺点以及对其认识上的缺陷。这就使得修饰更为繁复，而主体却缩小了。有时候，后世作者的修饰也扩大了历史感受的范围，但基本上他们的浮夸只是突出了艾因哈德的优势。

这样说并非玷污艾因哈德的后继者。艾因哈德是一个具有高度警觉性和敏锐思维的历史学家。他不仅领悟到了以一种与六百年来书写方式都不同的创作世俗传记的可能性，同时还发现了这种传记的正确模式。在他年轻时曾求学的福尔达（Fulda）的图书馆中，有一部苏维托尼乌斯《凯撒传》的抄本——就我们目前所知，这是那时仅存的一部抄本。这些强硬而无情的传记，以其对皇帝们个人罪恶的兴趣和对主题的清晰安排，向艾因哈德展示了如何去描绘一个既非圣人又非恶棍，而是一个战士和新政治创造者的形

19

象。他的作品迅速获得巨大成功，而超过八十份抄本——这是在比德和蒙茅斯的杰弗里之间历史作品的最高纪录——表明了同时代人对他的欣赏。

为达成他的预期目的，艾因哈德随意处置他的材料，从而招致了现代学者的指责。鉴于这是一个我们将时常遇到的现象，因此需要在此讨论一下。简单地说，困难就在于艾因哈德在处理其主题越成功的时候，作为现代史学资料的可信度就越低。路易斯·哈尔芬（Louis Halphen）作为第一个仔细检验艾因哈德方法的编撰者，一直批判他的夸张或失实之处，并指责艾因哈德将苏维托尼乌斯用来形容奥古斯都的词语和理念都用到了查理曼身上。[⑩] 就举一个哈尔芬不喜欢的习惯为例，艾因哈德用描绘胜利的词汇记录了查理曼在郎塞瓦尔（Roncevaux）的战败：

> 他跨过比利牛斯山，接受了他所进攻的城镇和要塞的投降，领着军队平安无损地回来了。其间只有一次失利，这是在归途中，通过比利牛斯山隘口的时候，由于加斯康人的反叛行为造成的。[⑪]

哈尔芬写道："这实在是与世人所认识郎塞瓦尔之战败大相径庭。"艾因哈德不会认为这种描述是一种缺陷。相反，他会将之视为优点。他非常清楚（只是因为他的同时代人告诉他是这样）这场失败比他所描述的更加严重。如果他写的是一部编年史而非艺术品，很有可能他会尽力接近事实真相。而在这里，他的目的是塑造一种帝国王者的形象。令人惊讶的是，那些在古代修辞传统中写作的人并不承认他们想要传达的形象中有任何缺点。他们并非浪

---

⑩ 他所编辑的版本见于 *Classiques de l'histoire de France au moyen âge* in 1923(2nd ed. , 1938) 丛书中，英文版见 *Two Lives of Charlemagne*, trans. Lewis Thorpe (Penguin Classics, 1969), and *Charlemagne's Courtier：The Complete Einhard*, trans. P. E. Dutton (Peterborough, Ontario, 1998).

⑪ Chapter 9 (Halphen, pp. 28 - 29).

漫主义者，也不完全理解古典修辞的全部作用，只是偶尔用华丽的辞藻来遮掩所描述对象的缺点，以突出他们的美德；在他们的图景中，每一件事都传达着同样的信息。在这样一种原则下，他们就不会认为为了传播高于一切的形象而去粉饰或选择事实是不光彩的，就如同我们看一位画家在作品中重新排列树木以使其体现出风景的特点来。在这两个例子中，都要对结果进行评价，但标准并非细节的精准度，而是真实性在整体中的分量。

　　艾因哈德有许多敬仰者，但是在他身后百年并没有成功的效仿者或继承者。事实上，尼斯阿德（Nithard）写了一部他所处时代更为精彩的帝国史，其语言更为犀利，内容上也不全是溢美之词。⑫阿塞尔（Asser）写了一部人物比艾因哈德的查理曼更有吸引力、且性格更为亲切的统治者传记。⑬ 在《查理大帝传》之后，第一部足以称为统治者传记的是维珀（Wipo）的《康拉德二世传》。⑭ 这是一部编排得当的博学之作，充满了引人共鸣的句子，描绘了各种丰功伟绩。他在写作时就含有一种比较的意图，亦即将自己笔下的康拉德提升到艾因哈德笔下查理曼那样的高度。较之艾因哈德，维珀有更多的作品可资参考，且具备同艾因哈德一样的史料运用能力。但这部著作却非常平淡，部分是由于康拉德没有查理曼那么有趣，部分也由于维珀像是个谦逊的侍从，而艾因哈德则更像是一个值得信赖的朋友。在某种意义上，艾因哈德和他的英雄平起平坐，而维珀则像是一个教师和随从。这是中世纪修辞传统最大的弱点：

21

---

⑫　指尼斯阿德的《历史四书》（*Nithardi Historiarvm libri qvattvor*），英译本可见于 *Carolingian Chronicles：Royal Frankish Annals and Nithard's Histories*，Ann Arbor：University of Michigan，1972。——译注

⑬　指阿塞尔的《阿尔弗雷德大帝》（*Vita Ælfredi regis Angul Saxonum*），英译本可见 *Asser's Life of King Alfred*，trans. Albert S. Cook，Boston：Ginn & Company，1906。此书抄本版本众多，此译本根据斯蒂文森（Stevenson）本翻译。——译注

⑭　Ed. H. Bresslau，*MGH*，*SRG*（1915）[英文版见 *Imperial Lives and Letters of the Eleventh Century*，trans. Theodor E. Mommsen and Karl F. Morrison（New York，1962）。]

作者被与写作对象之间的不平等所束缚。在古代,政治家和实干家利用修辞为与他们平等的人演说和写作;但是,这门艺术在中世纪时期就沦落到了侍从手中,这些人希望以此来取悦或引导统治者。

即使在这种不利的条件下,还是产生了一些令人印象深刻的历史修辞杰作。这些作者们有一个大多数历史学家所缺乏的重要优点:他们明确地知道自己想要做什么,而他们的原则也允许他们有足够的自由这么做。他们在德国找到了根据修辞规则最适于处理的主题;而那些教授这些规律的主要学派也存在于德国。但学术是国际的,传统的修辞学要求将统一的戏剧化和升华的情感置于固有的史料中,而达到这种高度的两部著作却是在英格兰的异乡人所著。作者们以这些作品赞扬了两位英国王后艾玛(Emma)和伊迪斯(Edith),她们分别是卡努特和忏悔者爱德华的妻子。他们以局外人的角度来写作,为已经收到的或预期的好处而写作。然而,尽管如此,他们设法表达了一种具有难以置信的深度的民族情感,与我们在其他地方所见的截然不同。他们是严肃的艺术家,并且,在他们自己的意义上也是严肃的历史学家。

这两本书中较早一本是我们现代学者所知的《艾玛赞词》(*Encomium Emmae*),[15]作者并不隐瞒他的首要责任就是为他的保护人王后的荣耀和令名服务。他讲述的故事很简单,但在朴素中又具有戏剧性。他首先讲到丹麦人——他们军队的勇猛、家族纠纷及其解决;其后讲到古代英格兰王国,受尽战争折磨并被其征服者以痛苦和憎恨撕裂;之后是卡努特与其寻妻之旅;最后天意使他选择了一个英国人所信赖的公主,而她则将英格兰介绍给她的异国夫君。由于她的忍耐启发了丈夫善行的能力,曾经蹂躏这个王国的毁灭和仇恨在他统治时期让位给了和平、光辉与宗教和谐。在

---

⑮　此书原名为 *Encomium Emmae Reginae* 或 *Gesta Cnutonis Regis*,权威英文译本为 Alistair Campbell, Simon Keynes trans. and ed., *Encomium Emmae Reginae*, Cambridge: Cambridge University Press, 1998。——译注

他去世时，重新出现的家族纷争预示着以后可能出现的灾难和冲突。但是，凭借着王后的忍耐和远见，再一次将这黑暗和危险的一幕变成了和平的序曲，国家在她两个幸存的儿子联合统治下和谐团结。因此，这个故事最后以群声赞颂和虔诚奉献为结尾，而战斗的喧嚣则远遁而去。这是一个在幕后的女人将王国从毁灭中拯救的故事。

没有必要去检查那些能让历史学家将这个故事和历史事实结合起来的托词。⑯ 这自然会使现代学术良知感到非常震惊，虽然我们对作者是否以完全的自由（苏维托尼乌斯和萨鲁斯特不会随便这么去做）来处理那些历史事实仍有所怀疑。如果我们承认这些自由，其更属于一种历史方法而非个人的；如果我们必须承认的话，在这一传统中写作的每一个讲演、档案、描述或动机的暗示就无法被寻求事实的现代历史学家们毫无保留地接受，然后我们就会做出判断，即《艾玛赞词》不仅仅是一部具有伟大文学技巧的作品，还含有某些高贵性与历史洞见。虽然丹麦人的着装和讲话像罗马人，他们对于显赫声名如同蛮族人一般热爱，他们对于文化地位的渴求，他们面对奇迹时的敬畏，他们在不断的争执中对内部和谐的渴望，这些都是那个时代的真实特征，都能以此来证明作者是在讲述事实。尽管那些模棱两可的表达可以为现代编者轻易察觉。

这些反思同样适用于另一个出于 11 世纪英格兰异乡人之手的历史修辞杰作《忏悔者爱德华传》(*Vita Edwardi Confessoris*)。⑰ 该书作者与其前辈的主要不同就在于，他拥有更为复杂的任务和更为远大的文学抱负。他希望去赞颂他的保护人伊迪斯王后，但由

22

---

⑯ 它们已经被仔细地研究并受到了富于洞见的评论，见阿利斯泰尔·坎贝尔 (Alistair Campbell) 在他为皇家历史学会编撰的卡姆登系列 (*Camden Third Series*, 72, 1949)。[后来又添加了一个由西蒙·凯恩斯 (Simon Keynes) 撰写的导论，1998 年在剑桥出版社再版。——编者注]

⑰ Ed. F. Barlow (Nelson's Medieval Texts, 1962).[一个绝对必要的修订版，参见 2nd ed., OMT, 1992。——编者注]

于她自身并无丰功伟绩，作者就只能通过赞扬她的丈夫爱德华国王、她的朋友戈德温伯爵以及她的兄弟们来间接赞扬她。这并非一件易事，因为这段时期最主要的事件就是从家庭团体内部产生的敌意。但是，作者设法几乎在任何时候都赞扬他们所有人，并采用了一种简单而独创性的策略。他将国王捧到所有普通政府事务之上，并强调其统治的神圣性。这样一来，他既可以将国王的错误归咎于邪恶的建议者，又将权力转移到对王国的运转、军事远征指挥和维持和平负有重大责任的王后家族。通过这种方法，他确保并发展了所有派系对他的信任，并保持贯穿整个作品的主线：家族的团结。通过友好分工的统一使国家进入黄金时代，并使这样的和平延续到了国王统治的大部分时期。

至此，作者采用了一个和《艾玛赞词》非常相似的主题，但最终却不得不面对维系一切的家族团结最终走向崩溃现实。从哈罗德（Harold）和托斯蒂格（Tostig）两兄弟相互争吵开始，就不会有一个美好的结局——作者所能预见到的无休止的灾难。据我所知，没有哪一部中世纪历史作品像这部一样以如此渺茫的希望作为结尾：历史和悲剧仅此一次被结合了起来。即使面临着这样的悲剧，作者还是设法去挽救每个人的声望，并且将主题提升到了一个新的高度。对国家而言，悲剧似乎是彻底的；但是在国王的尊严方面，仍有超越现实的可能。作者戏剧化视角的强度战胜了所有的障碍。他着手去赞美这个家族，而且将最伟大的赞美献给了分裂所造成的后果。这是一个一切都维系于其上的家族，而其最终分裂的悲剧则源于超越人类控制的宿命。作者并不关心其他可能导致毁灭的原因：他把1066年的一切灾难都归结于这一个原因，他从未提及诺曼征服。

如果一位书写1066年灾难的历史学家丝毫没有提及诺曼征服，显然并非因为他在字句上的贫乏。就像这个时代的所有历史学家一样，他知道历史学家的第一要务是讲述真相，并且小心地避免说谎；但在此限制之内，他又是一个伟大的创造者。他书中相当数量的诗歌和希腊神话就足够证明他是在怎样的高度上作为一个历史学家进行创造的。这是一个包含着精神实质和永恒存在的平台。从这个角度来说,他宣称他的历史是真实的,而我们也只能这样接受。但是如果说这是真实的话,那也是亚里士多德给予诗人而非历史学家的真实。但是在亚里士多德的意义上,这些作者都是诗人,因为他们利用自己手中的材料为他们的作品赋予了形式和普遍性。

V

我们这个时代的历史学家从古典化时代学到的第一课就是如何将历史变为修辞。但是另外一课在西方历史书写的影响力上还有更远的未来——这就是民族的命运,它是所有历史主题中最为高贵的。古代的历史学家曾经被罗马从崛起到成为世界霸主的奇迹深深震撼——他们怎能不被震撼呢?除了那些曾经阻碍这一进程的邪恶和错误之外,在这一运动中显现出的必然性鼓舞了罗马最伟大的作家们,使他们产生了一种命运的观念,并为他们的历史赋予了目的和方向。这是我们今天所讨论时代里的作者们从维吉尔那里找到的主题。这也是一个他们准备去吸收并将之转向新用途的主题。

在 10 世纪时,若干新民族——首先是撒克逊人和诺曼人,还有波兰人和匈牙利人——开始取得政治上的重要性和地位。随之而来的就是一种信念,或者仅仅是一种希望,即他们不再属于野蛮人而属于欧洲的开化民族。这随之便刺激了一种寻求过去的欲望,以及一种将在天意引导下带领他们从野蛮人状态中走出的敬畏感。在这样的状况下,最显著的民族历史资源在于这些民族的传奇和神话。但是,这些欧洲的新民族由于皈依了基督教,在很大程度上切断了与过去神话起源的联系,也由于拉丁文化的学习使社会中受过教育的群体与较原始的群体之间相互隔离。因此,他们要从罗马历史中找寻碎片,来组成一幅他们自身起源和命运的图画。

24

他们发现，罗马历史中有两个方面对其目的特别有价值：历史向他们展示了在遥远和史诗时代的往昔，人们如何说话和行动，并且还为欧洲文明民族提供了一个确定的起点。讲演和行为的典范自然都是经过高度加工的，当 10—11 世纪的历史学家们使其本民族英雄们像罗马历史中的人物那样说话和行动时，他们可能充分意识到了这种不自然；但如果不这样的话，他们宁可不让这些英雄们讲话或行动。在这些欧洲新民族的起源问题上，每个人都清楚正是他们推翻了罗马帝国而又继承了罗马的传统。但是他们究竟从哪里来、又从何处汲取了力量，使之完成了如此的事业呢？还有什么比他们与罗马同根同源更有可能——来自特洛伊？听到这里我们可能会微笑；但是在很早的时候——大概 6、7 世纪——一个法兰克源远流长的传说便声称，法兰克人是特洛伊人的后代，他们逃到了多瑙河河谷地区，而埃涅阿斯则奔着相反的方向去了台伯河地区。[18] 法兰克人看起来并不需要附会这种传说来增加他们的重要性，但是对于那些比法兰克人更为艰难地求得太阳之下一席之地的民族而言，这就很重要了。撒克逊人和诺曼人，后来的法兰西和不列颠民族都宣称特洛伊人是他们的祖先，将他们自己的起源放在一个与其命运相符合的高度。

最早从事这项工作的是撒克逊历史学家维杜金德（Widukind）。维杜金德的历史写到 970 年左右，奥托一世统治的最后几年。他的历史主题是其民族从一个模糊的起点发展为普世的力量。他考察了奥托一世的功绩，将撒克逊人的统治扩展到意大利和德国的边界、击败希腊人、征服异教蛮族，最终取得了普世帝国的王冠，他开始将撒克逊人的历史视为罗马历史的重演。这些是怎样解释

---

[18]　关于法兰克人传奇的起源，参见 E. Lüthgen, *Die Quellen und der historische Werth der fränkischen Trojasaga* (Bonn, 1875)。相关文献参见 MGH, *Scriptores rerum Merovingicarum*, 2, ed. B. Krusch (1888), pp. 45-46, 194-200, 241-246；华莱士-哈迪尔（J. M. Wallace-Hadrill）对其进行了若干有帮助的评论, *The Fourth Book of the Chronicle of Fredegar* (Nelson's Medieval Texts, 1960), pp. xii-xiii。

的呢？

我曾经提到，这一时期的历史学家对历史变化的机制毫无兴趣，如果我们仅仅指自然因果的话，这样的判断是正确的。但是，他们认为政治上的成功有两个要求：血统的高贵和神的帮助。高贵的血统首先就得有高贵的祖先，在这里维杜金德受到了法兰克人的暗示。根据法兰克人的传奇，当他们的城市陷落时，逃亡者分成了两个部分：一群人跟着埃涅阿斯去了罗马，而另一群人则跟随着普里阿摩（Priam）。后一群人此后又分裂成了两部分：其中的一部去了多瑙河流域，占领了莱茵河和多瑙河之间的土地——这就是法兰克人的起源。另一部向南进入了马其顿，并组成了菲利普和亚历山大大帝的远征军。[19] 维杜金德告诉我们，他小时候听说撒克逊人来自于亚历山大大帝远征军的残部，并且他认为这是有可能的。[20] 维杜金德的讲述口吻清晰地表明，这是当时新近的发现，毫无疑问，这是由撒克逊人崛起为一支世界力量及其试图与法兰克人竞争的欲望所推动的。他并没有非常强调这一点，因为他相信可以在约瑟夫斯和卢坎那里为撒克逊民族的高贵传统找到充足的证据。无论从什么角度来看，撒克逊民族都属于古代世界的高贵民族。

至于超自然的帮助，他的记述更为精确。天意垂眷最普通的渠道就是圣髑，圣维图斯（Vitus）圣髑在 836 年由法兰克的科尔比（Corbie）迁到了撒克逊的科尔维（Korvei），这就传达了世界帝国的权力将由法兰克人交到撒克逊人手中的讯号。这一转移又得到了圣丹尼斯（Denys）手骨由巴黎运到科尔维的再度确认。这是一个撒克逊准备大步向前跃进的信号，一直持续到 923 年当世界帝国

25

---

[19] Fredegar，iii，4 - 8，ed. Krusch，pp. 45 - 46.

[20] *Rerum gestarum Saxonicarum libri tres*，ed. P. Hirsch，MGH，SRG（1935），pp. 4，20 - 21. 很明显，他只是从口头传统上知道这个传奇的（他这样告诉我们），因为他认为这些马其顿逃亡者是希腊人，而不是像文学作品中那样明确地视为特洛伊人。

看起来已经确保无虞之时。㉑ 当然，我们很难想象将圣髑从一个地方运到另一个地方的物理移动就能代表一种历史机能的变化，但对于当时的人而言这就足够了。这些圣髑既是力量的工具，也是力量的象征——并且是当时所知的最大的力量。

维杜金德认为，他正在书写一种新的世界力量。事实上，在他活着的时候这股力量几乎是不存在的。此后的一百五十年又出现了对这股力量及其地位的新挑战者，而这些新民族的历史学家们都在重复着一个相似的故事。大约在维杜金德去世二十五年后，首先从事此项工作的是诺曼历史学家杜多（Dudo）。㉒ 他是一个极富野心的作者，现代学者很少有人能在阅读他的时候不颤栗。对历史学家们而言，他看起来像是错过了记录 10 世纪诺曼社会真实状况的宝贵机会，而沉湎在诺曼民族起源和发展的疯狂幻想之中。对于学文学的学生而言，杜多像是一个博学之人，从来不放弃任何一个在他作品中填充各种浮夸之词的机会。所以，在两种可能性上，他忽视了一个，却又贪婪地抓住了另一个，这最终使他遭受了广泛的恶评。这种评价对他而言确实有些委屈。他想要做的，以及根据他自己及其后世纪的最高标准和意见来看——成功做到了的，就是以一种最为高贵的风格讲述一个高贵命运的故事。他创作了一部历史文学的杰作，且一定会被认为成功地使用了他与同时代人共享的历史技巧。

首先是杜多精致的散文，对于古典和基督教文学的追忆以及经常插入书中的诗歌，都是他有意设计的，从而赋予这一与维杜金德基本相同的主题高贵性：一个民族从特洛伊的高贵血统中兴起，史诗式的漫游与埃涅阿斯及其同伴的经历惊人相似，最终来到了他们命中注定要抵达的欧洲基督教民族当中。如同埃涅阿斯一样，

㉑ *Rerum gestarum Saxonicarum libri tres*, ed. P. Hirsch, MGH, SRG（1935），pp. 46 - 48.

㉒ 最好的版本仍旧是 J. Lair in *Mémoires de la Société des Antiquaires de Normandie* 23(1865)。［现在已经有了英文译本，*History of the Normans*，trans. Eric Christiansen（Woodbridge, 1998）。——编者注］

I. 历史书写的欧洲传统之一：从艾因哈德到蒙茅斯的杰弗里的古典传统

他们的漫游也被一种神赐的幻视和预兆所突显，而其最终的归宿则是接受洗礼并变得圣洁。对我们而言，这个故事的每个阶段都充满了历史性谬误：特洛伊血统的神话源于错误的语源学追溯，这毫无疑问是由想要证明诺曼人与法兰克人、撒克逊人在血统的高贵性上平等的欲望所激发出来的；那些幻视以及相关解释，也不过是作者的想象和捏造；这部作品的最后一部分将诺曼底公爵描绘为基督教英雄和殉道者，公爵最关心的是他们自己生命的净化以及对教会的捐助，可这些记录都与我们所知其生活中的真实行为大相径庭。然而，在这些荒谬的记录背后，却隐含着一个事实，亦即到 11 世纪早期，诺曼人正在成为欧洲最具影响力的基督教民族。法兰克历史学家瑞查尔（Richer）几乎与杜多同时进行写作，同样提到了诺曼底的理查德一世（Richard I of Normandy），却称其为"海盗们的首领"：杜多则阐明这种说法是过时的。为了论证他的观点，杜多沉湎于最为大胆的夸张，但是他的观点是正确的，甚至具有先知色彩。毫无疑问，他的历史部分是宣传，部分是警告，但同时也试图去理解历史学家唯一可用的术语——不可思议的现象（mysterious phenomenon），亦即嗜血野蛮的一群人最终变成了基督教民族，这样一群海盗竟组成了一个有序的社会。

在维杜金德和杜多之后，还有许多地方出现了为他们自己民族和统治者书写类似历史的作者。奥拉的艾克哈德（Ekkehard of Aura）在皇帝亨利五世的要求下，写作了一部将从特洛伊到弗兰克尼亚王朝（Franconian dynasty）追溯德意志皇帝血统的历史。㉓

㉓　MGH，SS 6［*Frutolfi et Ekkehardi Chronica*，ed. Franz-Josef Schmale and Irene Schmale-Ott（Darmstadt，1972）］．艾克哈德在前言中这样描述他的目的（p. 9）：Cum tota intentio huius libri tam Romani imperii quam Teutonici regni deserviat honori，quorum coniunctio cepit a Karolo Francigena，necessarium duximus tam nobilissimae gentis ... altius originem repetere，et sic per antiquissimae nobilitatis generationes usque ad eundem Karolum narration deducta，qualiter ipse capesseret rem publicam labefactam et qualiter deinde Romanum imperium per successiones regum istius gentis excellentissime gubernaretur ... digerere.
［因为这部书的全部意图就是为罗马帝国和日耳曼王国的荣耀服务，（转下页）

而在法国，苏格（Suger）和圣丹尼斯的僧侣们开始收集资料，以证明卡佩王朝是查理曼帝国的合法继承者，在起源上也来自特洛伊。[24] 随着时机的成熟，蒙茅斯的杰弗里（Geoffrey of Monmouth）就着手论证凯尔特人比其他民族具有更为伟大的历史命运。

27　　　蒙茅斯的杰弗里所著《不列颠诸王史》（ *Historia Regum Britanniae* ）一般被视为文学上的新开端，为欧洲带来了浪漫主义和幻想的浪潮。但是就像所有那些真正具有影响力的作品一样，故事还有另外一面。[25] 如果不看其影响而是看其形式和灵感，我们可以发现杰弗里的《不列颠诸王史》与维杜金德、杜多作品的基本形式是一样的。于是，我们有了另一部历史悠久且血统高贵的民族史，其与所有世俗高贵的源泉特洛伊血脉相连，为了未来奋勇前进，由幻视和神明的显现所引导，最终定居在一片遥远的土地上。在这些漫游的记载中，埃涅阿斯和他的后裔布鲁图斯（Brutus）——不列颠人的首领——之间的平行对比一直不断显现。随后便是皈依、战争以及最终在一位伟大而虔诚的君王统治下进入和平伟大时期的历史。在这里，就可以发现我们已经开始习以为常的模式。但与此同时，我们也要认识到蒙茅斯的杰弗里与其中世纪前辈间有两大显著区别。首先，他对遥远过去的记录远比此前任何作者都更为丰富。杜多已经足够丰富了，但还不得不在每一个事件中

（接上页）我们经过深思熟虑，认为有必要追溯这样一个高贵民族更为遥远的起源，因此，从最古老世代到法兰克的查理的传说都被纳入其中，以解释它如何掌控了这个国家，亦即其如何蹒跚走来，以及其后罗马帝国如何被这个民族的一系列君王最为英明地统治着。]

[24] 我们可以从圣丹尼斯修道院史料收集中探究整个法兰克传奇转化为卡佩王朝的过程，参见 MS. Bibl. Mazarine 2013 and Bibl. Nat. lat. 12710。其中的第二份抄本，参见 J. Lair, *Bibliothèque de l'Ecole des Chartres* 35(1874)，pp. 542 - 580（esp. pp. 551 - 557）。此处的编年史作者注释表明了他如何利用这些材料将卡佩王朝和特洛伊拼凑在一起的故事.

[25] 蒙茅斯的杰弗里在这个简单的梗概中是一个太大的题目，但在此我要表达对伊德里斯·福斯特教授（Idris Foster）的感谢，虽然我不能以他的权威为我所说的一切承担责任。

插入演讲和修辞以填满他的书页。相反，杰弗里的书中充满着各种细节；他使我们时刻意识到真实事件的复杂性和不可预知性。他为其笔下遥远的人物勾勒了一个独立的甚至看似信实的生活。这对于全部进行古代史写作的作家而言尤为重要。与维杜金德和杜多不同，杰弗里没有那种一直延续到当下的胜利的故事。相反，他所讲述的是一个关于衰落和毁灭的悲剧故事，内部的背叛与外部的暴虐共同形成的结果。布列天人（Bretons）在撒克逊人的攻击下逐渐撤退，直到他们几乎全然消失于历史舞台。但是在撤退之上，却盘桓着复兴的许诺；杰弗里的历史仿佛与预言书相结合，并为这个由天主所预定、要统治普世的民族许诺了一个更为光辉的未来。

这些生动的细节和悲剧的特征，与对未来的神秘希望相混合，使杰弗里的历史与我们迄今所讨论的所有作品的类型都不相同。我们必须将他的资料来源留给凯尔特研究专家们来讨论。就个人而言，我认为他自己关于资料来自牛津地区总铎沃尔特（Walter）的说法是真实的。但是，当我们观察到同一传统中其他历史学家处理材料的自由裁量时，㉖我们就不能期望杰弗里的原始资料和他的"转述"之间有什么精确的对应。在他处理所有文献的时候，无论文学的或者传统的，他很有可能使用了那种历史书写的文学传统所允许的虚构的自由（freedom of invention）。但是我们也可以认为，他就像这个传统中的其他作家一样，使用这种自由是为了某种更伟大的真理。他在生前见到了不列颠人作为征服者回到了英格兰。在他回眸之时，他看到了那些喧嚣事件背后某些被天命所预定的事——一个曾经为亚瑟王所完成，并将会在未来重现的命运。

28

㉖ 对于瑞查尔的《历史》和弗罗多阿德（Flodoard）的《编年纪》之间大量、甚至有时全部重合的比较将会提供一个富有启发性的例子。亦即，一个严肃的、雄心勃勃的历史学家，如何允许自己借助多种类型的阐述、虚构、置换乃至虚假的暗示（*suggestio falsi*），最终使原材料构成一部完整的历史。

VI

从古代典范和古代修辞在 9 世纪的恢复或重建开始，我们追溯了历史书写上的古典影响在将近三百年间的两种潮流。在这一时期，除了大量的编年史汇辑，还有一系列历史学家致力于历史的写作，并将之视为艺术品。他们这些努力中的上乘之作可以在那些统治者的传记和欧洲新民族的历史中看到。这些主题以多种方式顺应了修辞的要求，文体形式也受到了古典模式的影响。这种主题和方法的结合吸引了许多作者，他们相信书写历史是一门精致的文学艺术，要求广泛的世俗学问以及想象力的充分练习。结果是，他们所创造出来的历史迫切要求产生影响。他们很少有现代历史学家所能依赖的精确史实，但他们阐明了自己时代的某些重要发展——世俗统治者的圣化和欧洲新政治力量的必然（如同其看起来那样）出现。在这些主题上，我们的作者做出了有力而杰出的贡献。在为特殊目的而扭曲历史事实方面，他们的行为是否比古代模式走得更远是一个很难回答的问题，也可能是一个不甚重要的问题。对于现代历史学家来说，他们可以被视为历史事实的共有股东。一个巨大的不同在于，那些中世纪作家所产出的"事实股息"究竟是 2‰还是 20％。但是，当我们考察这些作者们的方法和目标时，这些不同就是次要的了。无论如何，我们可能都认为在蒙茅斯的杰弗里那里，股息已经缩水到近乎消失，而对于历史学而言，需要一个新领导层的时机已经到来了。

也是在同一时期，那种曾经激励了这些作品的渊博兴趣和适宜主题之间的结合也已不复存在了。新的修辞正在风行；新的关注点正在取代加洛林时期的文学和寓言关注点；世俗的统治者失去了他们精神上的光环；几乎欧洲所有的民族都拥有了一个延续到 19 世纪的共同历史背景。日耳曼皇帝亨利五世的传记是这种老式修辞传统的最后一部统治者传记。除了极少数后继者之外——其中最为

重要的是《萨克松·格拉玛提库斯》(*Saxo Grammaticus*)⑳——对于
欧洲民族遥远过去的"研究"已经走到了尽头。历史学家们开始对
历史事件采取更为平实的观点，并在事实和想象之间作出更为严
格的区分。当这些发生的时候，以从古代借用来的概念将历史作
为一种艺术的观点就走到了尽头，虚幻的传奇从真实的历史分离
了出来。艺术和科学向着不同的方向将诸天分离，历史最终便落
入到这两者之间。这些我们将在以后继续探讨。

29

---

⑳　萨克松·格拉玛提库斯(约 1150—1220)是中世纪时期丹麦历史学家，著有《丹
麦人行实》(*Gesta Danorum*)，常以其自己的名字命名。拉丁校勘本见 Karsten
Friis-Jensen ed. , *Saxo Grammaticus Gesta Danorum*：*Danmarkshistorien*，
København：Det Danske Sprog-og Litteraturselskab：Gad，2005；英文译本分别见
Peter Fisher trans. , *Saxo Grammaticus*：*The History of the Danes*，*Books I - IX*
(2 vols.)，Cambridge：D. S. Brewer，1979 - 1980；Eric Christiansen，*Saxo
Grammaticus*：*Danorum regum herorumque historia*，*books X - XVI* (3 Vols.)，
Oxford：Brit. Arch. Reports，1980 - 1981。——译注

II. 历史书写的欧洲传统之二：
圣维克多的休与历史发展观念

I

30　　一年之前，我利用主席讲演的机会，考察了从艾因哈德的《查理大帝传》到蒙茅斯的杰弗里的《不列颠诸王史》这三百年间历史书写的古典范式。在这些规则下进行的历史书写有许多优点，其所强调的东西往往是正确的，或至少具有启发性，但却从未超越现实世界的不确定性。蒙茅斯的杰弗里是一个遵循旧规则的历史学家，但由于他如此完美地继承了过去的传统，以至于除了在罗曼传奇方面，这一历史书写传统后继乏人。对于我们来说也是如此，现在是时候让我们重新面对现实了。

　　希望大家特别注意的是，从年代上来说，今天所讨论的历史思想和书写阶段与上面所勾勒的传统具有紧密的联系。但是，它们的源头大相径庭，从而导致了全然不同的结果。它并非是以一种宏大的风格来处理宏大的主题，而是采取了科学研究的形式去探究所有主题中最大的一个。毫无疑问，这个主题就是普世历史（universal history）。我们主要关注的作者们都生活在 12 世纪，但为了正确地理解他们，有必要追溯他们所承继的思想体系，并推进到这一精妙阐述体系的建立和最终衰落的时刻。

　　普世历史的知识背景并非古代学派的修辞所提供，而是基督教带给西方世界的创世、堕落和救赎的框架。这一宇宙论产生出了一种新的历史观，从而成为基督教对古代学术宝库最重要的知识贡献。在古代异教徒世界中——有点与我们现在的状况类似——从来没有一幅关于人类历史从起源到终结的清晰明确的图景。但是到 4 世纪后期，基督教学者在清晰界定的年代中，创造出了一种简洁的新宇宙观，并从精神实质的永恒世界中脱颖而出。这种历史观最大的特点就是它的清晰性。人类生活的最早时刻就像昨天发生的事情那样清楚明确，而此后几乎每一个世纪都有相当准确可查的事实。虽然，对于最早的历史事件究竟发生在 5000 年前还是 6000 年前，或者世界是否会在 100 年或 200 年还是 1000 年后终结等问题上仍有争议，但在一般的时间尺度上却没有疑义。公元 1000 年的时候，没有多少人会想到世界还会继续存在 1000 年，甚至完全没有人会想到世界会继续存在 2000 年。对他们而言，终结就在眼前，如开始时那样清晰，历史就是这个紧凑而简明世界的故事，整个趋势可以被完全清晰地掌握。

这种必然性是欧洲知识发展的一个重要现象。若干科学证据和批判学术的研究表明，中世纪所继承的历史观是中世纪思想体系中最难以撼动的部分。它借着一场思想革命来到人间，并在最后的生命岁月中最为强大。在长达 1500 年的生命中，这种历史观给予了人们面对外部世界的信心。也许我受到了历史学家臆想的影响，但我情不自禁地想到，这种历史图景的清晰性正是科学思想发展的重要工具。无尽的时间、泛滥无涯的循环以及难以想象的深刻变化，这些复杂的东西都被排除了，思想就可以集中在能够予以系统性编排的清晰事件上，也就没有必要绞尽脑汁地在昏暗的灯光下探究过去那些不确定的事情了。历史是整体统一的，人们意识到他们所知的一切事物中没有什么是模糊不清的。

然而，在这个整体性框架里，中世纪早期主要是从圣奥古斯丁那里继承了一个初步的历史发展观念。本文并不深入探讨奥古斯丁历史观念的复杂程度，但很容易界定他对中世纪历史思想的主要贡献。在《天主之城》的最后一句话及其著作的许多地方，他以最简洁的轮廓概述了普世历史的主要阶段：

32
> 如同创世有六天，因此在历史中也有六个时代：第一个是从亚当到洪水，第二个是从洪水到亚伯拉罕，剩下的三个时期（如同圣玛窦福音中所写到的）是从亚伯拉罕到大卫，从大卫到巴比伦之囚，以及从巴比伦之囚到基督的诞生。其后便是第六个时代，那个时候人类的思想将会在天主的肖像中重建，就像是创世之时人类按着天主的肖像所创造那样。这就是我们现在生活的时代。①

这一脉络性框架由于被反复引用已经变得耳熟能详，再次对其进行分析似乎显得有些多余，但是，如果不对这一文献及其主要特征进行简要分析的话，可能会导致我们无法理解这一系统的后续发展。首先，我们必须认识到这段引文建立在对《创世纪》第一章的大胆解释上。创世的六日预示着历史的六个阶段，而第七天的安息则对应着历史尽头之外的永生。奥古斯丁的历史观是从圣经真理的神秘深度中产生出来的非凡想象力的飞跃。《创世纪》的第一章是整个历史进程的线索；而《玛窦福音》中的族谱则是第三阶段到第六阶段的明确界限。因此历史时期的主要划分便被标注出来，一个模糊的普世发展轮廓就随之映入了眼帘。但是，奥古斯丁对于"发展"没有多少兴趣。对他而言，真正重要的历史划分是第五和第六阶段的交叉点，在那个时候，历史的清水将变为救赎的美酒。② 除了这种划分之外，其他的历史还是在神圣力量干预下所划分的人类罪恶的喧嚣。

建立历史六阶段正式特征的任务留给了比德（Bede），他是一个

---

① 参见 *De Civitate Dei*，xxii, 30。关于七阶段论划分的早期历史，参见 R. Schmidt, "Aetates Mundi: die Weltalter als Gliederungsprinzip der Geschichte," *Zeitschrift für Kirchengeschichte* 67(1955·1956), pp. 288–317。

② 此处指耶稣在加纳婚宴上所行的第一个神迹，参见《若望福音》2:1—11。——译注。

在思想上更局限却更为科学化的历史学家，还将一些自主发展的因素引入了这个框架。比德不仅是最为专业的编年史家，更是中世纪早期最富有想象力的历史学家；同时，他对普世历史框架也进行了最严肃的思考。他接受了奥古斯丁在创世六日和历史六阶段之间建立的联系。然后，他对于创世六日进行了更艰深的考察，将历史每个阶段的发展与创世活动联系在了一起。比如，创世的第一天创造了光，然后将光与黑暗分开，最终以黑夜的到来为终结，因此历史的第一个阶段就以造人为开端，之后就是将好人同坏人分开，最后以普世的大洪水所造成的破坏为结尾。比德在六个阶段中都采用了这种注解方式。因此，每一个阶段都获得了一个独特的动力，形式相似但结果各有不同：在每个阶段的开始都有一种重建的行为，之后便是不同的发展导致普遍灾难的时期，这又为下一次新的重建做好了准备。我认为，在赋予每一个时代以开端、增长和破坏的节奏，以及包含着新开端的预许方面，比德的思想都是非常具有原创性的。这种节奏与黑格尔的历史辩证法有一些模糊的相似性，而这种相似性更被比德将历史阶段与人类生命七阶段联系起来而得以加强。第一个阶段是婴儿时期，这是在大洪水之前超出记忆范围的时期；第二个阶段是孩童时期，即在亚伯拉罕之前人类语言刚出现的时候；第三个时期是少年时期，这是繁育期，亦即（以色列）列祖时代的开始；第四个时期是成年期，人类有能力通过王权进行统治；第五个阶段是老年期，痛苦在逐渐增长；第六个阶段则是衰老期，在这个时期，人们走向老迈并预示着永恒安息的临近。③

    比德忠于奥古斯丁的教导，并不想给第六阶段一个精确的形态，然而他在《默示录》的七封印中找到了新的发展线索，后世的思

33

---

③ 关于比德对普世历史的思考，参见 *Bedae Opera de Temporibus*，ed. C. W. Jones（Medieval Academy of America，1943），pp. 201 - 202，303，307 - 315（= *De Temporum Ratione* 10；*De Temporibus* 16；*Epistola ad Pleguinam*）。琼斯教授对比德的文献使用方法作出了富有启发性的思考，参见其序言中的介绍，见第130—139 页。

想家也将会对之进一步阐述。《默示录》是一个历史学家所能找到的最为危险的高峰,在此后的日子里,我可能会找个时间去讲述一些攀登这座高峰失败后所造成的知识灾难。就现在而言,记住一点就够了:在比德的眼中,《默示录》为那些基督教历史上未知的世纪直到他的时代提供了一种认知模式,尽管这些模式都是晦涩和不完整的。

比德将历史带入了这样一个维度,历史不仅仅被视为不同时代在自身发展之外的延续,同时也被当做从一个时代到另一个时代的生物学过程。在这个总体框架内,他建立了远胜于前代学者的年代学,并开启了对未来探究的道路(无论是好是坏),从而引导了此后中世纪时期的历史思想。

II

在比德去世之后的四个世纪里,这一时期古典模式统治着历史书写,没有一场思想运动改变过比德所建立的模式。虽然这一时期有许多智慧且辛勤的编年纪作者和编订者,但是我没有发现他们中有任何人提出了关于普世历史运动的新思想。历史和其他许多探索领域一样,直到 12 世纪早期才出现了那些超越奥古斯丁和比德的思想。然而,即使作出了这样的表述,我还是要谨防说得太多。12 世纪的思想气氛在整体上对历史学并不有利。实际上这种氛围更适宜于系统化(systematization),而且这种氛围是由一种对于历史思索怀有敌意的方法所形成的。这一方法基于一种假设,亦即时间、地点和历史环境都可以在对人类和宇宙本质的探索中被忽略。对于这些系统化者(systematizer)而言,一切都变得更加简单了。这意味着,他可以将一个非常棘手的复杂问题从他业已十分困难的任务中排除出去。他可以将不同时代、不同文化背景的文本放在一起,并以之为材料构建真理的大厦:这些文本的历史背景是无关紧要的。如果没有这种普遍无视历史的态度,12—13 世纪在神学、法律和科学上的集大成者就不会出现。因此,这几个世纪在获取知识的路径上是相当"非历史"的。④

然而，在这个伟大的系统化时期之初，有一个人却极为与众不同。虽然他大致上也属于系统化者，但却有着历史学家的直觉，并且认为这些意识与经院神学家的特质可以兼容。他就是圣维克多的休（Hugh of St. Victor），12 世纪所有伟大人物星空中最黯淡的一位。

我们对于他的个人生活几乎一无所知。他可能来自于益普尔斯（Ypres）地区，但也可能来自萨克森。⑤ 我们唯一确知的是，他是巴黎圣维克多奥古斯丁修道院的一名教士，于 1141 年去世。在他去世之前的二十余年里，他所写的一系列作品对此后数个世纪的众多思想分支都产生了一系列影响。他几乎与阿伯拉尔（Peter Abelard）、沙特尔的蒂埃里（Thierry of Chartres）以及孔什的威廉（William of Conches）处于同一时代。但与这些熠熠生辉的名字相比，休却是一个相对默默无闻的人。和许多同时代人一样，他是一位著名的教师，⑥但是他的名字并没有与任何伟大的原创思想联系在一起，没有为经院方法的重大发展做出贡献，也没有在学院课程中引入新的材料。他的写作几乎在每个方面都与同时代人的知识不同——无论是在圣经诠释、系统神学、个人宗教体验或者自由艺术上——但是又很难说他有着特殊的位置，或在某个方面有深远的影响。这种思想上坚定的清晰并不容易温暖跨越了八个世纪的心灵。在我对他认识清楚之前，我只看到了一群卓越的创新者和勇敢的思想者当中，站着一位单调而可敬的人物。然后，在经过一番

---

④　一些不同的看法，参见下述作者的许多具有启发性观点：M. -D. Chenu, "Conscience de l'histoire et théologie au XIIe siècle," *Archives d'histoire doctrinale et littéraire du Moyen Age* 21(1954), pp. 107 – 133。

⑤　关于该证据的研究，参见 R. Baron, *Etudes sur Hugues de St-Victor*（Paris, 1963），pp. 9 – 30。

⑥　后来成为威斯敏斯特修道院院长的达勒姆的劳伦斯，对他所执教的学校有很信实的描述，参见 B. Bischoff, *Mittelalterliche Studien* 2（Stuttgart, 1967），pp. 182 – 187。

沮丧和无聊之后，休独特个性的轮廓最终开始显现。当你最终发现这个在巨星掩映下的人物居然是一位历史学家的时候，会感到惊讶吗？或者，虽然在表面上看休的作品中几乎没有什么历史内容，但那个温和而相契的灵魂在许多作品中都持续地展现着一种历史观。你会为此感到惊讶吗？

35   为了证明圣维克多的休确实是一位应当入选我们协会的合适候选人，我必须先得承认一种困难。虽然他曾经写过一部历史著作，但我并非以这部著作为基础来证明他是一位具有原创性的历史思想家。他的历史思想并非来自他的历史书写，而是来自于他的神学写作和圣经注释，也来自于他在自由艺术方面的教学。如果我们想要理解他的思想，就必须转入以上领域。但在此之前，我们还应认识到他具有一个天然的优点。对历史学家而言，最基本的要求就是要对遥远过去的状况有着非凡的领悟力。他那些伟大的同时代人若非缺乏这种力量，就是轻视这种力量，而圣维克多的休则表明他在这个方面有极高的造诣。他告诉我们，当他还是个学生的时候就经常用鹅卵石摆成各种形状，在广场和其他地方走平行四边形，以使自己掌握几何定理的真理。他会在木架上拴上琴弦以测试音乐声调的学说，会花费整夜时间记录下他所观测到的星辰。[⑦] 这些习惯虽然未必能够表明他具有极高的数学天赋，但展现了他对在具体条件下实现普遍定律的渴望，这非常有助于历史想象力的增长。正是由于这种能力，使他日后尝试为神学辩论中的文本赋予历史背景，并将其最重要的一部神学著作奠基于历史框架之上。在中世纪的神学家中，几乎只有他一个人给予历史如此高的重要性。

　　一个典型事例可以说明他对历史偏爱，这就是他关于忏悔圣事的讨论。12世纪的神学家们发现，很难论证教徒应每年至少向神

⑦　Hugh of St. Victor, *Didascalicon*, VI, iii, *De historia*, ed. C. H. Buttimer (Washington, DC, 1939). 哲罗姆·泰勒 (Jerome Taylor) 的翻译 (Columbia University Press, 1961) 中有许多非常有价值的注释。

父告解一次的责任。首先是一些平信徒和神职人员非常反对这一做法，其次也因为没有明确的文本可以作为这种规定的基础。在这个问题上，圣经文本和教父著作都没有定论，而且这一规训的起源也无法追溯到一个合法的文本上。随着时间发展，各种线索嵌入到一个整合的系统，从而形成了一个始终如一的结果，但是圣维克多的休却提出了一个相当原创的观点。[8] 这个观点应当受到更多的重视。他将这些没有定论的圣经文本安排到一个似是而非的历史顺序当中，而且他试图说明，在一些明显有漏洞的地方，如果考虑到具体的历史背景就可以使问题迎刃而解。因此，最为简单的"你们的罪被赦免了"属于最早期基督个人所施展的神迹；其后的"领受圣神吧：无论你们赦了谁的罪，他们的罪就被赦了"就到了有必要在基督个人行为的基础上建立制度的时候了；而最后圣雅各伯的警句"相互忏悔你们的罪过"则是由于信仰者逐渐松懈，需要寻求一些针对于他们灵魂的药，因此宗徒们就有必要制定一套规训的制度。虽然这种安排看起来有些天真，但是休处理文本的方式却非常具有智慧和想象力：这是对他的名言"在沉思历史时，我们寻求时间、地点和事件的完美统一"的绝佳注脚。[9]

在很大程度上，休主要的系统神学著作《论圣事》(*De Sacramentis*) 构建于历史脉络之上。他的一生几乎都在为这部著作做准备，这些准备可以追溯到一系列草稿中。他对历史的倾斜并非偶然：这是长期酝酿、深思熟虑的决定。就我所知，除此之外再没有一部重要的经院神学作品在结构上受到了历史发展如此深刻的影响。休的著作可以视为第一部——也可能是最后一部——在中世纪时期

36

---

[8] *De Sacramentis*, II, 14, i (PL 176, 551-552). 在这个主题中，我们更能瞥见超越学校围墙的困惑与论争。如休曾经写道：当我们对人们说，他们应该忏悔自己曾经做过的错事，他们会对我们说："给我一个权威"(*Quando dicimus hominibus ... ut confiteantur mala quae fecerunt, dicunt nobis, "Date auctoritatem"*)。这一时期的许多作品都在试图解决满足这一需要的难题。

[9] *De Meditatione*, c. 3 (*Hugues de St. Victor : Six Opuscules Spirituels*, ed. R. Baron (Paris, 1969), p. 48).

的神学讨论中以发展为中心的作品。他将自己的作品奠基于人类历史所划分的三个阶段上,即人类堕落之后不断寻求天主的过程。堕落使人类完全地迷失了方向,身体变得虚弱、意志变得软弱,从而使人与天主分离。在这种情况下,人们要做的第一件事就是通过他们的道德、心灵和生理上经历的瓦解崩溃的体验来探究自身软弱的程度;从这些经验中,他们就会渴望并寻求救世主。因此,第一阶段的人类历史由人类的堕落到亚伯拉罕时代的2000多年所组成,天主站在一旁像医生一样等待着呼唤,人类则逐渐认识到他们是多么软弱并开始寻求天主的救助。历史的第一阶段是自然法阶段,人类借着理性和经验之光四处摸索,寻找救治他们疾病的良方。在这个寻求救治的阶段,出现了许多先民们的圣事,他们通过外在礼品的奉献和牺牲以使上主满意而免除罪孽。这些祭祀是通往救赎的第一步,祭祀为上主所接受就成为了对创造者和救赎者信仰的标志。然而,救赎人类还需要更为强大的奉献。义人像散落在世界的麦粒;他们没有共同的生活法则,没有从属的团体;他们各自为战,对于未来基督的来临一无所知;他们需要专门的团体和更多的知识与力量。这些将在第二阶段到来。

第二阶段萌芽于亚伯拉罕时代,而满全于摩西时代。这一时代是律法时代,天主积极地介入到人类历史当中,将正直者或其中的一大部分划分出来,形成了一个可见的群体,并在他自己和他的选民之间建立了一个权威而复杂的圣事合一体系。在这一阶段,对于人类进一步的指引采取了将真理符号化的形式,因为他们还不足以承受全部的启示。这一时期的圣事虽然仍是外在的,但是相比较前一阶段更为个人化,与每个人的生活也更加紧密相连;并且,现在的圣事明确地指向了对弥赛亚的信仰,虽然当时的人们仍不清楚救世主的形体和救赎的运作方式。现在所需要的是更多的谦卑和更为强烈的个人奉献而非知识。这些都将在第三阶段到来。

第三阶段以基督的诞生拉开帷幕。在这个时期,恩典取代了律法，圣事不再以影子（如同第一阶段）或真理的形象（如第二阶段）来表达，呈现的是真理的实体本身。与天主之间的内在关系取代了此前时代的外在联系；对于灵魂疾病的拯救加强了此前时代关于解决愚昧手段的寻求；圣神的默感取代了此前人类对上主诫命的单纯服从。这些都是最后一个将要持续到终结的时代的特征。[⑩]

即使这个概述如此简略，我们仍可以看出其中动态的历史观，人类和天主的协作产生的运动，从创世后的最初阶段直到我们生活的这个时代，都在持续地向前推进着。虽然休用来建构历史模型的材料与基督教的历史同样古老，但在休的历史思想中人类从原始阶段到完全发展的状态中所隐含的运动意识，却与奥古斯丁和比德的思想非常不同。

我们在阅读休的信仰演变形式时，不禁想起纽曼在1845年出版的《论基督教教义的发展》。这部著作在很多问题的处理上与休的思想如出一辙，并采用了相似的历史想象。纽曼写作时正是进化思想甚嚣尘上之际，而且他的著作在这场运动——它在许多方面改变了西方思想——早期历史上也占有一席之地。[⑪] 但休的思想却与他的时代格格不入，并随着时间推移而逐渐湮没。

休对最早和最不精确时期宗教信仰和实践的同情引起了阿伯拉尔的强烈敌意。尽管（或者正是因为他自己常被断定误入歧途，阿伯拉尔迅速跳到别人的偏差之处，并且谴责休的观点属于那些

---

⑩ 描绘休的历史观念的主要文献包括 *De Sacramentis*，I，1，iii；I，3，iii；I，8，iii，xi；I，10，iv，vi-vii；I，11，i-vii；I，12，i，iii，vi（PL 176，187 - 364）；*De Sacramentis legis naturalis et scriptae Dialogus*（ibid.，17 - 42）；*De varietate mundi*，ii・iii（ibid.，716 - 730）。同时参见 *Summa Sententiarum*，IV，i-ii；V，i（ibid.，117・20，127・8）。在达拉姆的劳伦斯关于休的讲座报告中也能找到相同的观点，参见 Bodleian Library，MS. Laud misc. 277。

⑪ 关于纽曼理念发展的背景，参见 O. Chadwick，*From Bossuet to Newman：The Idea of Doctrinal Development*（Cambridge，1957）。

远离了教会信仰的人。⑫ 休认为，那些人们对基督一无所知时所做的最早的祭献是为天主所悦纳的。阿伯拉尔反驳说，信仰形式的一致性要求从最开始的时候就应当有对于基督降生、受难和复活的明确宣认。休将他的思考呈给圣伯尔纳德，并获得了他的首肯，这可能由于他的态度更接近教父，也可能因为这种思想是"非阿伯拉尔式的"。⑬ 这里我们要简单地强调一下，休具有更强的历史辩论意识。他指出，阿伯拉尔的观点既可能指在基督之前只有很少人能得救，或者许多人得到了一些特别的启示，而这些假设在他看来都与常识相违背。⑭ 同时，他还指出从福音的记载中可以清楚地看到，就算是宗徒和彼得自己，在基督在世期间都无法经过阿伯拉尔的考验。无论其神学上的价值如何，这种对历史现实的诉求在12和13世纪的辩论中着实极为罕见。

　　历史发展的关键因素深刻地影响了休的神学，同时也深刻地影响了他的灵性写作。与新兴的经院神学家不同，休在本质上是一个实践宗教生活的神学家。他思想中的精粹是那些描述思想从可见之事到不可见之因，从可见之因到不可见之实质，直到关于天主的知识。休这样描述了这一发展的早期阶段：

----

⑫　阿伯拉尔对休的批判（这一点不会弄错）主要在《基督教神学》中（*Theologia Christiana*，PL 188，1285）[ed. E. M. Buytaert，*Opera theologica*，2（CCCM 12，1969）]。（他没有提及休的名字，但将这些学说的来源归于一位在法国的教师，"他在每一个人面前的表现，就如同他是唯一的神学导师一样"。（*qui se quasi singularem divinae paginae magistrum omnibus praefert*）在阿伯拉尔的 *Problemata Heloissae*（ibid.，698）中，阿伯拉尔关于在自然法状态下的救赎观点实际上与休的观点非常相似，但他仍坚持基督教教义的特别显现是救赎的必要条件。休寻求圣伯尔纳德的帮助，可在圣伯尔纳德的回信中得知：*Tractatus de Baptismo aliisque quaestionibus*，3（PL 182，1038－1046）。

⑬　圣伯尔纳德（Bernard of Clairvaux）是12世纪上半叶最具影响力的神学家和熙笃会隐修院院长，与阿伯拉尔在若干神学问题上发生过长期激烈的冲突。——译注。

⑭　休的论证主旨在为圣伯尔纳德所归纳，并认为他几乎并没有添加什么（PL 182，1038－1039）。

II. 历史书写的欧洲传统之二：圣维克多的休与历史发展观念

人类的思想被浸没在无知的黑暗中，无法浮现在真理之光中，除非物质实体拉住他的手，像引导盲人一样将他带入他所无法看见之物的沉思冥想之中。⑮

一个人对于真理最早的认知源于物质存在；然后理性发挥作用，并将人类的知识扩展到不可见之事。天主则对于这一活动予以回应，并以启示补充理性，按照人们归向他的程度向人们显现自己，对于那些最靠近他的人施与最多，而最远离他的人施与最少。个人归向天主的历程就是人类在历史中归向天主的精确对应，就像是人类从物质层面开始一样：人类在历史中迈出的第一步是出于物质需要的压力和自然的刺激。就像是天主根据人类与他的距离远近向个人施与他的启示，所以神圣启示就在历史中随着人类逐渐接近天主全部启示显现的时间而变得越发明显。个人以按照他们的理解能力呈现的人物和象征来准备迎接真理的全部光辉；因此在历史中，象征和圣事是随着真理的显现过程而有所适应和提炼的。在历史中的教育过程和人的生命阶段是重合的。

除此之外，无论是在宗教上的增长或在世俗理解上的增长是一样的。休曾经写过一部关于自由艺术的手册。这是一部非常保守的作品——只除了一点：此前从未出现过一部著作，在一个广阔的历史进程中，对自由七艺的兴起做出过如此完整、清晰和哲学性的阐释。休借以写作的史实并不新鲜。从 4 世纪到 10 世纪的一系列作者——主要是优西比乌斯、伊西多尔和奥塞尔的雷米吉乌斯⑯——收集了大量关于学问各种分支起源的神话、传说和学术性

39

---

⑮ *Expositio in Hierarchiam coelestem*，II，I（PL 175，948）.

⑯ Eusebius-Hieronymus, *Chronica*, ed. R. Helm（Berlin, 1956）（see esp. annals for 1684,1637,1569,1471,693 BC）; Isidorus, *Etymologiae sive Origines*, ed. W. M. Lindsay（Oxford, 1911）（see esp. I, 3, iv; II, 2, i; II, 24, iv - v, vii; III, 2, i; 10, i; 16, i; 25, i; IV, 3, i）; Remigius, *Commentum in Martianum Capellam*, ed. C. E. Lutz（2 vols., Leiden, 1962 - 1965）（see esp. 1, pp. 145, 175; 2, pp. 3,12 - 13,15 - 16,26,179 - 180）.

猜测。这些作品汇聚在一起形成了巨大的信息库——其中大部分记录是错误的，还有一些简直是异想天开，所有的知识都存在误解——但无论如何，这是一个伟大探寻的开端。主要的误读就在于，他们认为艺术和科学上的分支学科都是由一系列英雄或超人"发明"出来的观念。被分解的古典神话成为了支持这一理念的事实，并且由于这些是考古学兴起之前学者们唯一能够使用的材料，一直到18世纪都是学术界常用的库存。像其他许多人一样，圣维克多的休接受了这些"事实"，并基于这些记载建立了他对于各种学科起源的考察。即使以这些没有前途的材料进行研究，他仍然锤炼出了关于世俗知识发展的哲学，这与他的宗教发展哲学并驾齐驱。

有证据表明，休在一生中对这一问题进行了大量思考，且有时会改正一些思想上的细节——比如，发明了天文学的琐罗亚斯德（Zoroaster）是诺亚的儿子闪（Shem）的另一个名字；是否正是这个人将自由七艺的大纲刻在了铜柱砖石上，以防备天下火狱和另一次洪水的可能？[17] 这些问题太深，我不会尝试在今天去解决它们。无论如何，我们不能去圣维克多的休那里寻求答案。我们在他那里所找到的，是他对于人类世俗发展的记载，这些记载本身比他所依据的材料要好得多。

他将人类学问的进步视作堕落的灾难之后走向回归这个故事的另一面。[18] 就像是信仰和圣事是为了救治人类对天主的疏离，艺术和科学则是为了救治人类本质力量和尊严的瓦解。在这两个领

---

[17] 关于休在这一点上的犹疑，参见 D. van den Eynde, *Essai sur la succession et la date des e'crits de Hugues de St-Victor* (Rome, 1960)，pp. 41-42。

[18] *Didascalicon*, I, i: *Naturae nostrae dignitas ... reparatur per doctrinam, ut nostram agnoscimus naturam, et ut discamus extra non quaerere quod in nobis possumus invenire*["我们人性的尊严……通过学习而恢复，因此我们能够认出我们的本性，并学会不去向外寻求我们在自己内在可以找到的本性"]。关于人类本性观点的进一步讨论，参见 R. W. Southern, *Medieval Humanism and Other Studies* (Oxford, 1970)，pp. 29-60。

域都需要一个长期的历史过程，以此找到并完善后续阶段疾病所需的对症之药。如我们所看到的，那种由人类堕落所引起的超性之恶就是人对于天主的疏离，而对此的救治则要依赖信仰和圣事的增长。本性之恶则是无知、意志软弱以及身体的虚弱。对于这些邪恶，恢复的工具是哲学、伦理和技术。休是这样描述人类回归进程的：

> 遗忘的混乱压倒了人类的思想；人们深深地沉陷到无知当中，无法忆起他们的原点。然而，永恒之火的火花在他们心中，借着这个光，如同暗夜中的火花，他们能够寻求他们所失去的……他们开始通过对智慧的学习来摆脱邪恶的折磨。从此，就有理论的学问照亮了无知，有了伦理以强化道德，还有机械之艺缓解人类的病弱。[19]

40

整个的重建不可能像人类的精神复归那样如此清晰地分出不同阶段，但是也有着类似的模式。第一个阶段是人类由于偶然的实验而蹒跚向前：

> 在有语法之前，人们就开始写作和说话了；在有辩证法之前，人们就能辨别真理与虚妄；在有修辞之前，就有了律法；人类在有了算术之前，就有了数字；在有音乐之前，人类就开始了歌唱；在几何学之前，人类就测量了土地；人类在天文学出现之前，就已经开始观察星辰和季节。[20]

---

[19] *Epitome Dindimi in Philosophiam*，in *Opera propaedeutica Hugonis de S. Victore*，ed. R. Baron（Paris，1966），p. 193.［这里所翻译的"机械之艺"，英文为"mechanical arts"（拉丁文为 *Artes Mechanicae*），在中古时期常常与自由艺术相对应，就是指日常生活中的一些技能。在休的著作中，机械之艺包括：缝纫、医学、建筑、征战、航海、舞台表演和冶金。——译注］

[20] *Didascalicon*，I，xli.

　　理性扮演的角色是将这些混乱的实践经验进行组织,从而使之变得井井有条,形成有序的科学,除去那些有害或多余的东西,并为人们由于偶然和自然冲动所发展出来的习惯赋予理性的形式。通过这种方式,艺术开始重新创造原本存于人类本性中的完美。

　　所有的艺术都经历了相同的成长阶段,且其发展都与人类精神本性的复归有着相同的时间模式。基本上来说,第一阶段是在亚伯拉罕之前的人类,属于试验阶段。理性系统开始的阶段对应亚伯拉罕的后裔进入埃及时期。因此,发展的脉络是非常清晰的:艺术从埃及开始诞生。语法在奥西里斯(伊西斯的丈夫)时代首次被创造出来;也是在这一时期——在最后一次也是最完美的一次思想飞行中——巴门尼德坐在他的岩石上发现了辩证法。[21]艺术从埃及传播到了希腊,然后传给了罗马。当人类历史的第三阶段以基督的诞生拉开帷幕之时,这些艺术的要素都达到了完美。它们准备在真理全部展现的第三个和最后一个阶段扮演好自己的角色。

　　在这个故事中,休最具原创性的观察是他看到了物质需要在推进人类上升中的作用。这种需要迫使人们去寻求针对他们虚弱病症的治疗方法。最初级的需要就是理性最早的训练场,而人类思维的科学(逻辑)则是最后才被发现的。[22]因为自然使人们没有什么可以遮风挡雨,而理性则首先使人类发明了衣服。因为从自然角度来说,人类没有什么保卫手段,理性就不得不发明出防御和军队的知识以填补人类自身的缺乏。这是所有历史发展归纳入单一模式的又一例证:人类出于外在的需要,而向内工作;以最为明显的物质事物开始,向着思想和精神的真理迈进。这种对于物质事物重要性的重视解释了休的思想体系中另一个重要特点。在他之

41

----

[21]　Ibid. , II, xi. 关于巴门尼德传奇的起源,参见 R. Klibansky, "The Rock of Parmen-ides," *MARS* 1(1943), pp. 178 - 186.

[22]　*Didascalicon*, I, xii,此处他反对奥塞尔的雷米吉乌斯(Remigius of Auxerre)关于语法是人类最早的艺术的说法,参见 *Commentum in Martianum Capellam*, ed. C. E. Lutz (2 vols. , Leiden, 1962 - 1965),2, p. 3.

前,许多人曾经探讨过哲学的分类,但他似乎是率先将机械艺术放到与自由艺术同样的层面,并且以同样的彻底性对之进行分析。㉓这是非常重要的一步。这种将机械艺术放置在与自由艺术同样的水平上,在人类尊严的复归中将它们视为平等的部分,与古代学术传统是相悖的。虽然是隐晦或不成熟的,但这暗含着一种承认,对于西欧文明一种新特点的承认(一些人可能会认为是最主要的特点):这就是对技术变革的接受能力。在其《研读论》(*Didascalicon*)中,圣维克多的休展现出了使这种接受成为可能的精神状态。

III

圣维克多的休之历史观的显著特点在于,生命的每个部分都包含着普遍的向上运动。虽然他没有说过与奥古斯丁相悖的话,但是,这种上升运动的一致性、在这个运动中天主与人类的合作、单线程将人类最早的努力带向最终的结果,以及一般历史运动和个人灵魂朝向天主运动之间的紧密联系——这些特色自然都并非是受到奥古斯丁的影响。它们的原创性就在于从给出的历史背景中产生对于人类的看法,这就是在 12 和 13 世纪科学运动背后的推动力。

职是之故,圣维克多的休就成为了新时代的先知。他曾经预想的比上面所论述的还要多,他想要将历史变为和他那个时代其他学科一样的系统研究。如果他这个目标达成了的话,历史学可能会有助于软化经院神学的轮廓。但是他失败了,而且这种失败可能是无法避免的。我们可以从他的编年纪中看到导致失败的一个原

㉓ 机械艺术和自由艺术一样,是匠人对自然的模仿(*opera artificis imitantis*),因此他们用来发展人类的理性(*Didascalicon*,I,x)。休在雷米吉乌斯那里找到的思想根源,op. cit. ,1,p. 208;2,pp. 299,302 - 303。

因。㉔ 在这部作品中,休试图创作出一部简单易记的普世历史教科书。它不像其他的编年史,并不想成为一部各种事件的记录汇总。如果可以的话,我们认为它更像一部专为历史学家所用的手册。像他思考其他任何事情一样,休在思考历史时也极具系统性。在分析他的结构时,休区分成了四个因素:时间、地点、人物和事件。㉕ 很明显,在这样一种混合中,事件是一种无法预知的古怪因素。其他的三项可以按照年代、地理和统治者列表的形式进行系统化处理,因此就能够在休的编年纪中找到自己的位置——题目就成了《历史三要素之书,亦即人物、地点和时间》(*Liber de tribus maximis circumstantiis gestorum*, *id est personis*, *locis*, *temporibus*)。如同他在前言中所解释的那样,他的意图是想让初学者记住这些构成历史环境的基本要素,就如同他们记诵其他学科的大纲一样。㉖ 因此,

42

㉔ 这部编年纪从未完整付梓,因此很难对其进行详细研究。福奈特教授(A. Vernet)友善地向我表达了他的看法。经过对抄本最为详细的研究,他对于这部作品的真实性有所怀疑。很明显,抄本中所添加的一些内容不可能是休自己创造的。但无论如何,我仍认为这部作品从整体上应视为圣维克多的休的作品。作品的前言参见 W. M. Green in *Speculum* 18(1943), pp. 484 - 493,一些统治者的列表参见 *MGH*, *SS* 14, pp. 88 - 97。关于作品的主要内容,有一些便于使用的介绍,参见 Green, op. cit., pp. 492 - 493, D. van den Eynde, op. cit., pp. 90 - 92, and in R. Baron, "La chronique de Hugues de S.-Victor," *Studia Gratiana* 12(1967), pp. 167 - 180。

㉕ *Didascalicon*, VI, iii.

㉖ *Sunt quaedam fundamenta scientiae*, *quae si memoriae firmiter impressa fuerint*, *facile cetera omnia patescunt. Haec tibi in subiecta pagina eo ordine disposita praescribemus quo ipsa volumus animo tuo per memoriam inseri*, *ut quicquid postea superedificaverimus solidum esse possit.* ["一门学问有一定的基础,如果能将这些内容深深地印刻在记忆里,就能使其他的东西变得清晰。我们将为你们把这些写下来,因为我们想让你们把这些内容刻在自己的记忆里,这样我们后续奠基于其上的任何知识也都会非常牢固"], *Praef.*, ed. Green, op. cit., pp. 490 - 491.在当时的忏悔文学中,我们可以发现一个与休在其编年纪中的方法非常有趣的对应:"罪人的状况"(*circumstantiae peccatorum*)。在这一时期的道德神学上,与休的编年纪中历史状况(*circumstantiae gestorum*)很相似。参见 J. Grundel, *Die Lehre von den Umständen der menschlichen Handlung in Mittelalter* (*Beiträge zur Geschichte der Philosophie des Mittelalter* 39,1963)。

II. 历史书写的欧洲传统之二：圣维克多的休与历史发展观念

休的编年纪是一部教学法的作品，但是却很难说取得了重大成功。[27] 虽然在法国北部的一些学校中存有一些抄本，但在教育上却并无什么影响：直到 19 世纪，历史学仍然像是众学科之间的一块抹布。原因显而易见：虽然历史中的一些普遍性问题具有重要性，却不能为严格的经院神学讨论提供素材。休的历史思考缺乏赖以支撑的史实。如果没有史实的支撑，就不可能超越休已经到达的系统解释领域。结果就是，在历史学家中，并没有圣维克多的休这一"学派"。

在休的学生中，只有圣维克多的理查德（Richard of St Victor）接受了休的历史观念，并尝试去填补休的编年纪中实质内容。他的《摘录之书》（*Liber Exceptionum*）基于休的编年史而创作，并取得了巨大成功。[28] 但是，他的成功只凸显了休在将历史学术研究通俗化中失败的原因。理查德并非为学者们写作；他只有在为布道者（就我们所能判断的而言）、那些需要关于《旧约》历史寓意解经纲要以及小部分古代世俗历史主要特征史实的人进行写作时，才取得了最大的成功。他指向了两个在中世纪后期最具有成果前景的领域：知识学问的百科全书，再就是可以用于讲道的故事集成。从整体上来看，只有几个作者填补了休所留下的空白；直到数个世纪之后的 1750 年代才开始有学深似海的历史编撰，将世界历史中的社会、政治、宗教和思想统统划入到一个清晰的年代学和地理学框架中，而这正是休当年所寻求的。

我认为 12 世纪的作者中大概只有两个人，可以在一定程度上称为休在历史观念上的继承者：哈维堡的安瑟姆（Anselm of Havelberg）和弗莱辛的奥托（Otto of Freising）。他们都来自德意志，

---

[27] Green，op. cit.，列举了 16 份抄本，几乎全部来源于法国北部。

[28] Richard of St. Victor，*Liber Exceptionum*，ed. J. Chatillon（Paris，1958）. 编者列举了大约 170 份现存抄本，并探讨了它们的影响和作用（81－86 页）。关于圣维克多的理查德在其他作品中所受休的历史观念影响，参见 *Opuscules Théologiques*，ed. J. Ribaillier（Paris，1967），pp. 237－241，256－280（*PL* 196，995－1010）。

在圣维克多的休在世期间在法国学习（休自己可能也在法国学习），而且他们都在历史中找到了应对紧迫个人问题的答案。

关于哈维堡的安瑟姆的问题比较简单。他同休一样，是奥古斯丁会的律教士，亦即这个在 12 世纪广为传播的新修会的一员。这些新修会的出现自然受到了大量的批评：

> （人们问）为什么——（此处引用的是安瑟姆自己的话）——在教会中会出现如此多的新奇事物？为什么在教会中出现了如此多的新修会？为什么基督的教会使自己变得如此可鄙？显示出如此多的种类、屈服于如此多的新生事物、为如此多的新规则不安，以至于几乎每年修订（教规）时都会挤满各种新的习惯？[29]

安瑟姆在圣维克多的休那里找到了这些问题的答案。[30]休展示了教会的信仰和圣事怎样从人类历史的最早时期通过实验、理性和神圣天意的组合发展而来。哈维堡的安瑟姆将这一进程扩大到整个教会体系，并将这个故事一直延续到他自己的时代。在他看来，教会历史的每个方面都可以视为革新的故事。新的修行方式、新的诫命、新的指引、新的禁忌、新的崇拜形式都是每一个时代的特点。这些多样性和变化不仅不是堕落和混乱的象征，反而是教会成长所必需的工具。安瑟姆关注着他那个时代的宗教变化，尤其是他自己修会中的革新，当他看到在整个历史进程中有一个相似的模式在运行时，就更为安心了。他以更为鲜活的兴趣探索了历史变化的迂回曲折，因为过去的多样性提供了一种理解和捍卫当下的方式。他是在自身和环境需要之下扩展历史理解的典

[29] Anselm of Havelberg, *Dialogi*, I, ed. G. Salet (*Sources Chrétiennes* 118, 1966), p. 34 (*PL* 188, 1141).

[30] 我没有发现《对话录》在遣词造句上源自圣维克多的休的相关表述，但是一些部分体现了对休有关宗教发展观点的主要线索的吸收和改造。[*Dialogi*, I, i-iv, op. cit., pp. 48-50 (*PL* 188, 1145-1146)]

型。他曾经到访君士坦丁堡,并且非常高兴地看到希腊、亚美尼亚和叙利亚的僧侣们都秉持与天主教会相同的信仰,虽然他们在习俗、服装、食物、日课以及圣咏吟唱等方面有所差异。他尤其同情盟约之外那些尚未开化者的祭献,因为这些人强化了安瑟姆对自身修会的考察所得出的观点。约伯在律法时代就属于外邦人,如果他在律法之外的祭献为天主所悦纳的话,那么除了圣本笃的追随者,圣奥古斯丁的追随者自然也能在教会里占有一席之地。因此,他引出了他伟大的结论:

> 灵性恩典的外在形式需要随着时代的迁变而不断变化,将相同的真理阐述地更为完整……这种多样性源于人类自身各种的软弱,且这些软弱之处总是在不同的世代里不断流转迁变。[31]

这个结论基本上与休是一致的,但在视野上更为完整,在年代范围上也更为广阔。安瑟姆比休更为自由地扩大了每一历史时期内多样性的益处,而且出于他自己的困境,他不得不给出一个通过多样性来实现成长的故事,并以之作为当时的参考,而休则没有遭遇到这种状况。结果是,安瑟姆具有了休所欠缺的那一点热情和想象力:

44

> 在教会的历史进程中,教会不可能是单一或始终如一的,而是要经历许多不同的阶段……而且,随着教会经过这些阶段,前后相继直到今日,就像是鹰一样在力量上被一再更新,并且一直更新下去。[32]

普世历史的整个进程会给予这种来自变化和多样性的恩典更

---

[31] *Dialogi*, I, i-iv, op. cit., p. 116 (*PL* 188,1160).

[32] *Dialogi*, I, i-iv, pp. 64-66 (*PL* 188,1148-1149).

热情的接受,或更为欣悦的维护。

我所提到的另一位 12 世纪的作者——弗赖辛的奥托——与哈维堡的安瑟姆没有太多共同之处,除了当圣维克多的休在其学识和声望都达到鼎盛时,他们两人都是在法国北部学习的德国学生。而且,奥托手头上也有棘手的问题。奥托与皇室家族关系密切,显然注定将在帝国内担任要职。但是,他也受到了奥古斯丁悲观主义历史观的影响,尤其是在帝国所扮演的角色方面。在双城这一对永恒的敌人之间应当立于何处呢?——一个是暂时的,另一个是永恒的;一个是尘世的,另一个是天国的;一个属于此世,而另一个则是由天国的流亡者所组成。开始时,奥托陷入到了巨大的困惑中。他在最早的作品里时常会将帝国比作当代巴比伦,并且充满自信地期待着帝国与其过去的一切共同灭亡。[33] 而在其他的一些地方,他又将帝国作为一种在教会中经由上主所圣化的力量;当他这样表述时,他倾向于不再将这个故事视为双城,而是视为一座混合的城,独一的教会。[34] 随着时间推进,他越发倾向于将帝国视为和平的工具,属于天主之城——这一观点随着他的侄子腓特烈一世在 1152 年即位得到了极大的加强,这位新皇帝许诺结束过去的混乱并开创新的和平时期。奥托开始不再将历史视为一出悲剧,而看作一个欢欣的故事。[35] 正是在这种精神下,他于 1157 年开始写作腓特烈的传记。

这就是奥托历史思想的背景,其产生并形成了两大类历史作品——一类是全部历史,一类是关于腓特烈的——但这二者都与帝国在世界上的位置息息相关。我们在这里只讨论这个主题的一小部分。像圣维克多的休一样,奥托也对学问如何从人类最早时期成长起来的过程很感兴趣,而且他还注意到这一过程与帝国的发

45

---

[33] Otto, bishop of Freising, *Chronica sive Historia de duabus Civitatibus*, ed. A. Hofmeister, MGH, SRG (1912), pp. 7, 67 - 68, 285.

[34] Ibid. , p. 309.

[35] *Gesta Frederici*, ed. G. Waitz, *MGH*, *SRG* (1912), p. 65. 与其早期观点对比, cf. *Chronica*, p. 7.

展之间有很奇异的联系。他在尤西比乌斯那里找到了脉络,但奥托将之扩大并一直延伸到自己的时代。尤西比乌斯看到,古代帝国的相继是从东方开始,随后逐渐推向西方。而到了奥托的时代,这种继承又向西推进了一步:巴比伦、希腊、罗马以及现在的德意志。就知识方面而言,学者们也基本上公认这样一条相似但并非完全相同的路线:从巴比伦起源,之后传播到埃及,又从埃及到希腊,从希腊到罗马,最后又从罗马到了法兰西和西班牙:

> (他写道)要注意到全部的人类力量和知识都开始于东方而终结于西方,因此就是通过这种方式,万事万物的可变性和弱点就显露无疑。[36]

奥托给我们列出了一份此前世代取得古代哲学家和诗人桂冠的一份莫名其妙的名单。他们是图尔的贝伦伽尔(Berengar of Tours)、洛滕巴赫的曼尼戈德(Manegold of Lautenbach)和拉昂的安瑟姆(Anselm of Laon)。[37] 这是一份十分奇怪的名单,但是由于其曾经出现在奥托此前更为悲观主义的作品中,可能想要显示随着帝国和学问的一路向西,这二者都逐渐衰落直到最后的衰老。

在论及帝国运动与艺术的联系方面,奥托也并非是一个乐观主义者,但在他之后得出相同联系的人一般都极富乐观精神。在这个世纪末,法兰西诸王的仰慕者很高兴看到对法兰克王国的兴起追溯到他们对于学问的热爱。通过对这一历史联系的观察,亚历山大·内奎姆(Alexander Nequam)得出了关于统治的自明之理:

> 一个王国的荣耀,随着对自由艺术的研究繁盛而不断增长。敌人如何才能战胜一个掌握了这些学问的王国呢?那些追随着微妙本质的奇巧之人进入了自然的胸怀,将不会被他们

---

[36] *Chronica*,p. 8.
[37] Ibid.,p. 227.

敌人的诡计所击败。[38]

这一信条在最近几年收到了一些不吉的弦外之音，但是在其最原初的意义上对于学者非常具有抚慰作用；而且，就像其他植根于12世纪的伟大思想一样，它也在18世纪得到了最为自信的表达：

> 在欢乐的气候中，无瑕的宝座……
> 人们将为另一黄金时代高唱颂歌。
> 崛起的艺术与帝国，
> 美好而伟大的激动人心的史诗般怒火，
> 最智慧的头脑和最高贵的心……
> 未来的诗人将讴歌。
> 帝国的进程向着西方；
> 最初的四场表演已经谢幕，
> 第五场将使整部大剧终场；
> 时间最高贵的子嗣就是最后一出。[39]

伟大的贝克莱在1730年前后写下这首诗。另一幕已经被加入了这部戏剧，但是仍有相同的帝国模式：巴比伦、希腊、罗马、德国——现在就是第五幕美国了，然后就是终结。

12世纪宏大的历史视野又在这个世界上继续了数个世纪。但是一直到后期，主要是1550年到1750年，随着学术积累和考证的巨大努力，使得那些从创世之日开始的统治、学问和宗教全面而显然不可动摇的记录重新成为了可能。对解开这一学术问题错综复杂之处——牛顿认为这些非常值得他去注意——需要另一次讲演和另一位主席。我将仅仅提及故事中的几个片段。

46

---

[38] Alexander Nequam, *De Naturis Rerum*, ed. T. Wright (RS, 1863), p. 398.

[39] Bishop Berkeley, *Verses on the Prospect of Planting Arts and Learning in America*.

II. 历史书写的欧洲传统之二：圣维克多的休与历史发展观念

我经常参考一部卷帙浩繁的作品，其中包含着由圣维克多的休所概述的历史发展，这一历史发展由其后继者所扩大，并得到了一个最终（看起来似乎是）和永久的呈现。这就是 1736 年到 1750 年在伦敦出版的八卷对开本《普世历史》(*Universal History*)，这是牛津和剑桥的学者共同合作为伦敦一家出版社所完成的。[40] 这是一项耗费巨大的工作，配有大量的大纲、地图和表格；但是却流通甚广——因为其确实总结了数个世纪的学术。作者们避免任何形式的夸大推测：他们严厉批评"犹太拉比们的臆想与欺骗"，而且冷静地看待基督教编年史家们似是而非的推断。他们仍然讲述那个天文学是由塞特的儿子们所创立的古老故事，那些人将他们的发明写在柱子或砖石上以抵御未来的火灾或洪水；然而，这些历史学家们仔细地研究了他们所拥有的资料，然后承认《圣经》中并没有多少关于这一历史时期的记载。[41] 他们所使用的材料与 12 世纪的史学家是一样的，但他们的学识与批判的敏锐度大大增强了。这套作品处处都诉诸理性，并保证学术以沉稳的威严进行讲述。人们

---

[40] *An Universal History from the earliest Time to the Present，compiled from Original Authors，and illustrated with Maps，Cuts，Notes，Chronological and other Tables* (8 vols.，London：J. Batley and others，1736 - 1750). 这一工程最早是由研究阿拉伯文化学者乔治·塞尔（George Sale）所发起［1697—1736，精通若干近东古代和现代语言，收集了大量土耳其文、阿拉伯文、波斯文手稿，曾经将《古兰经》翻译为英文并校订过《新约》阿拉伯文文本。——译注］，其后由主要来自牛津和剑桥的"诸多饱学之士"所继续。这部书最终并未全部完成。在法国有一部与之相似的作品，但在学术上更为谨慎，参见 Dom Augustin Calmet，*Histoire Universelle，sacrée et profane，depuis le commencement du monde jusqùà nos jours* (8 vols.，Strasbourg，1735 - 1747).

[41] 观察 18 世纪的学者如何处理圣维克多的休在 6 个世纪之前用过的材料非常有趣：他们拥有了更多的资料和更多的证据，并拥有了更大的自由去批评他们的前辈。但他们的观点却没有很大的变化，比如 1，pp. 81（on Seth），117（on Shem），122 - 123（on Nimrod），218（on Egypt），2，p. 222（on the astrology of the Chaldaeans）。这些学者们比伏尔泰更加博学，在一定程度上也更为理性。伏尔泰的《风俗论》(*Essai sur les moeurs et l'esprit des Nations*，1756)是对从尤西比乌斯时代以来主导欧洲历史思想的整个历史体系造成的第一次真正的破坏性打击。伏尔泰对于整个学问大厦的质疑恰恰是击在了要害上。

常常会因为语气和口吻而被劝服。圣维克多的休关于人类历史一个确定和系统化历史的梦想,最终在普世历史观最后的伟大作品中实现了,这一历史观从 4 世纪以来就主导着欧洲。

47　　在《普世历史》出版的几年后,整个体系就躺进了废墟里。对这个体系的核心历史梗概而言,确实是一去不复返了。但是,在这些废墟中仍然有一些理念值得被挖掘出来。在我看来,这其中应当包括圣维克多的休关于人类历史发展的叙述;而且,我认为,我们这个时代已经被进化的洪流所淹没了,如果我们忽视了一些人在时代主流对面的呼声,我们将会失去很多东西。

III. 历史书写的欧洲传统之三：
作为预言的历史

I

一年前，我考察了关于人类进程既广泛又有限的观念的起源，这个观念在 12 到 18 世纪的欧洲历史思想中占据主导地位。这种历史发展的观念颇有值得称道之处，它包含了从历史起点到最后阶段中人类生活的每个方面。它将一切都囊括进单一的发展模式中，包括人类物质条件的进步、科学的发现和完善、帝国的兴衰迁变以及人类精神生活的扩展。从整体上来看，它是将自然、理性和启示的互利统一结合的最为宏大的表述之一，铭刻在欧洲文化大部分历史时期的主要产物上。这一传统从圣维克多的休的时代持续到伏尔泰时代，尽管经历了许多挫折，并由学术界修订了一些偏差且不断扩展——这一理念在最终崩塌的前夕变得最具信心。这一体系崩塌的最后原因在于其根基出乎意料的全面瓦解。

这一体系在 18 世纪崩溃的主要原因在于预言式言说（prophetic utterances）难以承受置于其上的重量。我们甚至可以说，整个体系都建立在预言这个所有历史信息中最可信的信念之上，而且预言能为整个历史进程提供确定的框架。因此，从我去年的纵览中，很自然地就引申出对"预言"在历史中角色的考量，这也就是我今天讲演的主题。预言在很多方面影响了历史。预言提供了一些最为

49 重要的历史事实,揭示了更多事件的意义,并且将之全部置于系统模式中。最后,预言还是关于未来的唯一信息来源——这些信息虽然在展现方式上颇为晦涩,如果要确定其意义还需审慎的考量,但其本身是绝对确定的。预言立即成为了信息和解释的根基,希望和恐惧的源泉,也成为了分辨确定真理与荒唐错谬的标准。预言本身来自于启示,但对预言的解释却是一门科学。与其他科学相比,对预言的解读更需要最冷静的辨识力和渊博的学识。预言填满了从过去到现在以至未来的世界图景,而它也是所有历史思考中的主要启示。为了理解这些究竟是如何发生的,我们首先有必要进行一些神学解释。

我们现在所讨论的,并非一般意义上所涉及的预测未来的预言,虽然这种预测能力总会成为预言启示的最后试金石。一位评论者表述了当时流行的观点——"预言是未来的历史"。虽然这种说法是正确的,却只说了一部分。在托马斯·阿奎那看来,预言是一种存在于人类观察能力之外,涉及到事件、过去、现在或未来的神启性知识:"未来将事实移出了人类感知之外,其更多地属于预言。"①因此,先知们所带来的,就是那些历史其他方面难以接触到的信息:就过去而言,包括世界的创造、大洪水之前的日子以及大洪水本身;就现在来说,指那些外在于人类感知的物理视野的事件,还包括未来的任何事件。由于不确定的未来是由众人的自由意志所共同塑造的,未来比世上任何其他事情都超越于普通人的认知。正由于这一点,预言自身最为完整全面地区别于其他所有的知识模式。②

与大多数中世纪作者一样,托马斯·阿奎那并未对预言知识的范围加以限制。预言可以启示给那些既不善良也不虔诚的人,甚

---

① *Summa Theologica*, IIa IIae, 171, art. 1 and 3.

② Ibid., IIa IIae, 171, art. 3: *Ultimus autem gradus est eorum quae sunt procul ab omnium hominum cognitione, quia in seipsis non sunt cognoscibilia, ut contingentia futura, quorum veritas non est determinata.*［(知识的)最高层级是那些超越于人类认知之外的事物,其本质上属于不可知的,比如未来的偶发状况,这些真相是还没有决断的。］

至包括不信者，即使他们自己也并不理解这些通过语言和行动所传达的预言的含义。③ 无论是谁充当了这种中介者，预言都始终带有神圣真理的烙印，使人们去看、去说、去做，进而揭开历史事件中隐藏的框架。毫不夸张地说，无论就神启光照而知晓的领域来说，还是那些受到启示的个人，预言无处不在。

如果我们要理解预言在数个世纪中塑造历史思想脉络中的位置，还需要特别强调下列因素——预言的确定性、神圣的根源、广泛的中介及普世性主题。当然，我们也要认识到，即使在那些世纪里，任何对这些主题的深入研究都会遇到一些棘手的问题。其中第一个问题就是——虽然所有真正的预言都必然是真实的，但是并非所有真实的预言预测最终都会实现。有很多原因可以解释这一现象。其中一个原因是，预言有时会涉及到一些只有人们持续进行某些行为时才会发生的事件。这就是预言中经常未曾表明的条件："如果事情按这样发展，这个和那个将会发生。"因此，即使这些预言中的事件能够在发生之前被阻止，它们仍旧是真实的预言——因为只有先知精神本身才能够预见和改变这些事件。所以，一个预言未能实现并不能证明它就是虚假的。④ 约纳对尼尼微倾覆的预言即是一例。他曾预言，尼尼微将在四十天内倾覆。虽然这最终并未发生，其仍是真实的预言——尼尼微人出乎意料地以痛悔阻止了灾难的到来。⑤ 先知们要学会接受这种失望，不过这些未实现

50

---

③ *Summa Theologica*，IIa IIae，172，art. 4 and 6.

④ Ibid.，IIa IIae，171，art. 6，ad 2.

⑤ 参见《旧约·约纳书》3：1—10。［其中写道"约纳开始进城，行了一天的路程，宣布说：'还有四十天，尼尼微就要毁灭了'。尼尼微人便信仰了天主，立即宣布禁食，从大到小，都身披麻衣。当这消息传到尼尼微王那里，他便起来，离开自己的宝座，脱去长服，披上苦衣，坐在灰土中；然后命令以君王的谕令和其大臣的名义，在尼尼微宣布说：'人、牲畜、牛羊，都不可吃什么；不可放牧，也不可喝水。人和牲畜都应身披苦衣，人要恳切呼求天主，更要转离自己的邪路，放弃手中的暴行。谁知道天主也许会转意怜悯，收回自己的烈怒，使我们不致灭亡。'天主看到他们所行的事，看到他们离开自己的邪路，遂怜悯他们，不将已宣布的灾祸，降在他们身上。"——译注。本文的《圣经》翻译和标题主要参考思高圣经学会译本。］

的预言并不会威胁到他们的先知地位。

另一个障碍是预言中的语言往往惊人的晦涩。事实上，意象或表达的晦涩在预言言说中如此普遍，以至于这种艰涩本身就时常会被视为预言真实性的证据。⑥这一特殊晦涩的存在有多重原因，但无论何种原因都无法否定事实。即使先知们以最朴素的语言进行表述，他们所用的语言中，某种动物有时代表某个王国，有时则代表某些人，有时却代表某些民族等。一些自然元素力量的扭曲则往往指代某种政治灾难，有时是指道德上的失序，又或指向终末的事件。这确实很令人费解，但更为令人费解的是——这些事实还要将许多科学因素纳入到分析中。对先知所用的语言和意象进行一丝不苟的考察，探究先知表述与已知历史事件间的细致关联，就能够得到对人类最为重要的信息。这些信息能够带来对过去历史进程的理解、对当下状态的认知，还能提供一种预见未来的方法。但如果想获知这些信息，哪怕只是其中的一部分，都需要进行非常复杂的解释和研究，至少像将亚里士多德和柏拉图的哲学结合起来那么复杂。从某种程度上说，对于这些预言的研究其实与对古代哲学的研究非常相似：马上就能得出许多令人满意的结果，但很快又使探究者陷入疑惑中。在进入这片荒野之前，探索者们的唯一支撑源自他们的信念——坚持不懈，终会成功。

II

经过所有这些探究，人们认识到《圣经》是预言科学的主要资料。在《圣经》中，我们可以找到最平实、最重要和最明显的启示预言。在《创世纪》第一章中关于创世的预言记录是整个历史编

51

---

⑥　比如盖贝诺（Gebeno，参见下文）为希尔德嘉德的预言辩护，反对那些因文辞晦涩而拒绝阅读希尔德嘉德作品的人，并驳斥他们根本没有理解，"因为这正是真预言的证据"（*quod hoc est argumentum verae prophetiae*）（J. B. Pitra, *Analecta Sacra* 8(1891), p. 483）。

年和救赎计划的起源，这一计划也被划分为六个阶段。这一章一举提出了历史的整个框架，这些记录自然是预言式的，因为其中所提供的历史信息超越了人类任何可能的经验。这一总体计划中的细节先知式地预兆了《旧约》的剩余部分，正是通过对这种证据的研究，西方世界第一次学会了以一种有序而全面的方式来思考历史。

就从《旧约》中找到的各种预言和象征而言，在 12 世纪初期就已经发现了历史事件发展的主线。但在《圣经》之中和《圣经》之外，还有许多信息没有得到解释。就《圣经》预言来说，还有两个相对并未充分探究的领域。首先是《达尼尔书》的第七章，其次是圣若望《默示录》的第六章。即使对于最为初级的探索者而言，这两部分都明显包含着关于历史进程的信息。

《达尼尔书》的细节历史阐释在 12 世纪前就取得了一些重要进展，之后却在很大程度上被遗忘或否定了。请允许我提醒一下大家《达尼尔书》的文本。达尼尔做了一个梦，在梦中看到从海中出现了四头怪兽：第一个像狮子，第二个像熊，第三个像豹子，第四个有着一口铁牙，比其他几个都更为可怖。在公元 1 世纪的时候，这些怪兽被解释为四大帝国的相继：亚述帝国、波斯帝国、希腊帝国和罗马帝国。⑦ 这一解释主要通过哲罗姆的《达尼尔书注疏》而广为流传，并在一些细节校正后被普遍接受。到目前为止，一切都很好。然而，达尼尔的梦还在继续。第四个怪兽，也就是罗马帝国的象征，生有十个角，在十个角中间又生出了一个小角，且把原先的三个角连根拔起。这根小角是所有角中最为恐怖的："他要说亵渎至高者的话，企图消灭至高者的圣民，擅自改变节庆（历法）和法律；圣民将被交在他手中，直到一段时期，另两段时期和半段时期。"（7：25）⑧这段奇怪的话对欧洲思想产生了比《圣经》其他文本都更为深远的干扰。如果这一预言意味着什么的话，那对这些话

---

⑦　R. H. Charles, *Commentary on the Book of Daniel* (Oxford，1929)，p. 170.

⑧　Daniel 7：24 - 25.

语的解释就尤为重要，但谁也不知道这些话究竟是什么意思。哲罗姆也悬而未决，他曾说，也许这十个角意味着从亚历山大大帝到安条克大帝之间十个最为残暴的统治者，也可能是在世界末日时摧毁罗马帝国的十个国王，最后这些王将被第十一个兴起者所击败，那就是敌基督者。⑨

52   这个问题一直沉寂到9世纪，一群在穆斯林统治下的西班牙正遭受迫害的基督徒们，为他们的痛苦找到了慰藉。就像是历史学家经常做的那样，他们将自己经历的现实投射到了过去的文本中，从而使他们为哲罗姆的十角解读赋予一个崭新而重要的含义。⑩当他们聚集在一起，守护着奄奄一息的基督教传统，并郁闷地思索他们过犯的时候，他们发现了一种对达尼尔梦境的解释，这种解释奇妙地符合了中世纪晚期许多苦涩而失望的欧洲人的口味。他们认为，第四个野兽的最先十只角一定象征着摧毁罗马帝国的十个蛮族——哥特人、法兰克人、勃艮第人、匈奴人等等。然而，他们真正的创见在于，从最先十只角中萌生出来的第十一只角——那个将要改变历法和律法、亵渎至高者的——一定是穆罕默德，伴随着他的新历法、新法律和那许多亵渎的话。他将要统治那个难以解释的"一段时期，另两段时期和半段时期"。一般认为，这意味着三又二分之一个时代或纪元。如果我们要问一个纪元有多长，最为明显的答案就是70年。除了作为一个重要的象征数字之外，这也是《圣咏集》作者所给出的人一生寿命的长度。有了这把通往历史的钥匙，剩下的就是数学题了：70年的三又二分之一倍就是245年，这就是穆斯林统治结束之前的时间。因为穆斯林时代开始于公元622年，那么，他们的统治必将在公元867年终结。他们在公元854年得出了这个答案，也就是说，再有13年迫害就会结束，圣民

---

⑨   *PL* 25,1352 - 1353.

⑩   主要的文本是 *Paulus Albarus*, *Indiculus luminosus* (*PL* 121)，并参见 E. P. Colbert, *The Martyrs of Cordoba* (850 - 859): *A Study of the Sources* (Catholic University of America, Studies in Medieval History, New Series, 17, Washington, DC, 1962)。

们的伟大时代和最终和平将会到来。

为简洁起见，我对这个计算过程进行了简化；即使我想进一步详细地解释这些想法，你们也许仍会认为，这些人用一些数字所做的加减乘除根本没有任何的科学根据。然而在那个黑暗时代里，当逐渐掌握了一些证据之后，即使是最平庸的科学家也会禁不住冒昧行事。而且，我们现在所讨论的这些学者们还有另外的关切：他们是在巨大的痛苦和压迫下进行这项工作的。这一创见拥有着一个伟大历史理念的典型特征：概念的简洁性、视野的广阔性、强烈的真实性以及事实与理论之间令人信服的协调。这些特质一定会使历史学家对这些作者和他们对达尼尔含糊预言所作的解释工作报以温暖的同情。与此后许多研究这一主题的人们相比，这些人甚至可以被视为相当严谨的思考者。但无论其思考是否严谨，后来的事实很快证明这个解释是错误的。伊斯兰教并没有终结，而作者所劝慰的基督徒少数派也迅速沦落为顺民，他们或者皈依了伊斯兰教，或者小心翼翼地生活，不敢对那些征服者有丝毫冒犯。这种对达尼尔之梦的解释，亦即认为穆斯林统治可能在公元867年结束的说法，很快就被遗忘了。我之所以在这里提及它，是因为它预兆了未来的一种论证，也就是具有高度精确性和清晰性的模式。这在中世纪后期将变得非常普遍。

现在我们再转向《默示录》。对于历史思想而言，最关键部分是对七封印开启的描述。⑪我们现在的这份文本很易于用在历史解释中，不同颜色的马匹、声音、象征符号、奇怪的言辞以及自然剧变，这些都伴随着每一封印的依次开启，所有的一切看起来都神秘地涉及到了某些难以界定的历史事件。也许正是由于这种困难，使早期注疏者迟迟未能对这些篇章给出一个历史解释。即使作为早期圣经学者中最具历史思维的巨匠比德（Bede），对于七封印开启的解释也仅具有部分历史性。⑫ 在他看来，第一封印指代初期教

53

---

⑪ Revelation 6：1 - 17；8：1.

⑫ Bede，*Commentum in Apocalypsim*（*PL* 93，129）.

会的光辉；第二、三、四封印则分别指代暴君、假兄弟和异端对教会的攻击；第五个时代显示了蒙福者在困苦后的荣耀；第六封印预示着敌基督最后的迫害；而第七封印则是永恒安息的开端。在比德的上述解释中，存在着明显的历史演进因素，但编年史的发展却与象征教会生活之不同方面的一般象征混淆了起来。

在历史视角方面，比德的绝大多数继承者们甚至更为模糊。多数注疏者只对探索象征意义的宝藏感兴趣，而很少涉及历史或其他类型的秩序。对他们而言，丰富性就是一切。因此，七封印被任意地与各种解释联系在一起，《旧约》中的七重奇迹、圣神七恩、基督的七个圣迹乃至动词的七种时态等等。这种杂乱象征主义的传统在 12 世纪的注疏者中仍旧继续着，而且直到中世纪后期都深受许多大型圣经汇纂的推崇。

在 12 世纪中期，唯一进一步发展了比德历史思想的注疏者是哈维堡的安瑟姆（Anselm of Havelberg）。我在去年已经提到过他，我当时说他扩展了圣维克多的休之宏大的历史发展观念。我现在也必须再次指出，他在对《默示录》的历史解释上，也产生了强大的推动力。他将比德所模糊勾勒出来的教会发展阶段变得更为清晰，也更为连贯。[13] 这些阶段以封印的开启为象征，在每一个时代里，新的迫害都会唤起新的活力和理解以作为回应。在第一个阶段，宗徒们带来了神迹的光照；第二个阶段，殉道者带来了忍耐的增长；第三个阶段，大量异端促进了对教义理解的增长；第四个阶段，作为对假兄弟泛滥的反击，出现了许多新的宗教修会，扩展了教会生活。这个过程仍在继续当中：本笃会的阵营被熙笃会、奥古斯丁会以及当时最新的圣殿骑士团所加强。教会仍然处在七个发展阶段中的第四个。因此，在最终时刻到来之前还有三个阶段。终末是如此遥远，以至于没有激起探索的欲望。安瑟姆是发展的

54

---

[13]　Anselm of Havelberg, *Dialogi*, ed. G. Salet (*Sources Chrétiennes* 118, 1966), pp. 68 - 106.

先知,而非末日的先知:在这里,他为他自己的时代代言。[⑭]

　　直到这个世纪的最后阶段,多数学者仍对世界的终结相当淡漠。他们更关注其他问题:比如,扩展可知领域和现存世界的秩序、澄清过去与现在的关系以及从混乱中产生秩序。他们对于未知的未来没有热切的探索欲望。哈维堡的安瑟姆与其同时代人一样,这是 12 世纪中叶理性信心的赞歌。他从《默示录》沾染着血迹的意象中所汲取的,是人类力量在历史中稳步扩展的令人平静和舒适的教义。这是安瑟姆的同时代人未曾尝试的精心杰作(*tour de force*)。虽然他们也对预言在历史中的运用感兴趣,但他们并不寻求在《达尼尔书》或《默示录》中满足他们的历史好奇心。他们甚至一般都不到《圣经》中,而是更为世俗的文献中去探寻。这些文献曾经都处于基督教思考之外或边缘地带,他们尝试将这些引入到基督教思考的循环中。这也是那个时代不断增长的知识雄心之表征。

III

　　在 12 世纪中期,有三种非《圣经》预言变得越发重要。它们可以暂时地贴上异教徒的、基督徒的和宇宙论的标签。就异教徒预言来说,首先是大量被认为从古代预言师(Sibyl)预言中衍生出来的各色预言。[⑮] 这些凌乱的荒谬言辞(在我们看来确实如此)获得

---

⑭　关于当时学者反对大众之于敌基督即将到来的普遍漠视,参见 B. Smalley, "Ralph of Flaix on Leviticus," *Recherches de théologie ancienne et médiévale* 35 (1968),pp. 35 - 82,尤其是 39 - 42 页。感谢斯莫利女士提醒我注意这些章节。

⑮　关于中世纪时期预言文学的基本著作仍旧是 E. Sackur, *Sibyllinische Texte und Forschungen* (Halle, 1898)。关于从 7 世纪到 9 世纪翻译自希腊文的一些颇有趣味的文本,参见 B. Bischoff, "Die lateinische Übersetzungen und Bearbeitungen aus den Oracula Sibyllina," *Mittelalterliche Studien* 1 (Stuttgart, 1966),pp. 150 - 171。关于拜占庭传统的一份很有价值的记录,参见 P. J. Alexander, *The Oracle of Baalbek: The Tiburtine Sibyl in Greek Dress* (Washington, DC, 1967) 以及 "Historiens byzantins et croyances eschatologiques," *Actes du XIIe Congrès Internationale des Etudes Byzantines*, 1961 2 (Belgrad, 1964),pp. 1 - 8。(转下页)

某种可信性的首要原因在于，人们从中发现了对基督降生的预言，以及《埃涅阿斯》第六卷中埃涅阿斯的问卜。但在更深层面上，这些预言符合了在基督教和异教启示之间建立一座桥梁的需要，类似于在数个世纪里建立的异教和基督教知识之间的桥梁。对我们而言，这些预言都是极其荒谬无稽的，很难让人相信它们会被当回事儿。然而，当时的人们确实很严肃地对待这些预言，部分原因在于他们缺乏历史批判的技术，但更因为他们对这类材料的存在具有强烈的心理需求。这些预言填补了启示之链的空白。那些生活于遥远过去并受到盲目启示的女预言师们，从永恒真理的井中汲取在基督身上揭示出的真理，并将之导流入异教世界；她们的存在，拓宽了——尽管是以不确定的方式——从犹太人流向基督教会的那条狭窄的救赎之河。⑯ 女预言师成为了选民与外部世界之间的纽带，她们是受造物统一和恩泽均沾的保证。由于女预言师们的存在，这些存在于原则上的特性得到了确证。

人类的情感越微妙，他们就越需要预言师。因此，虽然这些预言文献非常枯燥无味，却从 12 世纪中期开始在各地涌现。虽然这些预言所预示的总多于其所表达的，但直到中世纪末期乃至以后，这些都在强化着西欧的想象力。我们所知的那些痴迷于预言文献的人，通常都具有极高的文化修养和理解力。比如说，当菲奥里的

（接上页）［重刊于 *Religious and Political History and Thought in the Byzantine Empire* (London，1978)，no. XV］

⑯ 通过拓宽启示的范围，阿伯拉尔对预言师的地位做出了极为引人注目的支持：Cum itaque Dominus，et per prophetas Iudaeis et per praestantes philosophos seu vates gentibus，catholicae fidei tenorem annuntiaverit，inexcusabiles redduntur tam Iudaei quam gentes si . . . ipsos non audiant. Et quidem multi ex gentibus，nonnulli ex Iudaeis，in hoc quoque a doctoribus populi sui instructi fidem sanctae Trinitatis recognoverunt，in uno corpore ecclesiae quasi duo parietes coniuncti.（*Theologia Christiana*，1，136（PL 177，1166）.）［译文：因此，上主将普世信仰的要旨借由先知传达给了犹太人，通过杰出的哲学家们或见证者们将信仰要旨传达给了外邦人，无论是犹太人还是外邦人，都没有借口说他们从未知晓天主的教诲。事实上，许多外邦人和一些犹太人，受到了他们自己本民族教师的教导，认识了神圣三位一体的信仰，像在两堵墙之间一样，加入了教会的一个身体当中。］

约阿希姆（Joachim of Fiore）在 1184 年首次从教宗处获得许可，以允许他进行预言研究时，教宗对他进行了一场现场测试。[17] 教宗要求约阿希姆解释一些古代预言文本片段，这些是刚去世的枢机主教昂热的马修（Matthew of Angers）的遗物。[18] 我们知道，这些文本片段很可能是伪造的，但约阿希姆尽其所能地对之进行了解释，并明显地给教廷留下了深刻印象。拥有这些散乱文本的枢机主教在学识上非常自负。他曾是阿伯拉尔的学生，是大学的法学家，而且还被教宗亚历山大三世召到教廷以协助在教会中推行教会法。因此，当我们接触这些女预言师们的作品时，我们不应将其视为流行的晦涩天书，而是一些严谨和现实的人对之持有高度学术关切的事物。

同样还必须提到的是流传更广的梅林（Merlin）预言。[19] 在这里，我们又看到了那种奇怪的现象：同样晦涩复杂的预言，同样引起了具有高度理解力和深厚教养者的严重关切。我们也只能在下面作出同样的解释：人们有一种需要，以相信关于历史事件的神圣启发之真理在所有时代和各个民族中都有广泛的传播。如同女预言师们一样，梅林作为半人半鬼、半基督徒半异教徒的存在，成为了古代异教世界和当下基督教世界、理性世界和启示世界、现实世界和超验世界之间的连接点。人们在梅林晦涩的意象中寻找与当下的关联并非出于幼稚无知。毋宁说，这是出于对人类能理解的 56

---

[17] 关于这一事件，参见 H. Grundmann, *Deutsches Archiv für Erforschung des Mitte - lalters* 16(1960)，p. 491。

[18] 文本见 *Sibylla Samica*（ed. O. Holder-Egger in *Neues Archiv* 15（1890），p. 177）。

[19] 梅林预言构成了蒙茅斯的杰弗里的《不列颠诸王史》的 112 - 117 章，参见 E. Faral, *La Légende Arthurienne*（3 vols., Paris, 1929），3, pp. 191 - 202 ［ed. Neil Wright（Cambridge, 1984），pp. 74 - 84；英译本见 *The History of the Kings of Britain*, trans. Lewis Thorpe（Penguin Classics, 1966），pp. 171 - 85］。还有一篇关于蒙茅斯的杰弗里采用预言形式在文学上所取得之巨大成功的生动描述，参见 P. Zumthor, *Merlin le Prophète*（Lausanne, 1943），其后附有全面的参考文献。但是，该文过于专注于文学创见，而忽视了历史思想。

知识范围过于膨胀的野心。对梅林最感兴趣的学者和古代预言师的研究者一样,都是怀有知识渴望的大学中人。比如,我们看到索尔兹伯里的约翰(John of Salisbury)曾在贝克特冲突(the Becket Controversy)发生时,根据梅林笔下"破坏盟约之鹰"的相关文本,来解释布列塔尼所发生的事。[20] 梅林像是一个拥有未知力量工具的人,而梅林本人对这种力量也不十分明了。约翰还向自己的通信者提到了威尔士的亚历山大(Alexander of Wales)的补充意见,后者在这些特殊问题的处理上更有经验。另一个与索尔兹伯里的约翰类似的同时代人——也是政府中的知识分子——是康沃尔的约翰(John of Cornwall)。在埃克赛特主教的请求下,他翻译和评注了一些新发现的梅林预言,而这位主教也是非常杰出的教会法学者和行政管理者。[21]大约与此同时,作为 12 世纪后期最为雄心勃勃且富于经验的历史写作者之一,威尔士的杰拉德(Gerald of Wales)在寻求未知预言方面比其他人都走得更远,并试图将这些预言与他当时的历史结合起来。在他写作名为《预言历史》(*Historia Vaticinalis*)的作品时,似乎具有一种将当代历史与古代凯尔特预言完全融合的

---

[20] *Ep*. 176 (PL 199,171) [John of Salisbury, *Letters*, ed. W. J. Millor, H. E. Butler, and C. N. L. Brooke (2 vols. , OMT, 1979 - 86),2, pp. 134 - 177 (ep. 173)].

[21] 关于《康沃尔的约翰论梅林预言》(*Prophetia Merlini cum expositione Johannis Cornubiensis*),格莱特(C. Greith)曾根据 Vatican MS. Ottobonianus 1474(这个版本相当不准确)予以付梓,载于 *Spicilegium Vaticanum* (Frauenfeld, 1838), pp. 98 - 106,并标明是写给"*R. Oxoniensi*"的;但是德利勒(Delisle, *Bibliothèque de l'Ecole des Chartes* 37(1876), p. 518)认为正确的写法应该是"*R. Presuli Exoniensi*"(另见 ed. M. J. Curley, *Speculum* 57(1982), pp. 217 - 49,其中写为 "R. presul Exoniensis")。这可能是指威沃斯特的罗伯特(Robert Warelwast, 1137 - 1155)或者索尔兹伯里的罗伯特(Robert of Salisbury [or Chichester] 1155 - 1160)。但是,这一预言中提到了 1171 年科南伯爵(Count of Conan)的去世,似乎其中的"B"(B 指代 Bartholomew)被误写为"R",那么这个人就应当是埃克赛特的主教(1161 - 1184)。关于康沃尔的约翰的生平,参见 E. Rathbone, "John of Cornwall; a brief biography," *Recherches de théologie ancienne et médiévale* 17(1950), pp. 46 - 60。

理念。㉒ 这项工作非常宏大。他认为，在爱尔兰莽撞行事的约翰王恰恰印证了凯尔特游吟诗人们的预言，而且这种想法并没有什么可笑之处。

12 世纪的英格兰史学家们比其他人对这种预言形式更为热衷。其中一些人对以预言来阐释事件甚至达到了痴迷的程度。甚至唯一不相信梅林预言的纽堡的威廉（William of Newburgh），也绝非缺乏对预言的热情。他反对梅林预言只是出于严格的神学上的否定，因为他认为这些预言的来源是魔鬼。他非常乐于去接受那些来源更易为人所接受的先知言说。㉓

IV

与当时对各种基督徒梦境、神视和神听的阐释相比，对梅林和古代预言解释的知识水平要高得多。数不清的人都有过那种奇妙的经历，尤其是在宗教团体当中。隐修院中充满了这种预言式的神视经历。一般来说，这大都与当地事务或隐修院利益紧密相关。

㉒ 在杰拉德的《爱尔兰征服史》当中（*Expugnatio Hibernica*，*Opera Omnia*，ed. J. S. Brewer，J. F. Dimock，and G. F. Warner（RS，1861 - 91），1，p. 414；3，p. 333；8，p. 159，etc.），他充分利用了梅林和凯尔特游吟诗人的预言；在结尾卷中，杰拉德宣称自己要继续收集和翻译那些口头流传的预言，最后却未能付诸实施。参见 *Expugnatio Hibernica*：*The Conquest of Ireland*，ed. A. B. Scott and F. X. Martin（Dublin，1978）。

㉓ 纽堡的威廉对梅林预言的核心质疑在于，梅林关于未来的知识来自于他的魔鬼父亲。因为魔鬼被排除在天主的光照之外，所以不可能具有关于未来的知识，所谓的预言不过是对一些事件似是而非的揣测。因此，不能信任梅林的言说（这与蒙茅斯的杰弗里"带有欺骗性的征引"大相径庭）。参见 *Historia rerum Anglicarum*，ed. Richard Howlett，in *Chronicles of the Reigns of Stephen*，*Henry II and Richard I*，1 - 2（RS，1884 - 9），1，p. 12。这种异议可以与法里纳塔（Farinata）在《炼狱篇》（*Inferno*，x，100 - 105）中对但丁的解释相比较，他认为那些受诅咒者对于未来之事只有不完整的预见，而且对当时正在世界上所发生的事情一无所知。这些都是非常个人化的观点。托马斯·阿奎那在讨论邪灵默感预言的有限真实性时表达了一种更为普遍的观点。（*Summa Theologica*，IIa IIae，172，art. 5 and 6）

其中大多数都只涉及圣髑的发现和为本地圣人的辩白，但是它们也是在地方层面上，历史事件可以通过先知启示所知晓的证据。

57　　除了大量的地方性神视者之外，各地还兴起了许多权威性人物，他们的存在给予了先知性神视力量并未消失的信念以更强的推动力。在这些人当中，最有吸引力且最具说服力的是一位德国修女——宾根的希尔德嘉德（Hildegard of Bingen）。[24] 在 12 世纪早期，当她还是少女的时候就开始有神视经历，并且一直持续到她 1179 年去世。在她生命的后三十年里，她受到了欧洲各地大人物的仰慕，渴望从她的神视中得到一些涉及当下关切的线索。一直非常活跃的索尔兹伯里的约翰也是这种大众热忱的见证者。他曾就他所关切的问题写信给他在科隆的朋友，以询问希尔德嘉德所得到的启示中是否有关于教会分裂将于何时结束的内容。[25] 像同时代的大多数人一样，他在预言中所寻求的更多是现世事件的实际结果，而非世界末日；但是在五十年后，随着思想氛围的变化，希尔德嘉德的作品得到了系统性研究，这次则是希望从中找寻关于末日大灾难的信息。[26] 从那之后，希尔德嘉德的预言就成为了中世纪后期天启研究的案头书。

---

[24]　关于她的书信和相关咨询，参见 J. B. Pitra, *Nova S. Hildegardis Opera*, *Analecta Sacra*, 8(1891) 以及 *PL* 197, 145 - 382。关于她主要的预言及其同时代人所作的插画，有一个非常有用的版本（还包括德文翻译），参见 M. Böckeler, *Hildegard von Bingen*, *Wisse die Wege (Scivias)* (Salzburg, 1954)。在这部作品的序言中，希尔德嘉德告诉我们，她在 1141 年才开始理解她的神视经验，那时她已经 42 岁了。此后，她作为一位咨询者的名声与日俱增。[*Epistolarium*, ed. L. Van Acker (CCCM 91, 1991), *Letters*, trans. Joseph L. Baird and Radd K. Ehrman (New York, 1994 - 8); *Scivias*, ed. A. Führkötter (*CCCM* 43, 43a, 1978), trans. Colombia Hart and Jane Bishop (New York, 1990)]

[25]　*Ep.* 199 (PL 199, 220) [John of Salisbury, *Letters*, ed. Millor, Butler, and Brooke, 2, pp. 222 - 5 (ep. 185)].

[26]　1222 年，盖贝诺当时是熙笃(Cîteaux)修道院的副院长，他对希尔德嘉德的神视重新进行了整理和编排，以阐明"她所作的关于未来时代和敌基督的那些预言"(*ea quae de futuris temporibus et de Antichristo prophetavit*)。盖贝诺的目的在于驳斥"当下时代那些无聊浅薄而自负的所谓先知们"，他们宣称敌基督已经降生了。

V

在我们探究这一历史思考上的重大转折之前，还要对预言军械库中的另一件武器进行简要的讨论：占星预言力量的崛起。初看之下，星斗似乎与预言毫不相关，但实际上二者却紧密相连。斗转星移之间包含着历史的运转，这和《达尼尔书》以及《默示录》的先知之声差不多，都能显示出过去、现在和将来的样子。如同天主是以两种不同的语言对人类讲述历史，在地上通过先知，在天上通过星辰。为了获知这种信息，就得掌握理解这种信息的语言。星辰所传达的信息和先知们所传达的一样，都需要对其语言进行谨慎、细致的研究，而且在这两种情况下，切问近思之中可能会产生非常重要的结果。因此，我们也就不会对这两种研究分支在同一场思想运动中共同起落而感到惊讶了。在 12 世纪之前，虽然人们并不怀疑星辰变化的影响，但他们既没有技术装备，也不具备具体知识。直到 12 世纪早期伊斯兰科学被引入到西欧，首先是星盘，之后是星图，精密的观察才从 12 世纪中期开始日渐流行。这些技术使预测科学成为可能，并开启了通往占星学预言全面发展的大门。㉗

到 12 世纪中期，这种研究仍旧迅速向前发展，并在 1186 年首

㉗ 从 11 世纪以来，在西方流通的最早的实用占星学著作是尤里乌斯·菲尔米库斯（Julius Firmicus）的《占星》（*Mathesis*）。这是一部文学和哲学作品，并非以测量或科学观察为基础。尽管如此，它在 12 世纪早期就已经广受关注，我们知道，约克大主教杰拉德（Gerard）在 1108 年突然去世时，他的头下就枕着这本书。（William of Malmesbury, *Gesta pontificum*, ed. N. E. S. A. Hamilton（RS, 1870），pp. 259 - 60. [此书现在已经有英译本，参见 *Deeds of the Bishops of England*, trans. David Preest（2002，Boydell Press）]星盘的引入使测量成为可能，阿拉伯星图的引入使测量的运用更为广泛，参见 C. H. Haskins, *Studies in the History of Medieval Science*（Cambridge, Mass., 1924），pp. 82 - 128. 我曾经探究过其在 12 世纪早期于伍斯特（Worcester）的运用，参见 *Medieval Humanism and Other Studies*（Oxford, 1970），pp. 168 - 171.

58　次拥有了一个证明这门学问是实用预言工具的伟大机会。㉘ 在此前很久,人们就知道这一年的天象将会有重大变化,整个欧洲都在试图找出这会给这个世界带来什么影响。就现在所保存的预言来看,这些预测和大多数天气预报差不多。一个预见到了电闪雷鸣,预示着来自萨拉森人(阿拉伯人)的邪恶和恐慌,并且亟需召开一次高级神职人员会议。另一个预言说将会出现地震和飓风,东方的沙尘暴将会摧毁巴比伦和麦加,同时西方也会出现各种混乱和纷争。还有一个人对飓风的预测嗤之以鼻,认为最应该担心的是劣质葡萄酒和差强人意的粮食收获,与此同时还有很多人会死于刀剑之下,并发生许多沉船事故。事实上,那一年却什么都没有发生,或者说没有什么重要的事件发生。如果发生在 1187 年的灾难——耶路撒冷拉丁帝国的覆灭——早来一年,这门科学可能会取得一个彻底(即使名不副实)的胜利。因此人们普遍认为,占星这条路失败了。然而,科学永远不会被一次失败击溃,尽管这次失败非常惨重,尤其是大量的知识资本已经决心致力于一次成功的预测。因此,1186 年不仅没有成为一个终结,反而成为了欧洲通往预兆和幻灭之路上的第一座里程碑,直到占星学辅助下的历史研究被最终埋葬。㉙

㉘　豪登的罗杰尔(Roger of Howden)在 1186 年写道,他保存了"无论是希腊文还是拉丁文,几乎全世界所有解释者的文本"(universi fere orbis conjectores tam Graeci quam Latini)。参见 Benedict of Peterborough, Gesta regis Henrici secundi, ed. William Stubbs (2 vols. , RS, 1867), 1, pp. 324 - 328; Chronica Rogeri de Hoveden, ed. William Stubbs (4 vols. , RS, 1868 - 71), 2, pp. 290 - 298。

㉙　关于中世纪晚期占星学与预言之间的联系,参见 D. Kurze, *Johannes Lichtenberger* (1503): *Eine Studie zur Geschichte der Prophetie und Astrologie* (Lübeck, 1960) [总结于同作者的"Prophecy and History," *Journal of the Warburg and Courtauld Institutes* 21(1958), pp. 63 - 85;同时参见 T. O. Wedel, *The Medieval Attitude towards Astrology* (Yale Studies in English 60,1920),其中讨论了相关文献。]14 世纪早期的英国神学家哈克莱的亨利(Henry de Harkeley)对整个主题进行了经院哲学化的处理,这份非常有趣的文本就是他的《是否占星学家或任何类型的解释者可以论证基督的第二次来临》(*Quaestio Utrum Astrologi vel quicumque calculatores possint probare secundum Adventum Christi*, ed. F. Pelster, *Archivio italiano per la storia della pietà1* (1951), pp. 328 - 376)。

VI

到此为止，我们分别论述了预言为历史研究所提供的工具：《圣经》预言、异教预言、基督教预言和占星预言。它们合在一起就形成了连锁科学的强大阵列，宣称能够告诉人们历史事件的模式。它们的力量来自于其内聚力。仅仅通过它们的存在，就表明了一种时间与永恒、天主的意志与人类思想、过去事件与未来模式之间的关系，许多人认为这极具说服力。这些科学的结合，就表明人类的神圣计划中的所有领域都受到了光照，即便在教会之外者亦复如是。除此之外，他们还贡献了出乎意料的实用价值。罗杰尔·培根（Roger Bacon）在 1267 年写给教宗的信中就总结了这一点：

> 只有教会能够去探究《圣经》中的预言、圣人的言辞、女预言师们和梅林或者其他异教先知的字句，另外再加上占星学上的思考和实验知识，那么这毫无疑问地将有效地阻止敌基督的到来。因为，敌基督何时会来以及他将会是谁都是重大的问题。如果教会能够竭尽所能，我相信天主会给我们更为丰富的启示，特别是如果能在整个教会内推行一个为达成此事的特殊祈祷。因为，并不是所有的预言都是不可改变的，先知们说过很多关于敌基督来临的事情，他只会在基督徒们疏忽的时候到来。如果基督徒们能够不懈地探寻敌基督何时到来，并寻求当他到来时所可能运用的所有知识，这些就可能会被改变。㉚

59

㉚ 这一章节出现在罗杰尔·培根在 1266—1267 年为其《大著作》（*Opus Maius*）所写的导言摘要中（ed. A. Gasquet, *EHR* 12(1897), pp. 514 - 515）。在《大著作》中也有类似的内容，参见 *Opus Maius*, ed. J. H. Bridges (3 vols., Oxford, 1897 - 1900), 1, pp. 268 - 269。不同的是，他用"阿奎拉、塞斯托、约阿希姆和其他先知"取代了原先所写的"其他异教先知"。

培根所制定的研究计划可以在此前数百年的任何时候提出，它在 12 世纪后期的历史书写中是含蓄的。但是，罗杰尔·培根的计划标志着 12 和 13 世纪兴趣点的重要变化。12 世纪中期，在绝大多数人的脑海中，世界末日只是非常久远的期待，而一个世纪之后，许多人知道末日近在咫尺，并为此感到恐慌。这一恐慌在未来的历史场景中产生了重大影响。

VII

这一变化的核心推动者是卡拉布里亚会僧侣（Calabrian monk）菲奥里的约阿希姆（Joachim of Fiore），他于 1202 年去世。里夫斯（Reeves）博士最近完成了一部讨论约阿希姆在中世纪晚期影响的重要著作，我们在这里无需再试图总结她在书中所首次呈现的那些新史实和材料。[31] 我在这里所关注的是，约阿希姆是如何从我所说的 12 世纪对科学和思想的探寻背景下出现的，以及在他影响所及的最后阶段中，如何使这一主题复归到前约阿希姆时代的探索那种更冷静且更理性化的氛围当中。

我在前面已经提到过，约阿希姆最早在 1184 年就以古代异教世界预言解释者的身份出现了。在此后的大约二十年中，他的能力和影响都在不断增长，还因极富感情色彩且新颖的神视获得了先知的声望。他自称并非一个先知，不过是对前辈学者只能部分解释的文本具有特别的洞察力。他认为，他通过勤勉的努力，使自己对《圣经》预言得到了比此前的注疏者都更为全面的理解。他更为辛勤地探究，更多地进行思考，最终产生出了比其他人更为严谨的成果。他可以理直气壮地说，他所得到的更为全面的理解并非来自新的解释方法，而只是将前人所建立的解释方法向前推进了一步。当约阿希姆在南意大利的隐修院中离世索居、沉吟深思之

---

[31]　M. E. Reeves, *The Influence of Prophecy in the Later Middle Ages：A Study in Joachimism* (Oxford, 1969).

时，他逐渐相信自己找到了前辈们所遗漏的线索。他拥有整个中世纪时期最为强大的历史想象，富于创造力和广泛性，而且他从不会对历史对照和相关解释感到不知所措。这些都从他的思想沃土中不断涌现出来。随着新的信息和事件不断涌入他的思想，旧事件也开始呈现出新的重要性，约阿希姆借助于清晰性和图像细节来看待历史的整体形式。在他之前从未有人这样做过。在中世纪时期，没有几个头脑能够以一种屡经使用的方法处理大量材料，而在将这种方法比前代学者更推进一步后，衍生出了一个主导性思想。此后，他会再进行详尽的阐释，并补充各种细节，虽然有时观点会有所变化，且总是受到不确定性的困扰，但最终却实现了对这一庞大主题在本质上全新的完全重构——这不啻于将人类历史的整个过程系统地加以秩序化。这就是我们在约阿希姆那二十多年工作中所看到的进程。㉜

自然，在一开始的时候，他并不知道自己所从事的研究会将他引向何处；然而在最初阶段，他就具有一种现实紧迫性，正是这一点使他同上一代的释经前辈们截然分开。他对《默示录》七封印的解释与哈维堡的安瑟姆非常相似，亦即寻找事件的年代序列，从而与封印开启的象征相契合。但他们之间的相似点仅此而已。对安瑟姆来说，这个过程是充满希望的：迫害和苦难只是增长生命力量的途径。约阿希姆则恰恰相反，他看到险恶的威胁正在从教会外部接近，并在教会内不断涌现，在某种程度上，这在三十年前是无法想象的。当他在 1184 年第一次觐见教宗时，他还没有清晰地看

㉜　关于约阿希姆思想的发展，参见 Reeves, op. cit. , pp. 3 - 30。仍极具价值的早期研究包括 H. Grundmann, *Neue Forschungen über Joachim von Fiore* (Marburg, 1950) 以及 "Joachim von Fiore und Rainer von Ponza. " *Deutsches Archiv* 16(1960), pp. 437 - 546。此外，还包括格伦德曼所编当时的记录，包括卡萨马里的卢卡斯 (Lucas of Casamari) 的作品 (*Acta Sanctorum*, Maius, 7, pp. 91 - 92)、约阿希姆与理查德一世在 1190 年对谈的记录 (Benedict of Peterborough, op. cit. , 2, pp. 151 - 155, and Roger of Hoveden, op. cit. , 3, pp. 75 - 79)、约阿希姆与佩西格尼的亚当 (Adam of Perseigne) 对谈的记录 (Ralph of Coggeshall, *Chronicon Anglicanum*, ed. Joseph Stevenson (RS, 1875), pp. 67 - 71)。这些资料都非常重要。

出伊斯兰教将成为核心威胁，而在三年之后，他就获得了他所需要的证据。耶路撒冷陷落了，新的穆斯林英雄突然来到这个世界上，以作为对基督教扩张的回应。从这一刻起，整个舞台变得越发昏暗，并且随着约阿希姆的神视之光不断变亮而愈加黑暗。最终，他开始清晰地看到了教会迫害者从开始到最后的模式。这一系列的迫害者从黑落德开始，到婴儿期教会的捕杀者，再到尼禄——早期殉道圣人的迫害者。之后就是穆罕默德，最大的裂教者——直到后来西班牙的柏柏尔人侵略者，最后则是萨拉丁——教会的倒数第二个敌人。这是约阿希姆于1190年在墨西拿(Messina)向理查德国王和十字军战士们所解释的历史观点。世界正在进入最后一段旅程，现在只剩下"那个被确切地称为敌基督的国王出现了"。1190年的约阿希姆仍旧在探索这个问题，他认为敌基督已经在罗马降生了，但还没有掌握权力。这些话对于那些来自英格兰的听众，和其他来拜访并向他请教的人来说，实在是惊心动魄。许多人不同意他的说法，但却又不得不认真对待。

有很多原因使人们不得不认真对待约阿希姆所说的话。首先，他是一个具有强大虔诚力量和思想纯粹的人，所有见过他的人对此都有非常深刻的印象。同时，他自认为是遵循《圣经》研究传统方法的保守学者：他并没有任何革命性的意图，很难指出他的解释方法与其他任何《圣经》预言的早期解释有何不同之处。他为《默示录》中纷乱的形象赋予一种秩序的能力，也深深地打动了一代人，这代人已经习惯将秩序作为知识追求的主要目标。其他经院神学家探究的是神学的一般框架，而约阿希姆所从事的是关于预言历史的研究：通过更为严格的方法运用和对过去的解释，将秩序带入到思想当中，并对结果进行一个清晰且符合逻辑的安排。尤其值得注意的是，他的学问恰恰迎合了其他人的恐慌。他对于现在所说的一切，慢慢清晰地展现在每个人眼前。对教会的新威胁以一种前所未有的规模出现了。

通过将伊斯兰教置于教会历史后期阶段的中心位置，约阿希姆回到了那个曾在9世纪的西班牙被发现、后来又被遗忘了的旧理念。但是，这个旧理念需要一种新解释。9 世纪的学者们纠结于自身的艰难处境。在和主流思想相隔绝的情况下，他们所能依赖的只是很少的几本书和零散的文献。与之相反，约阿希姆则能够采取一种横跨欧洲的视角。《圣经》中所教给人们的符号预兆，使人们去寻求走向终末的表征，在各个方面都迅速地积累。伊斯兰恶煞出现在了耶路撒冷，假博士们出现在朗格多克，罗马帝国的覆灭——无论是希腊式还是霍亨斯陶芬式的帝国——看起来近在咫尺。在《圣经》中，这是世界末日即将到来的最为清晰的标志。[33] 其他的预象也有所展现。显然，福音书曾告诫说，在世界终结时每个人都会看到国家、民族之间的战争。约阿希姆曾经会见过那个时代大多数最伟大的人，而他所表述的观点传达出了每个人从当时的历史场景中都可能得出的结论：他所想到的，很可能是真实的。甚至英诺森三世——这位约阿希姆在世时对他最不感兴趣的教宗——也相信，怪兽额头的数字表明，在末日之前伊斯兰教注定要统治 666 年。因为这段时间中六百多年已经过去了，世界末日迫在眉睫。[34] 敌基督的宏大舞台似乎已经准备好了，而且，这一观点并非专属于那些狂热者和因迫害而发狂者，以全面视角冷静观察整个历史进程的学者们也持有同样看法。

就他的目标和大半思想而言，约阿希姆属于 12 世纪那个科学化的学术世界。然而，他也是一位具有独创性的先知，开启了革命性思考的新可能，虽然他自己并不承认这一点。他相信敌基督会在基督王国内兴起，将会诞生在罗马，且在教会中占据高位——几乎不次于至高者——为不断增长的对教会机构的怀疑增添了新维度。他进一步认为，在第七封印开启之后，在普世和平的最后阶段中，这些制度将会枯萎。这些都将发生在历史之内（而非之外）。

62

---

[33] 关于这一点的核心文本是得撒洛尼后书 2：7，其经常被用来证明只要罗马帝国或者教宗的世俗权力还在，敌基督就不会出现。关于这一主题在中世纪后期的发展，参见 M. E. Reeves, op. cit., pp. 293 - 392 以及 "Antichristand the Last World Emperor"。

[34] *Registrum*，xvi, 28 (*PL* 216, 817 - 822)。

这又给中世纪晚期的宗教狂热添加了崭新而实际的刺激。⑤ 这些理念都深植于《圣经》释经学传统中,却又与此前所有的解释大相径庭。在非常严格的意义上,这些理念使约阿希姆成为了中世纪预言先知中的卡尔·马克思。

这一新启示的唯一弱点在于,它最终被真实的事件所证伪了;然而,如同占星学和马克思主义所带来的失望一样,这一弱点初看起来并非什么严重的缺陷。这种对包含未来维度的历史观的渴望是如此强烈,即使反复且令人震惊的挫败都无法将之淬灭。预言可以进行大幅篡改。期待中的灾难从 1260 年被推迟到 1290 年,然后推迟到 1305 年,又推后到 1325 年、1350 年、1360 年、1400年、1415 年、1500 年直到 1535 年。⑥ 这些日期不仅没有在持续向前推进的过程中失去说服力,人们仍然相信那些被选中来进行破坏和救赎的人无疑仍在按部就班地等待着历史发展到那个时候。事实上,每一个失败了的敌基督都为其继承者的出现增添了若干可信度。就像是掷硬币一样,一直出现正面朝上的时候,就会使人们有一种强烈的期待:下一次一定就会是反面了。经过了很长时间的发展,人们才意识到他们所处理的是一个有两面的硬币的问题。

约阿希姆去世后将近 500 年,这种模糊的疑虑变得难以压制。与此同时,约阿希姆仍在预言历史的广阔领域中占据着统治地位。中世纪后期的一系列诗人、神学家、哲学家和政治家们,似乎无数的人时常在某种情景下感受到了约阿希姆先知预言的影响,各种先知式预言片段的数量难以估量,可要素却总是相同的。无论我们是将五个还是六个预言放在一起,约阿希姆一定会出现在异教女预言师、梅林、希尔德嘉德和占星学家们当中。

这种出现在 12 世纪的文献混合曾经为历史的科学解释提供了

---

⑤ 关于约阿希姆在这方面的思想,参见 Reeves, op. cit. , pp. 303 - 305。

⑥ 关于这些不断的推后,参见 Reeves, op. cit. , pp. 48 - 51,54,58 - 59,83,228,246,308,313 - 314,316,322,368。

希望，而在中世纪晚期则表明，除了为一些真实灾难和飘渺期待提供一个驳杂的序列之外，它们没有能力做任何事情。对约阿希姆而言，首先是对历史形式的探究，随后是预测未来的预言技术，也就走到了尽头。只要这些希望和恐惧所建基之上的思想体系还是完整的，这一点就仍不明显。只要这个体系还在，每个人都会喋喋不休地争论末世的时间、地点和人物及其相应的角色。但是，没有一个只能应许永远不会发生之事的体系得以长存。到 17 世纪末期，整个预言历史的复杂模式蹒跚着走向了倾覆。

63

VIII

　　然而在崩塌之前，它曾经做过最后一次努力。通过去除那些脆弱杂乱的附加物——12 世纪的学者曾竭尽全力利用这些附加物来完成这个体系——以拯救结构中最具本质性的部分，这也是在智识上最为稳固的部分。梅林和女预言师、异教徒和基督徒的神视与梦境，都必须被剔除。神圣默感的先知预言被严格地限制在《圣经》，而在《圣经》中则仅限于所展现的两个人类历史时期当中。历史中广阔而诡异的神启先知言说的图景，曾经慰藉过中世纪的追寻者们，现在被削减到仅剩与《圣经》文本相关的绝对最小值。占星学进行了极为顽固的抵制，我们很难否认这门科学实际上是作为一个辅助《圣经》解读的附属学科存活下来的。在这个可疑的占星学前沿哨岗，已经清理出了为捍卫《圣经》核心预言而准备的战场。

　　在重组预言科学的活动中，最为著名的鼓吹者是伊萨克·牛顿（Isaac Newton）爵士。牛顿的预言作品常常被视为伟大的科学思想中狂热极端的表达而受到忽略。但是，如果以中世纪而非现代的观点来考察，他最为冷静的科学分析恰恰出现在《对于圣经预言的考察，特别是〈达尼尔书〉和圣若望〈默示录〉》（*Observations upon the prophecies of Holy Writ particularly the prophecies of Daniel and the Apocalypse of St. John*)中。㊲ 这部作品的目的，就是清除那些妨碍先知预言的添加物——尤其是从 12 世纪以来的——从而使《圣经》解读能够回到此前适宜的维度上。虽然牛顿自己未必有如此清晰的认识，但他实际上恰恰是要把这个主题重新带回到圣维克多的休和哈维堡的安瑟姆所留下的形式上，同时利用菲奥里的约阿希姆广为人知的历史洞察力。牛顿认为，应当将《圣经》预言作为理解过去而并非预知未来的方法：

> 那些解释者的愚蠢之处就在于，他们根据这个预言（圣若望的《默示录》）来预测时代和事件，就像是天主旨在将他们作为先知一样。因为这种轻率，他们不仅暴露了自己，同时也使
> 64 预言遭到了轻视。天主的旨意远在别处。上主将这部书和《旧约》中的先知预言赐予人类，并不是使他们能够知道未来所发生的事情以满足人类的好奇心；而是要当这些预言实现之后，使这些预言可以经由所发生的事件来解释。由此，天主的旨意而非解释家们的思想，才能在世界上显现出来。㊳

在约阿希姆之前，12 世纪早期学者们一定是这一宣言最强有力的支持者。同时，他们也会赞同牛顿心中一个非常坚定的信念，那就是在所有的历史资料中，《圣经》中的先知表述是最为可靠的：

> 皇帝、国王或王公的权威都是属人的。公会议、宗教会议、

㊲ *Opera*, ed. S. Horsley (5 vols., London, 1779－1785), 5, pp. 297－491. 初版于 1733 年。威廉姆·惠斯顿(William Whiston)的《关于世界从起源到万物完满的理论》(*Theory of the Earth from its Original to the Consummation of all Things*, London, 1696)和《宗教本质和启示的天文学原理》(*Astronomical Principles of Religion Natural and Revealed*, London, 1717)都题献给了牛顿，为将《圣经》预言同牛顿天文学结合起来做了非常有趣的尝试。牛顿可能在最初对这一尝试表示欢迎，但后来又持否定态度。

㊳ Ibid., p. 449.

主教和长老牧师的权威也是属人的。而先知的权威则是神圣的，包含着宗教的总和……他们对于将要来临之事的预见与所有时代的教会相关；而在所有的古老预言当中，达尼尔的预言是在时间上最为清晰且最容易被理解的；因此，在那些涉及到最后时日的事情上，他必然有一把通往剩余部分的钥匙。㊴

在所有将《圣经》预言视为史实研究文献的人中，牛顿是欧洲历史上最后一个持有此种信念的伟大科学家。他以一种科学家处理复杂却经过严格验证之材料的沉着，接受了《圣经》预言中的图景，因其有进行解释的可靠技术。对于牛顿而言，达尼尔的梦境仍然是世界历史形式的主要线索——如此难解的线索需要最为高度聚焦的科学态度。过去所取得的大部分成就仍旧可信，达尼尔梦中第四个怪兽头上的十个角仍然象征着那十个瓜分了罗马帝国的王国，但还需要很多新的解释。第十一只角不再指代伊斯兰教，而很可能是指代教宗们的世俗权力。牛顿以非常清晰和极具科学客观性的方法追溯了这个王国的兴起，以及这个王国如何印证了达尼尔梦中所提到的全部细节。那句"一段时期，另两段时期和半段时期"仍旧被解释为三又二分之一个时期，但是每个时期不再是七十年这个曾令人满意的时间段；一段时期变成了"1260个太阳年，每个历年有360天，每一天代表一个太阳年"。用浅显的话来说，也就是从教宗自8世纪在世俗权力上崛起以来，还要再过1260年，王国才会被交给"至高者的圣民，他们的王国将是永恒的王国"。㊵ 这个重构的高潮就是将末日的日期推向了一个相对遥远的未来，由此，我们回到了12世纪早期更为冷静和理性的氛围当中。

在牛顿关于普世历史清晰而巧妙的解释中，始终遵循着《达尼尔书》和《默示录》中的原则，处处体现出理性的主导性。然而，如果没有对未来的预见，人们无法看清历史的模式，甚至牛顿也因为

65

㊴ *Opera*, ed. S. Horsley (5 vols., London, 1779 - 1785), 5, p. 305.

㊵ *Opera*, ed. S. Horsley (5 vols., London, 1779 - 1785), 5, p. 364.

他的时代与末日的不断接近而感到心跳加速。虽然他一直断言，就现在而言"我们必须对解释已经发生的事件感到心满意足"，但当如此多的模式已经罗列出来时，他还是情不自禁地看到那个时日将要到来，甚至可能非常之快。到了那个时候，对于未来的科学研究将会成为一个非常安全和有保证的领域：

> 在对最后时日的解释家当中，几乎所有的知名者都做出了一些值得注意的发现。因此，看起来人们似乎能够搜罗天主正在敞开的这些奥秘。其他人的成功使我考虑到这一点；如果我所做的工作能够对后来的研究者有所帮助的话，就心满意足了。[41]

这段话表明，如果牛顿能够早点开始预言研究，或者他能够将更多的时间投入到先知预言而非《数学原理》上，他可能早就成为了另一个菲奥里的约阿希姆。然而幸运的是，他满足于将这个角色让给另一位在气质上更合适的演员——这个人就是卡尔·马克思。

---

[41] *Opera*, ed. S. Horsley (5 vols., London, 1779 - 1785), p. 450.

IV. 历史书写的欧洲传统之四：过去的感知

在前三篇讲演中，我讨论了欧洲历史传统的三个方面——我可
以将之简要地归纳为古典的、早期科学的和预言的。所有这些类
型的模式都脱胎于古代世界，而且这三种模式都在西方关于历史
态度的发展中起到了重要作用。然而，当人们冷静地阅读这三种
历史研究模式的作品时，没有人会认为这是我们现代人思考和书
写历史的主要根源。因此，我们必须要问一个问题：是否能够确认
一种历史研究的核心传统，正是从这个传统中，衍生出我们今天大
多数历史学家的实践和预设。

如果我们先探讨一下此前研究过的三种类型历史学家的目的，
可能有助于我们理清现在所要探索的问题。对这个问题的简要答
案是：古典模仿者们要为道德教化建立善与恶的榜样，从过去的纷
繁复杂中提取各民族命运的清晰图景。普世历史的科学研究者
们，则旨在历史中呈现针对人类的神圣计划，并呈现《圣经》所载历
史事实与世俗文献记载的一致性。对于预言历史学家而言，其目
的首要在于界定先知言说所指示的历史重大关节，然后发现历史
到来的那个节点，最后再从尚未满全的先知预言中预见未来。

他们的目的几乎涵盖了传统上为历史研究辩护的所有要点，但
他们对这些事务的理解却与现代历史学家大相径庭。如果我们问
这些差异究竟是什么，无疑会有若干不同的答案。然而有一个目
标——无论其本身就作为一个目的或者作为通向其他目的之手
段——是几乎所有历史学家都会承认或在实践中加以追寻的。这
个目的就是，在社会关系、物质和精神资源的整体环境下，重建过

去的思想和体验。对这一任务成功的希望是现代历史书写中的新事务,并在过去和现在之间创造了一种新的关系。即使历史学家可能排斥他所描绘的思想和经验,并认为这些在当下是非常令人反感的,然而这种理解的行为就建立了过去与现在的联系,如果这种思想和行为与他的思想相契合则会使这种联系变得更为强烈。无论这是否为现代历史学研究的根本目的,这一点是历史学家们想在其他方面有所建树的基本条件,这就要求对我们称为"过去的感知"(a sense of the past)进行谨慎而深思熟虑的探究。

对过去感知的探究成为历史研究的公认目标是相当晚近的发展。在最为清晰的形式上,它是相对恒定的知识体系崩溃后的产物,这一知识体系建立于中世纪并直到 19 世纪中期都在运行中。当继承的这个系统之崩塌变得显而易见,并且结果就是过去不再是真理的宝库,而成为错误与非人性事物支离破碎的堆砌,那些感觉灵敏的人就会感到恐慌,因为他们遭遇了整个欧洲历史进程中与过去之间最严重的疏离。对于这种令人惊恐的疏离,一种救治的办法就是不断加强对历史强烈的感性理解。这样做的结果就是,以情感的一致性取代了知识的确定性,使过去的一切经验都能共存于情感的一致性中。以前的教条可能会有错误,但促使这些教条产生的经验却必定是真实的。通过对这些经验富于想象化的挪用,人们就仍旧可以占有过去,而抛弃历史进程中曾一度原封不动地世代相传的知识结构。

在我看来,这种疏离同渴望与过去实现统一之间的斗争,是历史运动大爆发的动力,而我们就是这场伟大爆发的继承者。对于历史活动之治疗价值的欣赏并不局限于历史学家当中。事实上,正是那些非历史学家们最为丰富地享受了这种极具功效的治疗;并且,因为历史是对疏离的治疗手段,无疑是那些疏离者与流亡者能够最为真切地感受到这种治愈的力量。在这方面,最有说服力的就是吉卜林(Kipling)和亨利·詹姆斯(Henry James)。正是从流亡中归来的吉普林——在我看来,吉普林是我们这个国家中天赋最高的历史天才——创造了从遥远古代以降的英格兰生活最具生动想象力的图景。然而，亨利·詹姆斯这个与吉普林在品位和性格上如此不同的人，在他身上可以看到历史动力对其全面广泛的有力影响，是他首先使用了"过去的感知"一词去描绘极为复杂且极具多样性的场景产生于对历史敏感的头脑的影响。同任何其他作家相比，他对疏离和渴望统一的混合确实表达了更为敏锐的见解，这种混合成为了大量 19 世纪后期历史著作的基础。这种混合在无数篇章中俯拾皆是，但只举一个例子就够了。在《悲惨的缪斯》中，当尼克·多默（Nick Dormer）远眺那座他永远无法继承的庄园时，随之而来的是

> 只是英格兰的感受——一种对国家之理解的启示。这个地方昏暗的年鉴好像出现在了空气之中（早期变幻的根基、伟大的隐修院生活、玫瑰战争，在街上的争斗和血迹，之后是长达几个世纪的宁静，所有的玉米地，治安法官和牧师们），所有这一切与一种感情相连，从这个绿色国家中生发出，丰饶的土地供人无限居住，仿佛有一只手，因为太过于缥缈而感受不到，太过于急切又不能点亮。这产生出一种他无法言表的悸动，如此之深，一半出于想象，一半出于责任。

人们可以沿着这个脉络一直向前，当然，亨利·詹姆斯事实上也是这样做的。然而，无论这些渗透出的意识在脱离语境的情况下会使人多么尴尬，在欧洲各处的历史研究因达尔文主义、社会主义和工业社会所带来的思想混乱中，这些是对延续性及和平之安慰感的可贵见证。现在看来，这些慰藉因为当下思想对这些混乱长久以来的熟悉而稍显无力。培植对过去的感知在现在看来，似乎更像是一种私人的奢侈品，而非应对普遍疾病的良药。但在一百多年前，历史研究提供了一种稳定、永恒和温和变化的感觉，代替了长久回望中的无意义和残忍的错谬。因此，历史学在那大半个世纪里成为了知识活动中耕耘最深的领域。

现在的历史研究已失去了这种地位，但我不觉得 19 世纪中期

历史学所承担的责任在今天已经完成或不再需要了。与之相反，一切才刚刚开始。然而，我今天并不想在这里对作为传播者或先知的历史学家们进行一场巡礼。我提到不久之前的过去并非是作为预言的基础，而是作为回眸过去的起点。我想要探究，是否在那些遥远过去的境况中，也曾迸发出和我们在 19 世纪所见相类似的历史活动，并审视爆发的本质及其在塑造我们的历史工作习惯中的影响。

如果我们带着这些问题回眸，就会清楚地发现有两个时代值得关注。第一个是从 1090 年到 1130 年，第二个则是从 1560 年到 1620 年。这两个时代都是历史研究显著复兴的时代，相对众多的史学学者进行了大量活动，而且他们的工作方法在当时非常新颖。并且，这两个时代都是在一场国家危机后开始的，这些危机看起来使人们与他们的过去相疏离。现在，我就将转向这些时期。

II

第一次历史复兴开始于诺曼人征服英格兰之后的 25 年。这一事件让那个时期的历史呈现为如下场景:旧的英格兰贵族消失了，英语语言在刚刚成为社会和宗教生活中很大一部分领域的中介后，不再为社会上层使用。那些使用这种语言的文学、教育手册、祈祷书、礼仪书、法律和司法手册迅即变成了不知所云的古董。在一个已经有了知识人和贵族的社会中，从蛮族王国到 20 世纪之间，整个欧洲没有任何一个国家像英国那样，在 1066 年之后经历了短期内如此剧烈的变化。历史学家们遥远的眼光可以发现许多延续性的迹象，但对于已经受过教化的当代人而言，这些迹象一定难以察觉。那些经历过征服前英格兰的人们对此的反应是愤怒、怨恨和怀旧。甚至一直到 1120 年，马姆斯伯里的威廉(William of Malmesbury)这个只有一半英格兰血统且绝非诺曼人敌人的人，也这样描绘当时英格兰的状况:

　　这里是陌生人的居所和外国人的统治之地。今天，没有一
个英国人还是伯爵、主教或者隐修院长。这些新来者毁灭了英
格兰的富人和内脏，这里没有结束这一悲惨局面的希望。①

　　而且，这并非一种孤立的声音，这是整整一代拥有英格兰祖先
的文化人所发出的声音。

　　唯一在一个适宜位置观察、感受和表达他们对这些变化反应
的，是那些在隐修院中的本笃会隐修士，他们足够古老和富裕，以　　70
勾起关于现在和过去差别的精确感受。这些团体的成员居住在古
代伟大的明证当中，他们也比其他人更为持续地揭露当下的这种
危险，包括各种形式的丧失土地、礼仪的崩坏、对古代珍宝的掠夺
和对传统生活习俗的颠覆。在 1100 年，许多乃至大多数古代隐修
院里的成员都有英格兰血统。与那些被驱逐和被剥夺的贵族亲戚
相比，他们是那一代人中的幸运儿，他们相对不受干扰地保持了自
己的生活方式。他们并非没有意识到他们的好运，亦非不表示感
恩，但这反而使他们对鞋子最挤脚的地方更为敏感。最令人苦恼
的是，他们感到自己被排除在所有的擢升之外。在隐修团体内部
也存在着一种紧张，这就使英格兰的隐修士们聚集起来，以捍卫他
们的过去。

　　隐修院中讲英语的人感觉他们是隐修院过去的特别保管人，这
就对他们从更高职位中被排挤提供了某些补偿。除了因为血缘与
过去连接在一起之外，他们还是这个团体中唯一能看懂过去档案
文献的人，在这些文献中保存了过去大部分的证据。然而，千万不
要认为他们是隐修团体中唯一珍视隐修院过去之伟大的人。每一
个居住在古老团体中的人，或迟或早地都会进入为其辩护、反对所
有外来者的队伍。最后的幸存者对他们团体有无限忠诚。但在后

---

①　William of Malmesbury, *Gesta regum*, ed. William Stubbs（2 vols. , RS, 1887 -
1889）, 1, p. 278［ed. and trans. R. A. B. Mynors, R. M. Thomson, and M.
Winterbottom（2 vols. , OMT, 1998 - 9）, 1, pp. 414 - 416］

征服时代的隐修院中,外在世界的威胁引发了不同程度的紧张。最残酷的威胁针对的是隐修院的土地,所有成员都会全心全意地团结起来,抵抗这种威胁。对许多进入隐修院领地的入侵者,只能通过不断地巡防将他们赶出去,而且还要常常参考早期文献。为了使这些文献能够立即派上用场,英国隐修士们所做的工作为他们所有的兄弟们所赞赏。他们较为不能确定的是,在抵制其他威胁的时候,他们是否能够得到同样的赞赏,比如抵制对当地礼仪的威胁,捍卫国内传奇和传统上应当礼敬和尊奉的权威,我们间或能够清晰地看到英国隐修士们是如何从事这项工作的——首先是秘密的,随之而来的就是越来越强的信心和成功。表面上看,他们所书写的证据并不那么令人印象深刻。当时有许多寂静无名的神殿:

> 你们在英格兰的许多地方都会发现这样一种情形:(这些圣殿的)证据都被敌人的暴力所摧毁了,因此只有圣人的名字保存了下来,还包括当代的神迹,如果还有的话。[2]

71　　在他们过去的繁盛之日,这些老隐修院依赖着业已成型的惯例,亦即依赖于国王们和贵族们以及民众敬礼的支持,以保存他们生活方式中所珍视的东西。结果就是,这些证据变得分散、零碎,并且难以解读。但是,隐修院中还有大量的古代特许状,圣人的遗骸也密布其间,虽然许多抄本遭到了毁坏或盗窃,仍有一些古代卷宗保存了老式隐修文化的概要。所有这些文献都讲述了一些古代圣人和这个团体主保圣人的事迹,而许多传奇也强化了王国繁盛与隐修院伟大之间的密切关联。将这些杂乱无章、极度分散的材料整合在一起,再从中摘出一个能够震撼这些怀有敌意或漠视的同时代人的故事,是一项非常紧急却也非常困难的工作。

---

[2]　William of Malmesbury, *Gesta pontificum*, ed. N. E. S. A. Hamilton (RS, 1870), p. 202.

12世纪早期，不仅在英格兰的本笃会隐修士感到其地位受到了威胁。尤其是在德国，像道依茨的鲁伯特（Rupert of Deutz）这些隐修士，苦涩地怨恨世界对他们的贬低，并非常丰富地表达了这种苦涩。道依茨的鲁伯特致力于从事大量的《圣经》和礼仪解释，并贸然投身到与经院神学家们的冲突中，冀望重建隐修院的学术声誉。③ 在英格兰并没有这样的事。英格兰的反应特殊性在于其强烈的历史偏见，而其中的一个明显原因是，诺曼征服提供了一个使所有的邪恶都能够追溯到此的过去的事件："英格兰的毁灭之日，甜美国度令人惋惜的终结，新领主的到来。"④所有复兴的希望，所有对于进一步剥夺之抵抗的希望，都基于前征服时代过去的残存，并展示出征服不过是一个长久发展中的震颤。

正是在这种状况下，英格兰的历史运动发展起来了。其自发地从地理分布广泛的各处隐修院中发展起来，但他们都有着相同的问题，并且都用类似的材料去解决。坎特伯雷、马姆斯伯里、伍斯特、伊夫舍姆和杜伦是这场运动的重镇。同时，阿宾顿（Abingdon）、罗切斯特、格拉斯顿伯里、索尔尼、彼得伯勒和拉姆齐也都做出了贡献。这场运动中产生了许多伟大的名字，艾德蒙、马姆斯伯里的威廉、杜伦的希米昂（Symeon of Durham）、伍尔夫斯坦（Wulfstan）、弗洛伦斯（Florence）、伍斯特的约翰（John of Worcester）正是其中的主要代表。但是，这并非由对于古物好奇的个人兴趣所激发，这场运动从团体存活的需要中汲取灵感，并

---

③ 德国隐修主义者的回应在近年来得到了仔细的研究，尤其是道依茨的鲁伯特和雷根斯堡的格豪赫（Gerhoh of Reichersberg）。就前者而言，最重要的文章参见 H. Grundmann: "Der Brand von Deutz 1128 in der Darstellung Abt Ruperts von Deutz," *Deutsches Archiv* 22（1966），pp. 385 – 471；另见 R. Haacke, "Die Überlieferung der Schriften Ruperts v. Deutz," ibid.，16（1960），pp. 397 – 436，and H. Silvestre, "A propos de la lettre d'Anselme de Laon à Heribrand de St-Laurent," *Recherches de théologie ancienne et médiévale* 28（1961），pp. 5 – 26［同时参见 Southern, *Scholastic Humanism and the Unification of Europe*, 2（Oxford, 2001），pp. 7 – 24］。

④ *Gesta regum*, 2, p. 304［OMT ed., 1, p. 456］。

获得了动力。在最低层面，仅仅是物理性存活；而在最高层面，则是古代隐修文化与宗教和知识传统的存活，乃至在这个世界上还有一席之地。对于这一任务而言，取胜的秘诀在于许多人在不同地方为了相似目的而耕耘于相似的材料。正是这一点，赋予了这一时期历史作品的一致性。当时的情况迫使整个英格兰有学问的隐修士们成为历史学家，以这种从未被使用过的方式去审视那些包含着历史内容的资料，并从这些渺茫的档案中提取出关于古代的新图景。

一个常见的错误是只从那些制造历史的证据中来看历史的复兴，而这一错误模糊了这些隐修院学者们作品的特点。就像当代历史运动中最好的作品是在文本校勘、文献目录和对文献、象征和社会习惯的批判性注解中找到的一样，12世纪的历史复兴也要被视为一个收集和排列特许状、誊抄档案、对编年史和地形学进行细致探究、研究隐修院建筑和铭文、搜罗古代知识的文本、撰写各个阶层历史、编年史和自传的过程，直到最后才是我们所熟悉的历史。

最早的动力都是实用性，但根据各个团体的需要和文献，这些作品也会朝着不同的方向发展，而且也受到了每个团体中学者才能的影响。在伍斯特，这种实用性的推动力非常明白地表现在一个叫赫明（Hemming）的隐修士于1095年所做的特许状汇编中：

> 伍尔夫斯坦，这个教区的主教，要求写作这本书以教育他的继承者们关于那些他们要竭力关心的事情，并向他们展示哪些土地公正地属于（或者应该属于）教会，还有哪些被坏人不义地占据着——首先是在丹麦人入侵时候；之后，是被那些不公正的王室官员和收税员（所侵占）；而在最近，则是被我们这个时代中的诺曼人的暴力，他们以强力、诡计、劫掠，非法地剥夺了圣教会的土地、村庄和财产，在他们的侵夺之下，没有什

么东西是安全的。⑤

　　很难想象有什么比这个目标更具实用性的了。然而，单纯的实用性无法激起对两个世纪之前丹麦入侵者或者 10 - 11 世纪王室官员之掠夺的研究兴趣。通过一些难以想象的法律程序，这些损失被变得合法，赫明的地契中也没有多少真正在法庭上所制定的。作为一个整体，这里所编选的并非一个实用手册，而是关于过去光荣的完整图景，其中绝大多数都超越于人力所能恢复的范畴，但所有这些都在天国，在地上仅能通过历史想象加以感知。这种对于隐修院过去的想象性重构，不可避免地产生于重获失去土地和拯救仍存土地这一最初的动力中，这使得过去成为当下复生的努力中的一部分。甚至在阐明其实用目的时，伍斯特的赫明同时也阐述了这一目的的扩展，这在所有古代隐修院团体中是极为普遍的。

73

　　然而，伍斯特还阐明了一个相当不同的历史拓展，这也在同时发生。主教伍尔夫斯坦推动了特许状的搜罗，同时也推动了将隐修历史从地方背景扩展到普世背景当中。这一拓展计划可以在《伍斯特编年史》的抄本中看到，其原件现收藏于牛津大学基督圣体学院（MS. 157）。这部书的开端是对伍斯特教区的起源以及 679 年到 1093 年的教会财产之历史叙述。而且，其中包含了多种其他的原始资料——比如各种列表，包括执政官的、教宗和主教的、皇帝谱系的，还有复活节表和圣地表格（这些都是普世史的基本材料）。这份抄本中最有学术价值的部分，就是当时将英格兰历史纳入普世编年史的各种尝试。伍斯特编撰本的学术目的和其所代表的整个思想运动都值得关注，但却被唯一一个普遍易得的版本完全混淆了。这位编者——忠实于传统，将中世纪编年史简单地

---

⑤　*Hemingi Chartularium Ecclesiae Wigorniensis*，ed. T. Hearne（2 vols.，Oxford，1723），2，p. 391. 关于该书的编撰过程，参见 N. R. Ker，"Hemming's Cartulary," in *Studies in Medieval History presented to F. M. Powicke*（Oxford，1948），pp. 49 - 75。

视为事实的贮藏室而非其作者之思想和意识的证据——只付梓了与英格兰历史相关的部分,而将其他嫁接其上的部分完全忽略掉了。为得到一个更为真实的画面,我们就得回到1592年的版本,而且只有图片版能够充分表明这卷书中所传达的多种思想潮流。⑥编辑者所做的并非机械工作,其要求精心勾勒的编年史裁断,还要有广博的学识和对新资料的不断探寻。圣体学院的抄本中有许多手写的更正和改订,让我们对这个努力过程的长期持续有了直观的感受,也能使我们理解当时隐修士的声望——用同时代敬仰者的话来说,"他精深的学识和孜孜不倦的学术,使这部编撰的编年史胜过其他的一切"。

　　如果说《伍斯特编年史》阐明了在地方聚焦和普世延伸两个极端之间的历史运动,那么杜伦版本则展现了不同类型的运动。在这里,自我保护的实用性动力也是非常显而易见的,但是圣卡斯伯特(St. Cuthbert)作为一个单独的历史人物,比过去的一切都更鲜明地凸现出来了。没有任何地方比杜伦拥有更多能够唤起过去的物质遗存,而其中最为重要的是圣人遗骸在875年到1070年的多次迁移。在公墓中,有一尊奥瑟尔伍德(Aethelwold)主教在730年左右制作的石头十字架。这尊十字架在793年被维京人破坏,后得到修复,最后载着圣卡斯伯特的尸骨在杜伦落脚。在祭台上,有一部由艾迪弗雷斯(Eadfrith)主教在大约700年抄写的福音书,由他的继任者奥瑟尔伍德装订,后又由隐士贝尔弗雷斯(Billfrith)用花体字装饰。这部福音书,协同圣人圣髑,由林迪斯法恩(Lindisfarne)而

74

----

⑥　这份抄本的大部分可能写于1120年到1122年间,包含着1130年之前的一些修正和补充。作为基本资料的马里亚努斯·斯科特斯的编年史是由赫特福德主教罗伯特(1079—1095年)带到英格兰的,无疑是由伍尔夫斯坦带到了伍斯特。遗憾的是,没有更早的抄本能使我们构建弗洛伦斯去世前在伍斯特的早期编撰过程。弗洛伦斯是最早的编撰者,死于1118年。但是,校订和增补生动地表明,弗洛伦斯死后历史作品的延续着的传统。[John of Worcester, *Chronicle*, ed. R. R. Darlington and P. McGurk (2 vols. to date, OMT, 1995), esp. 2, pp. xxi - xxxv].

来，上面还带着其在旅程中淹没海中失而复得之神迹的痕迹。在这部福音书旁边，祭台上还摆着《生命之书》(*Book of Life*)，记录了圣卡斯伯特的施主、隐修士和朋友们的名字，起始于8世纪并延续到当时。在教堂之外的隐修院土地上，仍然生活着从875年到883年那些搬动圣人身体的人们的后裔，并且能将他们的谱系追溯回那些旅行的年岁里。最让人印象深刻的是，阿特斯坦(Athelstan)国王在他统治期间统一了整个王国，他认为这正是借助于圣卡斯伯特的帮助，因此捐赠了大量的土地、书籍和装饰品。⑦

这些看上去都是些琐碎的事情，几乎不值得学会用这么长的时间来知道它们，但当这些信息汇聚在一起时，就营造出了一种对过去的复杂感知，而这种感知必须建立在那些曾被鲜活地感知到的事物上。

在历史观念方面，后征服时代的历史复兴非常丰富。每一个团体都会将他们自己的一些特征加入其中。在坎特伯雷的基督教堂(Christ Church in Canterbury)，团体的首要兴趣就是搜罗大量圣人遗髑，却又杂乱无章地堆放着。对这些圣人传记的书写、神迹的鉴定、庆节的保留都是历史工作的首要任务。这同其他地方一样，这里也通过收集、注释和转录誊写特许状以抵抗掠夺。然而，这里常常比其他地方更经常且更激进地将这些延伸到当下的时日，因为在坎特伯雷出现了新的问题，只有将过去牢牢把握在手中才能提供一个答案。

关于首席权和圣安瑟伦(St. Anselm of Canterbury)时代的重大

---

⑦ 关于随同圣卡斯伯特的遗体一起来到此处的物品，参见 *Symeonis Monachi Opera Omnia*, ed. T. Arnold (2 vols., RS, 1882 - 1885), 1, pp. 39, 57, 64, 66, 67, 74 - 75, 79 - 80 [Symeon of Durham, *Libellus de Exordio atque Procursu istius hoc est Dunhelmensis Ecclesie*, ed. David Rollason (OMT, 2000), pp. 60, 102, 114, 116, 120, 134 - 136, 146 - 148]。关于阿特斯坦的礼物，见第一卷，第75, 211 页[ibid., pp. 134 - 136; *Historia de Sancto Cuthberto*, ed. Ted Johnson South (Cambridge, 2002), p. 64.] 关于上面提及的杜伦抄本，参见 R. A. B. Mynors, *Durham Cathedral Manuscripts* (Oxford, 1939), nos. 5, 13, 15, 16。

政治事务为这个团体的历史兴趣赋予了一个新方向，尤其是艾德蒙这位团体中最好的历史学家。他和任何人一样挚爱着英格兰的过去，但他有得天独厚的机会，去见证正在发生的事。作为安瑟伦大主教的随从，他比同时代的隐修士们更为自如地穿梭于那个时代的重要人物和事件之间。这些经验改变了他对过去的看法。他在过往的事件中寻求现在的问题，而他的《新历史》（*Historia Novorum*）就是一个明确的尝试，以提供他想要去找到的那类证据，他写道：

> 当我看到现在的人，被不幸所紧紧催逼，不安地扫视着前辈的行实以寻求安慰和力量，却不能得到他们所希望的那样多。而我想，如果为我们现在的行为写一部书以为后来所用，这将是对后世子孙的巨大贡献。[8]

每个地方的研究主题都受到其所在地的影响。在格拉斯顿堡（Glastonbury）这个最古老的英格兰隐修院中，隐修士们最大的兴趣就是将他们的历史尽可能地延伸到圣帕特里克（St. Patrick）时期，并最终追溯到了亚瑟王；[9]在阿宾顿的主要兴趣是其地产的历史；[10]在伊夫舍姆则是圣人的神迹。[11] 索尔尼和彼得伯勒对盎格鲁

---

[8]　Eadmer，*Historia Novorum*，ed. M. Rule（RS，1884），p. 1. 关于坎特伯雷的历史研究及其背景，参见 R. W. Southern，*St. Anselm and his Biographer*（Cambridge，1963），pp. 229 - 336。

[9]　见下文。

[10]　核心的文本参见 BL，Cotton MS. Claudius C ix，ff. 105 - 203，其校订本不佳：J. Stevenson，*Chronicon Monasterii de Abingdon*（2 vols. ，RS，1858）。对其重要性的强调，最早出现于 F. M. Stenton，*The Early History of the Abbey of Abingdon*（Reading，1913）[*Historia Ecclesie Abbendonensis：The History of the Church of Abingdon*，2，ed. John Hudson（OMT，2002）]。

[11]　在伊夫舍姆，最重要的作者是普莱尔·多米尼克（Prior Dominic），参见 J. C. Jennings，"The Writings of Prior Dominic of Evesham，" EHR 77（1962），pp. 298 - 304，and "The Origins of the 'Elements Series' of the Miracles of the Virgin，" MARS 6（1968），pp. 84 - 93；另参见 *Chronicon Abbatiae de Evesham*，ed. W. D. Macray（RS，1863），pp. 1 - 100。

一萨克逊科学知识的复兴居功至伟。[12] 在罗切斯特，隐修士们不仅搜集和誊抄隐修院的特许状，而且还编撰了古代英格兰法律和司法条文最全的汇编，从公元 600 年左右的阿瑟伯特（Aethelberht）一直延伸到 1100 年的亨利一世加冕特许状。对这些古英文文本的编排、转写和校订是一项非常可观的学术成就，这背后的动力只能是一种欲望，为这些编写者及其英格兰隐修院中的同时代人所分享，以表明诺曼征服仅仅是摇动，绝非长久发展的中断。[13]

最后，还有一个团体产出了这个时代所有研究者中最具天赋的一位：马姆斯伯里的威廉。[14] 与他唯一的竞争对手艾德蒙相比，威廉不仅仅是一位历史学家，而且从未偏离隐修团体的目的，即重塑旧英格兰的过去。而且，在他那个时代所有的隐修院学者中，他最为懂得如何使用古代资料。

他的精湛技巧最为精妙地体现在对格拉斯顿堡古代遗存研究的小书中，这部作品曾经是这个时期所有历史研究产物中最被轻视的一部。阿米蒂奇·罗宾逊（Armitage Robinson）在将近五十年前为这部作品恢复了尊严，虽然将其从后世想象的添加物中解放

---

[12] 主要的抄本在牛津的圣约翰学院，MS. 17 with BL, Cotton MS. Nero C vii from Thorney，正文及添加书写于 1085 年到 1125 年（参见 N. R. Ker, *British Museum Quarterly* 12(1938), p. 131)；并见 BL, Cotton MS. Tiberius C i, ff. 2 - 42 with Harleian 3667 from Peterborough，约写于 1121 - 1122。关于索尔尼的复活节表及其异常漫长的年表，从 528 年一直到 1536 年，参见 C. Hart, "The Ramsey Computus," *EHR* 85(1970), pp. 29 - 44。

[13] 现在，所有研究者格鲁-萨克逊后征服时代的学者，可以使用一份带有详尽分析和导论的重写本，参见 Peter Sawyer, *Early English Manuscripts in Facsimile*, 7 (1957) (*Textus Roffensis*, Pt. i), and 11(1962) (*Textus Roffensis*, Pt. ii).

[14] 近来对他生平和作品的综述，参见 H. Farmer in *JEH* 13(1962), pp. 39 - 54 [Rodney Thomson, *William of Malmesbury* (Woodbridge, 1987)].

出来,并未能将之恢复到应有的地位。⑮ 从其缘起来说,这是一部辩论性作品,其目的在于表明:后征服时代最早一批坎特伯雷的历史学家们认为,邓斯坦(Dunstan)在 942 年成为格拉斯顿堡第一任隐修院院长的说法是错误的。格拉斯顿堡的隐修士们让威廉查阅了他们所有的资料,因此他毫无困难地证明了他的主要观点。但是,他这部作品的独特之处在于他在朗德(J. H. Round)发现如何以历史学家的方式使用特许状之前的 850 年,就展现了使用这些资料的方法。

那个时候有若干位隐修院学者发现,隐修院地产的历史可以从特许状中摘取出来,但只有威廉看到了历史的多面性。他非常细致地阅读特许状,以从中发现每一个可能蕴含其中的暗示。他看到特许状讲述了一个故事,不仅是地产在数个世纪中的丧失和获得,而是充满了国王和主教们明显的意图和目的。他利用见证人名单建立了主教和隐修院长的继承谱系,甚至还利用了考古资料的细节。他注意到了早期捐赠者的籍贯,无论他们是不列颠人或萨克逊人,他还指出当卡德瓦拉(Cadwalla)还是异教徒的时候,就已经开始用十字架标志来甄别他的特许状了。而且,除特许状证据外,他还添加了来自坟墓、铭文、十字架、圣髑箱、书籍和装饰品上的证据。他从整堆碎片中构建起了一段当地人只知道那些名字的人与英格兰历史上最伟大的名字相关的历史。按照现代的学术标准来看,威廉是一个非常初级的操作者,但他已经抓住了研究一个时代的核心原则,亦即在资料匮乏之时,所有的细节和任何一种类型的证据都是至关重要的。

⑮ 被污染的版本参见 T. Hearne, *Adami de Domerham Historia de rebus Glastoniensibus* (Oxford, 1727), pp. 1 - 122。原初文本参见 J. Armitage Robinson, *Somerset Historical Essays* (Oxford, for the British Academy, 1921), pp. 1 - 25。后续的研究参见 *Two Glastonbury Legends*: *King Arthur and Joseph of Arimathea* (Cambridge, 1926) [John Scott, *The Early History of Glastonbury*: *An Edition, Translation and Study of William of Malmesbury's "De antiquitate Glastonie Ecclesie"* (Woodbridge, 1981)]。

他在研究格拉斯顿堡的历史时所用的方法，也能在他所有的其他作品中找到。他自己认为，他对英格兰教会的调查和他的《主教行实》(*Gesta pontificum*) 是最具原创性的。他这样说是正确的，但并非都因为他自己所给出的原因。他认为自己的原创性在于他所做的是此前没有任何人尝试去做的：

> 在这里，我被剥夺了所有的帮助。我感到处于一片无知的黑暗中，我也没有此前历史的明灯，以指引我的脚踪。[16]

上述情况确乎如此。但他更重要的原创性在于，将视野扩展到他那个时代整个王国中每个隐修院研究者的整合性目标。他使用了亲自探访的每座隐修院或者那些他能够得到任何信息的地方的材料，比如他们的编年纪、特许状、传奇、装饰、铭文和建筑——他对整个王国做了一番调查。他为了得到书中所需的材料游历广泛，而且是在一长串历史学家中第一个在大量行程中发展出一种英格兰过去的感知：手持笔记本，记录铭文、检看特许状，并对他参观的地方加以描述。[17] 他对坎特伯雷、罗切斯特、格拉斯顿堡、伦敦、赫里福德、约克、杜伦、格罗兰、索尔尼、格罗斯特山谷以及沼泽的描述，是这个国家中这些古老地方第一份由一个带有批判眼光和发展的关于过去感知的人，亲眼所见并记录下来的。

如果《主教行实》是他最具原创性的作品，其中关于他自己的隐修院创建人奥尔德海姆 (Aldhelm) 的内容则是其中历史方法的杰作。他将此前为格拉斯顿堡隐修院数个世纪历史所用的方法，集中在 7 世纪后期的单独一个人身上。为时代如此久远且材料如此散碎的一个人物作传是一项令人气馁的工作，因为此人并无同时代人

---

[16] *Gesta pontificum*, p. 2.

[17] 威廉对整个英格兰地区的描绘大多见于《主教行实》中，看起来，他正是为了准备这部作品期间进行了大量的旅行，时间在他 1120 年到 1121 年完成了《国王行实》之后，到 1125 年完成《主教行实》之前。

的传记来作为他的引导。他不得不利用特许状、铭文、考古遗存、图像、传说和编年史的混杂资料,此外还添加了奥尔德海姆的神学作品和书信。复杂的结构、对证据的批判性鉴别及其整体对文献证据的使用,为整个中世纪历史书写留下了最具现代性观感的部分。

威廉非常清楚地意识到,他的这种历史书写方式和过去历史学家们的修辞书写传统有很大不同。他猛烈抨击修辞的运用,认为这种手法使那些内容稀少的作品篇幅剧增。他说自己曾制定了一个规矩,除了使古代作家的意义更为清晰外,绝不添加任何内容。他否弃了最为常用的所有修辞技法,拒绝将虚构的演讲引入进来:"那些过去行为的记忆很少能够流传给我们",他写道,"而那些极易湮灭的词句岂不更是少之又少?"⑱他对自己所说的历史写作中的整体性(*integritas*)有着非常严格的观念:这意味着对文本的频繁征引,并紧密依赖于文献。对我们来说,如果他关于相关性和相对重要事件的理念看起来非常奇怪,我们必须记得,他所从属的整个学派的学者都将拒绝我们的重要性观念。对于他们来说,重要的是造成研究对象或事件的联系网,无论多么琐碎,都是整个共同体生命的一部分。教会中的每件物品和每一处土地,以及这些东西与过去事件和人物之间的联系,都在这幅画面中占有一席之地。首要的目的就是与团体的过去相联,这些物理性存留就变成了一种对过去伟大的恩主、匠人、圣人乃至敌人群体的记忆之媒介。这个目标是对过去的全面回忆,以为团体的现在赋予一种认同感。

为了这个目的而工作的历史学者为一种非常不同的理念所启迪,与那些古典的、普世的或者先知的历史学家都不同。他们拒绝古典模式的形式和修辞。他们接受不可预知的混乱是人类历史中的普遍状态,而且他们找到了将一切统一起来的线索,这个线索并非一种宏大设计的规划,而是一些小团体的记忆在数个世纪中的累积。他们对普世历史的唯一贡献是,使这些显微镜式的小事件进入到了更早时期学者的系统当中。他们不考虑世界的末日,世

---

⑱ *Memorials of St. Dunstan*, ed. William Stubbs (RS, 1874), pp. 287 - 288,317.

界（在其自身意义上）终结于隐修院财产的起始之处。作为某种局限性的补偿，他们对古老档案文本有着非常鲜活的兴趣，并满怀搜罗和检视这些文本的热切期望。他们的整个努力都锚定在乡村，都在维护长久以来的生活方式。借由他们的地方性知识和地方性材料，他们创造了英国历史的一个新篇章，而如果没有他们的努力，这个篇章就几乎不会存在：从本质上来说，正是他们真正塑造了盎格鲁—萨克逊的历史。

III

　　如果时间和能力允许，我希望能够展示，这些 12 世纪早期隐修士们的方法、目的以及推动他们从事这项工作的必要性，如何在 16 和 17 世纪的古物研究中得以复兴。从这一点开始，能够将他们的工作追溯为现代历史学研究的基础。然而，现在并非进行这一纵览的良好时机。虽然近年来的研究有了长足进步，但仍有大量从未被发掘的资料，尚在我们的视野之外。为了避免我和这里的听众们迷失在这片丛林中，让我简单地描绘一位都铎时代的研究者的工作，并对他所代表的类型进行一些评论。

　　我在这次概览中并未选择那些最具原创性或最具影响力的作者。前者的代表是劳伦斯·诺埃尔（Laurence Nowell），他复兴了 12 世纪早期所放弃的盎格鲁—萨克逊研究，而后者的代表则是伟大的开创者卡姆登（Camden）。我在此处择取的是在时代和影响力上，处于诺埃尔和卡姆登之间的一个人：威廉·兰巴德（William Lambarde）。⑲

78

---

⑲　关于其生涯最好的传记，参见 Conyers Read, *William Lambarde and Local Government* (Ithaca, NY, 1962)以及 Wilbur Dunkel, *William Lambarde*, *Elizabethan Jurist*, *1536‑1601* (New Brunswick, 1956)。基于诺威尔的记录（属于兰巴德）而写成的关于兰巴德和诺威尔之间关系的一篇有价值的文章，参见 Robin Flower, "Laurence Nowell and the Discovery of England in Tudor Times," *PBA* 21 (1935), pp. 47‑73, in BL, Additional MSS. 43703‑43710。但是福劳尔夸大了诺威尔在兰巴德发展过程中的影响。此外，在另一本书中大量讨论（转下页）

在盎格鲁—萨克逊研究上，诺埃尔是他的导师，卡姆登则是兰巴德声望的取代者。他代表了此后数百年中产出最多最勤奋的古物研究团体的水平，而且体现出了这种类型研究的大多数特征。他是肯特郡的一个小地主，在他的阶层中是最新的新人。他的父亲——一位伦敦的布商和市府参事——在格林威治购买了一座小庄园，这片土地在他去世十年前由其儿子继承。威廉在 1554 年继承父亲产业时只有十八岁。他在三十岁之前就成为了下议院的成员，他在那里侥幸逃脱了与彼得·文特沃斯（Peter Wentworth）的纠葛。[20]他在四十一岁成为了林肯法庭的法官（bencher of Lincoln's Inn），并在两年后成为治安法官（Justice of the Peace）。六十一岁担任法庭卷宗的副保管员，六十五岁成为伦敦塔保管员。[21]他的最后一个职位是 1601 年，他也于同年去世。在议会中的短期经历和在季审法院、大法院等地方事务中的长期服务说明，他是一个非常忙碌的人。但是，我现在要纪念的是作为历史学家的威廉·兰巴德。

他并非是在 18 世纪变得非常普遍的那种类型的古物研究者，那些人有大量的闲暇去对每一种令人好奇的或古代的物件产生兴趣，根据他们的能力也或多或少地引以为豪。对于兰巴德来说，这是他的生意而非消遣，也正是这一点，使他成为了一名历史学家。在他人生的各个阶段，他都有强烈的紧迫感为自己的职务赋予一

（接上页）了兰巴德的同时代人，却对他本人着墨甚少，参见 F. S. Fussner, *The Historical Revolution：English Historical Writing and Thought，1580－1640* (London, 1962)。

[20] 关于兰巴德 1563 年到 1566 年在议会中作为奥德堡（约克）议员的生涯，参见 J. E. Neale, *Elizabeth I and her Parliaments，1559－1581* (London, 1953)。将威廉·兰巴德作为在 1566 年在议会中对继位问题发表讲演的兰巴德先生之主要证据是一份议会中的小论文（*Harleian Miscellany* 5(1810)，pp. 258－267)，其中概述了 1566 年的议会讲演，并说"作者是 W. L."。这篇论文（特别是）其中收录的文献组成部分，清晰地反映了威廉·兰巴德的写作风格。其题目《W. 兰巴德关于秩序、议程、惩罚和下议院聚集特权的一些备注》实际上征引的是 BL, Additional MS. 5123，这个论文与之是同一作品。

[21] 这些日期是从兰巴德开始的家族日记中提供的，参见 *Miscellanea Genealogica et Heraldica* 2(1876)，pp. 99－101。

种历史维度。在 1560 年代，亦即他最终定居之前，当时他在议会有过一段短暂的活跃期，他就将整个英格兰作为他的主题，且计划一个雄心勃勃的"对我们整个王国和历史的描述"。之后他写道：

> 在这样的一段时期之后，其似乎为上帝所悦纳，我娶了一位夫人，她将我安顿在肯特。我决心抛弃其他杂事，而专注于拟定我要在肯特所做的、关于我的地形志收藏的特别著述。

这份决心最终在 1571 年催生了郡县历史的第一部作品——《肯特郡勘察》。㉒九年之后的 1579 年 8 月 6 日，他又就任于肯特郡治安委员会，再次"在贪婪的急切中"去研究他新职位的历史。他关于这一主题研究的初稿，就是在他任职当月完成的。这部稿子最终在两年后的 1581 年出版，题为《易任纳察或治安法官》（*Eirenarcha，or of the Office of Justices of Peace*）。他在此后的20 年中不断地对之进行修订，不断增加来自过去的插画，并将他的观点延伸到未来。㉓他作为治安官的工作使他能够更深入地探讨

79

㉒ 这份作品到 1576 年才付梓，托马斯·沃顿（亨利爵士的父亲）将之题献给"肯特的绅士们"，并将之出版。兰巴德是在 1571 年 1 月 31 日将之寄给沃顿的，这封信被收录到了 1596 年的第二版当中。这封给沃顿信的草稿，并带有兰巴德的几处微小修改的原件，藏于博德林图书馆的勘察部（（4 Rawl. 263）。另一份兰巴德给亨利·西德尼爵士的亲笔信写于 1576 年 6 月 1 日，解释了这份作品的编写和出版情况，同样收藏于博德林图书馆（4 Rawl. 587）。正是从这封信中我截取了上述的引文（修正了少许的简写，并将一些拼写改为现代用法）。当然，在结婚之前兰巴德就在肯特有一处地产，但没有证据表明他曾在那里居住过。在 1570 年之后，他基本上是在他妻子于肯特的家族地产和林肯的旅店中度过的。

㉓ 1579 年的初稿在大英图书馆，Additional MS. 41137。其封面页上有兰巴德的签名（用盎格鲁—萨克逊字母），日期为 1579 年 8 月，后面的修订日期写着 1594 年。关于这部书稿的全面描述，参见 B. H. Putnam, "The Earliest Form of Lambard's *Eirenarcha* and a Kent Wage Assessment of 1563," *EHR* 41(1926), pp. 260 – 273。兰巴德作为治安法官的经历，参见 J. H. Gleason, *The Justices of Peace in England 1558 – 1604*（Oxford，1969）。

郡中低层职务,并在 1583 年完成了一部关于"治安官(Constable)、十户区区长(borsholder)、地方治安官(tithingmn)及类似其他低级治安官员"之责任的书。[24] 在这些研究的过程中,他越发确信"郡县法庭、百人团、自治市和采邑的基础实质上仍然在以他们曾经(亦即盎格鲁—萨克逊时期)的那种方式存在着",因此他将关注点转移到了国王法庭、枢密院、治安法庭和海军部,并表明(如他所想的)所有这些都来自于国王法庭这同一个根源。[25] 到这个时候,他越发聚焦于中央司法行政,在他被任命为大法庭法官之前的几个月,他又写了一本《阿齐翁,或关于英格兰高等法院的评论》(*Archeion, or a Commentary upon the High Courts of Justice in England*),并在书中追溯了皇室司法法院多种分支的历史。[26] 与此同时,他在下议院的经历也使他收集了若干古代议会议案的协定和注释。[27] 而且,他在人生的最后几年里在衡平法院里做律师,使他收集了大量判例,"用尽了威廉·兰巴德法官的力量"。[28] 在每个地方,他都能看到自己的日常工作深深根植于于过去的层累之中。"*Periit et inventa est*"这一出现在 1583 年作品中的座右铭,可以运用到他对过去的所有探究中——"其曾经失去,如今已找回"。

他的生活提供了我们能找到的历史与实践的完美结合。然而,

---

[24] 如同他的大多数作品一样,兰巴德一直在不断修正和增补(1587 年版、1594 年版、1599 年版),一直到他去世

[25] 关于他在这些法庭之发展问题上的总结,参见 *Archeion* (1635),pp. 21,27。

[26] 这份作品的手稿由兰巴德在 1591 年寄给了罗伯特·塞西尔(Robert Cecil)爵士,其中还有一封亲笔的致敬信,现存博德林图书馆(MS. Carte 174)。这部作品直到 1635 年才付样。一个现代编订版本,参见 C. H. McIlwain and P. L. Ward (Cambridge, Mass., 1957)。

[27] 见上文。

[28] *Reports of Causes in Chancery Collected by Sir George Cary one of the Masters of the Chancery in Anno* 1601 *out of the labours of Master William Lambert* (printed 1650). 关于其中所引用资料的重要研究,参见 P. L. Ward, "William Lambarde's Collections on Chancery," *Harvard Library Bulletin* 7 (1953),pp. 271 - 298。关于兰巴德作为大法官的经历,参见 W. J. Jones, *The Elizabethan Court of Chancery* (Oxford, 1967),pp. 103 - 117。

一个人的思想总比他的实际事务更为广阔。在 16 世纪如同在 12 世纪一样，实践和心理的需要也许提供了最初的动力，但其产生的对过去的新视野，则超越了所有必须的诉求。我们在兰巴德的笔记和释文中能够更清晰地追溯他思想的发展。这些都是他后来出版作品的原始材料，其内容表明了他的资料是多么广博，他的朋友是多么多样。他最早的摘录似乎主要都来自于编年史，常常在他"最亲爱的朋友"劳伦斯·诺威尔的合作下誊抄转录。这些笔记中最早的日期是在 1560 年，当时兰巴德在摘录威尔士的杰拉德（Gerald of Wales）的《路线》（*Itinerary*）和《威尔士地志》（*Topography of Wales*）。㉙ 此后，他的兴趣扩展到多种类型的记录——森林中的漫行记、财政收益表、衡平法院和国库的报告、城堡的列表，以及肯特那些更改了领地期限的领主们。他的一份手稿中包含着从 1483 年到 1581 年的骑士费用和教会圣俸的记录。在另一份手稿中，他模仿盎格鲁—萨克逊的复活节表编订了一份 1571 年到 1600 年的复活节表，包含了其中所有适当的类别，包括定额税、闰余、金数（Golden Numbers）、主日字母以及圣人庆节等。根据我所见到的，他的最后一部摘录是 1588 年一份 14 世纪讨论铸币的论文。㉚

80

任何古老的和属于英格兰的东西，尤其是同时还涉及肯特的，都会被注释、摘录和编目。但是，他长期以来困惑于如何使用他的所有资料。首先，他想到要将所有东西汇聚在一起，变成一部《英格兰地志辞典》（*Topographical Dictionary of England*）。㉛ 关于肯

㉙ Bodleian Library，MS. Rawlinson B 471，ff. 1 - 13. 这份手稿中还包含有亨利的沃尔特（Walter of Henle）之文本与翻译、对衡平法院官职和成员的分析，以及从布莱克顿等编著的书中节录的摘要。

㉚ Bodleian Library，MS. Rawlinson B 198. 这个段落中提到的另一份手稿在 BL，Cotton MSS. Vespasian A v and Julius C ix, and Additional MS. 43705。复活节表在 Bodleian MS. Hatton 41。

㉛ 这份作品的注释是在 1730 年由弗莱切·盖尔斯（Fletcher Gyles）出版的，其中最后的添加日期是 1577 年（第 410 页）。

特郡的一卷是从他的材料中提取后汇编成的尝试之作。他在 1571
年初将这本书送给了他的同行、肯特郡的地主托马斯·沃顿
（Thomas Wotton），并附上了一封信。他在信中解释了自己的方
法，并表达了将这部作品扩展为记述"整个王国最著名地方的故事
和描述"的希望。他在若干年中继续为了这部巨作而收集材料，但
他最终能够将之完成的期望却从 1585 年开始暗淡下去了（即使他
们都还在世）。在这一年，他收到了卡姆登的《布列塔尼亚》的预印
本，其恰恰实现了兰巴德的计划。在第一版中，卡姆登的《布列塔
尼亚》显得枯燥无味、表现不佳，但是其好处是已经发表了，而这是
兰巴德可能永远都无法做到的事了。兰巴德的感谢信是所有那些
处于相似境界中的人的典范：

> 在阅读您这些令人痛苦的地志作品时，我相反地也受到了
> 感染。一个方面是精读它们时单纯的愉悦和快乐；另一方面是
> 伤感于我没有能够像我所习惯的那样，对您所讨论的同样的话
> 题进行冥思。而且，我必须承认，因您的劳动所给予的快乐，
> 弥补了我丧失了（写作）自己所设想的类似作品的哀伤。虽然
> 在过去，我已经更热衷于阅读古代的东西，而非过去我曾经常
> 常研习的东西……坦诚地说，我似乎觉得我在阅读卡姆登之前
> 根本不了解肯特郡。[32]

在这个放弃的举动之后，他继续修订第二版的《肯特郡勘察》，
并表达了被后来郡县历史学家所认可的观念，甚至将之视为一项
规章：

> 无论如何，要确保理解每个地方的内在性，最好的方式就
> 是居住在这里，虽然我自己已经无力了，但仍然要鼓励每个郡

---

[32] 威廉姆·兰巴德的回忆，参见 *Bibliotheca Topographica Britannica*，1 (London，
1790)，p. 512。

有能力的人去从事他自己的这项工作。③

兰巴德发现，历史最好是从内部进行书写，他自己也是这样进行书写的，在一个漫长的追索中走到了尽头。在 1577 年，他仍旧 81 从事他的地志学，"挖掘和耙梳这个王国所有的古代遗存（如同寻找在大地内部的金属矿藏一样），这些东西隐藏在那些堆砌于角落里的旧书当中"。也许到了最后，他并没有因为卡姆登的捷足先登而遗憾，而且他的作品聚焦于他所最为熟知的乡村，以及他凭借个人经历所熟悉的那些职位和法院的历史。

IV

这是一个都铎时期研究者的工作图景。在 1550 年的数百年中，没有几个人像他一样，但是他和他的朋友们以及出现在这个国家其他地方的类似团体，都是从 12 世纪早期历史研究复兴以来，最早一批投身于对一个国家的广阔地区记录和编年史进行系统考察的群体。他们反复斟酌大量未被开发的档案记录，以寻求具有历史学意义的资料。他们不厌其烦地分析和誊写转录，并且相互之间交换自己的研究成果。在更早的时期，像是在 16 世纪，伟大历史作品的书写并非其首要目的。这些工作者们感到（如同兰巴德对自己的描述）像是在地球上探寻矿藏的矿工，以这些粗糙的矿煤，他们四处探寻能够将之塑造成什么。逐渐地，相关书籍开始出现，但是其首要的目标只是（用兰巴德的话来说）"去获得一些知识，以及对这个王国古代状况的理解"。

如果我们追问，他们为什么要这么做？原因看起来似乎和近 500 年前的英格兰隐修士们一样，他们都是一场巨变中幸运而不安的幸存者，他们想要去克服对过去的那种疏离感，这种感受受到了

---

③ *Perambulation of Kent*（1596），pp. 526 - 527. 这个反映兰巴德在给卡姆登其全部作品前的紧张的手稿，现存于博德林图书馆（4 Rawl. 587），第 378 页。

旧制度解体以及古旧图书与记录越发难懂的威胁。通过将现在与过去相联，从而使当下更能被理解的愿望，影响了社会中某些位置上的所有人。兰巴德书中的赠言和致谢告诉了我们这些人是谁。首先，他们是"英格兰的绅士们"。其中大多数拥有土地田产，许多人是隐修院地产的受益者，有些人手中还有古代的文书，所有这些人都被过去生活和制度的证明包围着。初看之下，这些证据显得模糊而淡漠，但以足够的决心来将之击破，它们就能证明这些地方和国家事务在数个世纪中都遵循着一种模式；如果理解它，这些东西仍然是熟悉且稳定的。

82 　　这个时期的古物研究不像 12 世纪那样是为了捍卫土地所有权，但在一个更普遍的意义上来说，其满足了许多人理解相应职位和所有权契约的需要：他们职务的本质、他们在社会中的位置以及他们家族的诉求。无论这些是多么晚近才建立的，都能够追溯回备受景仰的古代。那些在郡县社会刚刚出头的人们，有着古代的头衔，并行使着古代的功能，他们想要在他们的产业上轻松自在，也想要去理解他们的尊严和职位之所在。这些都被视同为景观，且这些需要都是只有历史研究才能满足的。

　　1560 年之后这个时期的研究者们是后征服时代隐修士们的世俗继承人。他们投身到同样的工作，亦即将过去和现在之间的鸿沟连接起来，因为这个鸿沟使他们不适，并削弱了他们在社会上的地位。但是，这里也有重要的不同之处需要注意。后征服时代的隐修士们确信他们有着伟大的过去，却对现在和未来惴惴不安。而那些后宗教改革时代的世俗统治者们，则相对更为确信当下而怀疑他们的过去。隐修士们感受到了失去土地的危险，而新的地主们体会到的则是缺乏古代传承的体面而持有土地的危险，那些古代的来源将为他们的地位赋予一种体面和稳定性。隐修院中的古物研究者搜寻着档案，探求细节，并清晰地理解他们所继承的伟大的确信。世俗的古物研究者，则试图找寻出他们所继承的究竟是什么。因此，他们对家族史尤其感兴趣，随之而来的就是皇家纹章院（College of Heralds）在都铎和斯图亚特时期历史研究中的重要性。此外，随着他们对制度和土地财产继承之兴趣而来的，则是律师在历史运动中的重要性。纹章学家和律师都是以处理古代文档作为其日常工作一部分的人，他们也就成为了那一代人中的档案阐释者，如同英格兰隐修士在后征服时期的隐修院中变为当下时代的解释者一样。

尽管侧重点不同，这两个时代对过去的研究者们起到了相似的功能，可他们的工作却有着不同的命运。更早时期的研究者已经完成了他们的目标，并在大约三十年的时间里穷尽了资料。他们的工作到 1130 年就已告一段落了。在历史研究方面，他们并没有继承者。中世纪后期的隐修院历史学家放弃了为现实需要而从事历史研究，只依赖于其先辈们对过去的记载。甚至像是拉努夫·席格登（Ranulf Higden）这样孜孜不倦的学者，也将过去视为文献汇编的累积，并以之为材料撰写了如山的缩减本。都铎王朝研究者的命运更好一些。他们所复兴的方法和他们所发掘出来的材料，自那个时代开始直到现在都吸引着研究者。这项工程演进的若干阶段，如从吸引一整代人的热情，到成为从容有闲的教士和绅士们所心仪的爱好，并不是我们现在所要关心的。但是，甚至到了 19 世纪中期，当新的且比以前更为有力的动力刺激着人们从事历史研究时，这个起始于 12 世纪并在 16 世纪再度更新的研究传统，还仍然足以强大到为英格兰的历史写作赋予一种独特风格。斯塔布斯通过在纳尔斯伯勒（Knaresborough）研究家族史和编撰纳维斯托克（Navestock）的主教列表来学习成为一个历史学家，梅特兰则是通过在伦敦的不动产事务办公室复制法律档案。他们的起点和赫明在伍斯特以及兰巴德在肯特的起点是一样的：历史是作为生活日常的需求，而不是出于什么学术计划。这种起点具有很大优势，比我们所探讨过的其他任何历史学术传统都更为强大。单就我们现在而言，我们的历史书写中有一个核心的传统，这就是通过复兴过去的经验，来理解和稳固现在的不断需要。

83

V. 学术历史的形式和实质

　　就职讲演并非法定的义务。因此,那些教授们居然会承担这项自愿的任务有时看起来很奇怪,他们时常发牢骚说是章程上要求他们这样去做的。尤其是,他们在讲演中的告诫常常会转瞬即逝,且被遗忘得如此彻底。为这种讲演辩护的人们则常常说,这种活动满足了其他场合无法实现的三个目的,亦即这些讲演使我们有机会向学术前辈告别、对过去进行总结,并且,还可以瞥向我们假设的未来。

　　令人高兴的是,在第一点上我可以讲得非常简要。恩斯特·雅各布(Ernest Jacob)仍然和我们在一起,并不需要告别。① 他还处于作为历史学家进行研究活动的全盛期,正如他在正式退休时出版的最新著作所表明的。我们仍旧期待着他的友谊和忠告能在未来岁月里伴随着我们,并期待他的研究在未来年岁里结出果实。没有人比他更受到同事们的热爱,也没有人比他赢得这种热爱所做的更多。愿我们都能长久沐浴在他平和亲切的影响之中。

　　关于未来,我所讲的仍然可以非常简要。我从不相信历史学家们比其他任何人更有先见之明,我自然也不会如此说。此外,尽管缺乏预言的恩典,但由于我太过于长期的担任学院导师而不得不

---

① 此处指英国著名中世纪史学家恩斯特·弗雷泽·雅各布(1894—1971)。他早年求学于牛津,曾参与过第一次世界大战,1929年到1944年任教于曼彻斯特大学,于1950年被任命为牛津大学奇切利近代史讲席教授。他被视为最后一代伟大的"结构主义"中世纪史学家,与威廉·斯塔布斯、托马斯·陶特以及弗雷德里克·梅特兰等一脉相承。——译注。

相信,这所大学历史系的未来掌握在学院导师手中,正是这些人将肩负起塑造这门学科以适应新一代需要的责任。但是,将我们的注意力转向历史研究在过去的发展,并检视一些能够指引这门学科在未来发展的基本原则,在今天的场合下并非不合时宜。我并不希望夸大这一主题的重要性。我们都知道,知识性的友谊和讨论是一个大学必须要提供的最重要的东西,精细的课程大纲相对而言就没那么重要。虽说事实如此,在实践中却容易默许诸多反常和陈腐的现象。在一个导师的积极生活中,几乎没有任何学术变化看似值得费力去实现;如此一来,这个体系就会在这个过程中逐渐败坏,而这或许就违背了当时设立这一制度的初衷。然而,放弃进行批评和改善的繁重工作是错误的。如果我们这样做的话,我们就会发现自己仿佛回到了这所大学在 100 年前的位置。那个时代的情况就是,大学之外的广泛大众和大学之内的少数人,都认为大学中的研究不再能够契合时代的需要。也正是在我们所说的这场危机中,历史学开始崛起了。我们的境况并不像 1850 年代那么危急,但那个时候的经验以及从中所发展出来的种种尝试,或许会引起我们的兴趣,并为我们提供一些借鉴。

在当时到现在已经过去了一个世纪,历史的学术研究从一无所有成长到一个巨大的民族工业的地位,占用了数千位具有相当技巧和能力之人的全部精力。这一运动正发源于牛津,而且通过启发和典范,牛津对这一运动的塑造力可能比任何其他大学都要多。一百年前,近代历史成为了学术研究中一场巨大且有益的革命中的一部分。但如同所有的革命一样,不友好的观察者可能忍不住去说,最美好的时光和最闪耀的思想都是在早期出现的。我们今天历史系中的一切几乎都能追溯到 1870 年代。众所周知,对于这一学科的界定是一个非常迅速的过程,研究人数的增长接踵而来。在这个世纪(20世纪)前 25 年中,几乎每三个本科生中就有一个在念历史。这是这门新学科令人震惊的胜利,而且展现了 1850 年到 1870 年代的改革者在多大程度上塑造了一个能够满足大量多种多样的知识和实践需求的工具,而这恰恰是大不列颠享有世界霸权的最后时日。

我想,没有人会否认今天的情况变得不那么充满希望了。在那个增长时期,历史研究填补了其他任何研究都无法填补的空白。首先,历史学是 19 世纪后半叶最令人兴奋的思索探究领域。其次,在那些非科学化的时日里,历史提供了思辨和管理之间的理想桥梁,为学生指引了在一个悠闲世界中事务的方向。在过去的三十年中,历史研究失去了上述两个方向的基础。阵地的失守表现在若干方面。我们可能并不遗憾地自我安慰说,大学生中念历史的比例越来越少,这是不可避免的,而且确实应当发生。但是,我们仍然得看到,这种下降非常刺目。在 1920 年代,我们的本科生中超过百分之三十的人在读历史,而到了 1938 年,这一比例就下降到了稍低于百分之二十五,最新的数字表明,现在只有刚刚超过百分之十五的人在读历史。在其他大学中也看到了同样的趋势,而且这种趋势也将持续下去。②

然而,比这一数字下降更为重要的是,学术历史研究中若干支柱出现了状况。这些在上个世纪建立起来的支柱已经开始衰颓,却没有被其他同样有力的支柱所取代。我在后面会详细解释,在一种期待的危险中,或许可以说,这些源于早期关于历史作为一个学术学科的争议再现了。那时发现了三种主要方式为这一学科赋予内聚力:对制度的强调、对连续性的坚持以及对地理的偏好(并将之视为历史事件的决定性因素)。我们当中的一些人可能还记得,在三十年前的"宪政史纲要"的最后考试中、在延续的政治史论文和必修的地理学问答中,如何清晰地呈现了这些原则。现在这些都已经成为了过去。这看起来似乎像是一件小事,但在这些学究式细节的背后,却横亘着一个更大的变化,这个变化引发了许多重要的问题,而这些问题,正是我希望今晚呈现在诸位眼前的。

---

② 这些数据引用于《本科生的分布》(*The Distribution of Undergraduate Population*)一文,载于《牛津》(*Oxford*)杂志 1959 年,第 9—11 页以及《牛津大学公报》(*Oxford University Gazette*, October 5, 1961)第 123 页。关于其他学校的数据,参见大学教育资助委员会的年度报告。

为了正确地理解我们的问题,就必须从头开始。也就是说,从1850 年。

在那一年,大学里的研究学习从原则上来说仍然在 1636 年的《劳狄安规程》(*Laudian Statutes*)下运作,这一章程本身就是在保留中世纪研究学习体系的基础上加以现代化的尝试。这一系统是有史以来设计出来的最为完整且清晰连贯的教学大纲之一,甚至1850 年的周例会(Hebdomadal Board)上居然宣称,《劳狄安规程》使每一门课程在"令人钦佩的安排下,不仅呈现了人类思维的本质和功能,这些曾经是现在是且必然将保留下来的东西,而且还呈现了美好和延伸的文化原则,从而使之远离不完善的理解"。③

这一慷慨的赞扬自然无法避免这一体系在实践中几乎每一个细节都没有受到尊重。但是,无论是在理论上还是在实践上,近代历史都没有在大学中研究学习的位置。然而,就在《劳狄安规程》的原则被周例会支持的同时,这些原则也走到了即将被永远埋葬的临界点。这一埋葬行为的第一步就是1850 年 4 月 23 日由评议会所通过的章程,其中批准建立一个法律和近代历史联合的院系。这属于大学内部对大学进行现代化尝试的一部分,以适时地减轻大众对大学所提供的狭隘、仿古教育的不满所作出的适度让步。然而,像绝大多数其他的内部改革一样,这并不足以避免来自外界对改革的威胁。在评议会通过新章程的同一天,海伍德(Heywood)先生作为北兰开夏郡的激进派成员,在下议院提出一项议案,即"所有的学术教育体系都需要时不时地进行某些调整"。他还指出,"在古老的英格兰和爱尔兰大学中,曾经对宗教和实用知识的兴趣现在并未进步到与这些机构所享有的巨大资源和崇高地位相适应的程度"。因此,他们要求王室调查委员会(Royal Commission of Inquiry)的介入,"帮助这些重要的机构进行调整以使其符合当下时代的要求"。尽管格拉斯顿反对"诉诸一种从未被历史或法律所支持的干涉性和裁判所性质的权力",德比爵爷的政府最终接受了

90

---

③ *Report of the Royal Commission on Oxford University* (1852),p. 58.

这一方案，并任命了委员会，该委员会在两年后发布了他们的报告。委员会的建议包括，万灵学院的五个研究员职位应当压缩，以为一个国际法和外交学教授职位提供薪水，另外的五个研究员职位压缩后，用于设立一个近代历史的教授席位。正是由于这份建议，才设立了第一个奇切利教授席位——这个改革的脆弱工具——这个席位在 1862 年首次任命教授，直到我今天站在这里。

我们在此处只能进行概要性的一瞥，以呈现一百多年前的学术革命，如何使历史研究成为了先锋队。但简要而言，历史研究似乎为 1840 年代大学中无穷尽的教条式争吵——这既是大学的光荣也是羞愧——提供了一个出口。到 1850 年，大学已经厌倦了指控和反指控、免职、降级和涉及到神学争议的谴责。回望旧时代的这次危机，乔伊特（Jowett）对之进行了概括。他描绘了 40 年代怎样为纽曼所统治。④ 他充分证明了纽曼对年轻人呼吁的卓越力量，以及他的教学对那些思想活跃者的革命性影响，这些人"切断了传统停泊之处的绳索，向着一片探索之海航行，他们最终漂流到巨大多样性的避风港中"。此后，他又说，"我们当中的一些自由主义者很快就采取了实用的形式，努力对大学进行改造和解放，以使其摆脱中世纪章程的束缚，从教会主义的一统天下中解放出来，使其恢复其应做的工作，并将大学重新还给国家"。⑤

在这个将大学归还国家的任务中，历史研究表明自身是最为强有力的工具，因为其明显是非教条式的。在那个时候，自然科学的学术研究几乎还处于婴儿期，而历史学则已经在欧陆——尤其是德国——呈现出大跨步向学术成熟迈进的趋势。除此之外，长期以来

---

④ 此处指英国著名神学家、天主教会枢机主教约翰·亨利·纽曼（John Henry Newmanm, 1801—1890）。纽曼原先为英国国教会内部牛津运动的领袖，后在 1845 年加入天主教会，1846 年晋铎，1879 年由教宗利奥十三世擢升为枢机，2019 年由教宗方济各册封为圣人。除了若干为自己改宗辩护的神学作品之外，纽曼还是一位教育家，著有《大学的理念》。——译注

⑤ E. Abbott and L. Campbell, *Life and Letters of Benjamin Jowett* (2 vols., London, 1897), 1, pp. 176 - 177.

就盛传着历史将是未来的主人。那个时候,历史学在人们脑海中已经形成了类似于今天自然科学所拥有的神秘力量。许多人相信,他们在历史中能够找到一种对绅士的教育,包括那些处理事务的人、思想开放的人、免于无用知识和古代错误缠绕的人。

    91

然而,这里仍然还有一个重大的困难。将近代历史作为一门学术学科是很好,但还有一个问题就是这个学科应当怎样进行研究呢? 古老的学术世界只知道一门严肃的学科,那就是对古代和权威文本的研究和评注。这种活动长期以来已经有了一个创立良久的模式,可这种模式如何运用到历史上呢? 这个问题以多种形式淋漓尽致地展现在 1850 年代的争议者身上。我从那个时代的小册子中引述一段提出这些问题的片段:

> 这个学科适宜于教育吗? 它是一种思想的练习吗? 将这个学科留待教育完成之后不会更好吗? 其足够吸引人以确保人们会自愿地对之加以关注吗? 它是一个便于进行考试的学科吗? 它有像修昔底德等那样的标准作家吗? 如果没有标准作家,那些候考者的相对优点将如何来评判? 这些学科不会当需要一个更为严格的学科时被取代吗?[⑥]

我们决不会感受不到这些问题中的敌意。但是,即使那些倾向于这门新学科的人也发现这些问题难以回答。弗鲁德(J. A. Froude)在 1855 年或多或少地试图找出一些近代历史可以奠基于其上的完美文本。[⑦] 他抱怨说,这个时段缺少在整个古代世界随处可见的

---

⑥ *The Fourth School*(1850)(一张反对建立法律和近代历史学院的匿名大字报).

⑦ 此处指詹姆斯·安东尼·弗鲁德(James Anthony Froude, 1818—1894),他是英国 19 世纪的著名历史学家、小说家和传记作者,同时也是《弗雷泽杂志》(*Fraser's Magazine for Town and Country*)的主编,其最重要的历史作品是 1856 年到 1870 年出版的 12 卷本《从沃尔西失势到击败西班牙无敌舰队的英国史》(*History of England from the Fall of Wolsey to the Defeat of the Spanish Armada*),该作品深受卡莱尔的英雄史观影响。——译注。

那种作者，他们不仅独特、详细和清晰，而且"最重要的是可能以全部甚至盲从的信心追随"。⑧ 这是一份出自历史学家的令人震惊的声明。它表明，认为古代文本比现代文本更为真实，从而更适宜于作为学术评注基础的观念有多么根深蒂固。

寻找一个适宜一切但又永无谬误的权威以作为学术评注基础的想法，在一本小书中得到了充分体现。正是这本小书以压倒一切之势保证了蒙塔古·巴罗斯（Montagu Burrows）在 1862 年被选为第一任奇切利近代史教授。他是一个改革派牛津人，早年出身海军，退伍后读了法律和近代历史学院，并将自己塑造成新学院的教练，还写了一本书去教其他人应该读哪些书。1852 年的英国皇家海军重炮军官，在 1862 年成了教授。他感到非常震惊："甚至我所获得的一等学位都没有让我如此震惊"——他又补充说，尤其是"五位选举人都是自由派的"。尽管如此，他的第一本学术战略的小书，他将之命名为《通过和课堂》（*Pass and Class*），这在那个时候无疑符合了这门新学科在学院中还没有导师的状况。在英国历史方面，他推荐将林加德（Lingard）作为首席权威，虽然警告说"即使对于更为轻率的读者而言，除了林加德之外的一些英国历史的观点也可能会令人神往。那个作者，虽然在整体上相当不错而且可以追随，但显示出了一种天生的且认同罗马主义者（指天主教）才有的倾向"。⑨ 在林加德之外，作为对他的平衡，又添加了休谟。那时候有一套三卷本的书刚刚出版——《英格兰年代记》（*The Annals of England*）——这部作品因没有论述的内在理路而避免了所有的

92

---

⑧ "Suggestions on the Best Means of Teaching English History," in *Oxford Essays* (1855).

⑨ 此处指英国历史学家约翰·林加德（John Lingard, 1771—1851），他在 1819 年出版了 8 卷本的《从罗马人的第一次入侵到亨利八世登基的英国史》。林加德出身于天主教家庭，曾在法国接受神父的培养教育。1793 年为躲避法国大革命的迫害返回英国，完成神学教育并祝圣为神父。他的《英国史》中认为宗教改革带来了灾难性的后果，在历史书写中体现了天主教会的政治立场和思想传统。——译注。

危险倾向。但在所有这些之上，还有一个终极权威："近代历史教授，他们的讲座总是值得一读的，无论工作有什么样的压力，去参加这些讲座，将会是对所有晦涩和争议点的活生生的参考。"

这种对足够坚实的权威之探寻，使一个学术学科有了足够的分量，现在可以露出笑容了。但是，欧洲的大学从 12 世纪以来就奠基于对权威文本的评注和争论之上，甚至 1850 年代的革命者也不知道从事学术研究还有什么其他的路径。比如说，我发现了一份写于 1863 年 4 月 21 日的布告："钦定近代历史教授将在他这学期的问答课（Catechetical class）上宣读（read）英格兰史，评注罗马对不列颠的征服，并以《英格兰年代记》作为他的教材。"

"宣读"（to read）在中世纪的学校术语中意味着"对一份基础文本进行全览和评注"，这也正是钦定教授所做的。如果问及他是如何做的，我们能在西德尼·李（Sidney Lee）关于爱德华七世的传记中找到答案。当时他还是威尔士亲王，在 1859 年进入牛津大学，并参加了钦定教授的特别讲演。在这份皇室传记作者生动多彩的描述中，从基督教堂学院中仔细挑选的四个人，"煎熬地陪着亲王参加了钦定教授的特别讲座"，"这位教授的讲座，伴随着他匆匆地翻动着《英格兰年代记》的书页，采用了警句式评论的形式"。[⑩]

亲王似乎对这些议会的年度报告、议会立法、畜疫和死亡人数、瘟疫以及学院的建立等毫无兴趣，不过草草地吹拂过他的眼皮。这到底是怎么回事？一些教授将自己的不成功归因于亲王的愚蠢，但是还有一些其他的解释，则就显得对学术界的傲慢不那么谄媚。有可能是因为在整个过程中缺乏某些方法，以及"对所有晦涩和争议点的活生生的参考"这个理念是有缺陷的吗？甚至说，去"宣读"《英格兰年代记》的整个理念就是荒诞的？

事实就是，历史学在 1850 年获得的学术地位，是在对神学教条的反对和对古代限制的不耐烦下取得的，没有人清楚地知道这个学科是否有一个方法，或是某种公用，又或其是否应当被认可为

---

⑩ Sidney Lee, *King Edward VII* (2 vols. , London，1925 - 7)，1, p. 77.

93　一门学科。这些都是还需要回答的问题。在其作为学术学科刚诞生的十七年里，"历史正在从一种境况中挣扎出来，从被视为一种无甚可观或无甚确切的研究到被视为每个绅士都应当知道的、一般大众的常识"。这些话是格林（J. R. Green）在1867年所写的，他是那个历史场景中最为敏感而积极的见证者，我们所有的一切证据也证实了他的观察。⑪弗里曼宣称，在那些年里，历史系成为了"一个为富人设立、容易通过考试的学院"，而当时的钦定教授则说历史系的目的是"给绅士们更好的教育"。现存的考卷也向我们讲述了同样的故事。这些考卷都印在蓝色信纸上，有几行（很小的）空白留作写答案用，其中的问题对历史科学的细节体现着一种傲慢的冷漠。所有的历史论文都是关于那些指定的教科书的，而这些指定的教科书，包括二手研究的权威，大多数都是此前时代的作品。像是斯莫利特、休谟、罗伯特森、林加德、吉本，还有可敬的哈勒姆，以及当时刚刚崭露头角的基佐和兰克。找寻到一个著作足以让学生"完全地盲从"的作者是十分困难的，这个困难在这个纷乱的列表中得到了最为鲜明的体现，而且到1850年的时候，他们在很大程度上也都只是些"老古董"。

II

　　然而，到1867年的时候，这幅图景从根本上发生了改变。历史学从这个节点开始与法律分开了，将历史学习与一套固定教材联系在一起的努力也终被放弃，对原始文献的研读被引入到过去权威教材所盘踞的位置上。最重要的是，威廉·斯塔布斯（William Stubbs）刚刚从他家乡的堂区来到了牛津担任教授。

---

⑪　此处指英国历史学家约翰·理查德·格林（John Richard Green，1837—1888），著有《英国人民简史》（*A Short History of the English People*，1874）、《英格兰的形成》（*The Making of England*，1881）以及《英格兰的征服》（*The Conquest of England*，1883）等。

在牛津历史学院中，提起斯塔布斯的名字时总是带有一种崇敬之情。他无疑是牛津最伟大的历史学家，如同梅特兰在剑桥人当中那样享有崇高的地位。他们无可匹敌。在他从 1867 年到 1884 年担任钦定教授的十七年间，历史学院从"一个为富人设立、容易通过考试的学院"变成了一个严肃的学术科系。

人们逐渐意识到，如果学术的历史要具有任何内聚的或知识的形式，其一定要找到其他的培养方式，而非对更早期历史学家作品的评注。这种内聚力在某种程度上将从这个学科自身生发出来。在历史进程中发现具有组织性的线路，是那个时代面临的最重大的问题之一。甚至那些从未听说过马克思以及厌恶达尔文的人——这两个人是在 1850 年后最为强力的历史组织者——也无法完全逃避类似的影响，比如纽曼的《论基督教教义的发展》(*Essay on the Development of Christian Doctrine*)[12]或者巴克尔的《文明史》(*History of Civilization*)。即使在最低的层面上，人人也都意识到，仅仅是历史中事实的延续也提供了一些因果联系，从而能使历史稍微脱离于零散发生之事件的水平。在所有从内部组织历史的方法中，对延续性的坚持提出得最早，因为争议性最小。它就像是一股思想的浅流，整个历史被设想为一种汇聚，但其有一个遥远的谱系。直到那一天，它受到致命一击，最早列为这所大学所有近代史优等生必修课的"英格兰延续的历史"被剔除出去了。

另一个从内部生发出来的历史组织方法是在同这些事件的自然背景相连中发现的。1857 年，巴克尔开始在英格兰出版他的《文

94

---

[12] 阿克顿和马克·帕蒂森人对纽曼不是非常有力的作品的维护，对英格兰有着特别的影响，参见 O. Chadwick, *From Bossuet to Newman: The Idea of Doctrinal Development* (Cambridge，1957)。阿克顿说，"纽曼的散文比那个时代的其他任何作品都更使英国人进入历史，既观察过程也注意结果"。马克·帕蒂森在 1878 年写给纽曼的信中说："你所首次使用的这个理念和单词'发展'本身非常卓越，并将之作为理解教会历史的关键，而从那个时候开始，其成为了所有的历史、生物、物理等等学科的统领性概念，简而言之，其使我们对于每一门科学和我们所有知识的看法都发生了改变。"

明史》，出版商是牛津的派克公司。他对于一般历史观念的主要贡献就在于，他强调自然环境和人类能力发展之间的互动关系。我不认为他的观点曾在牛津获得广泛接受，但其有助于让人们注意到地理学。在寻求历史的系统性因素中，地理学脱颖而出，比单纯的延续性更加重要，而且也不像阶级斗争那样单调。因此，这一观点受到长期热议，并且在1886年到1932年间一直作为"明星"问题，立于不败之地。

但是，延续性和地理学都未能为牛津的历史学家们提供使这一学科作为学术学科生存下去的秩序原则。这一原则后来是由宪政史研究提出的，也正是在这个领域中，斯塔布斯对学术的历史做出了巨大贡献。就历史学院逐渐形成的认同目标而言，宪政史是一个完美的工具。从知识上来说，其受到了高度尊重。它是系统化的，并为那些大量混杂而又相互分离的事物赋予了一种有机的整体性，而且它足够难。用斯塔布斯的名言来说，"不费苦工，难寻门径"。这对于证明历史学不再是为富人而设的易读专业非常重要。

宪政史既使历史学变得更加严格，也更为世俗。除此之外，它还有更高的目标。宪政史的中心主题是议会，其历史悠久，更是英格兰送给世界最好的礼物。议会的起源可以追溯到日耳曼森林的晦暗深处，议会的发展可以从英格兰历史上最为著名的事件一直延伸到其注定要扩展自由和责任的领域之时，不仅是在这个国家，而且遍及全球。这就是世俗历史中曾经思考过的最为高贵和最为宏大的主题。

随着宪政史在牛津历史学院稳固地建立起主体地位，我们或者会想象斯塔布斯在1844年离开牛津时应当非常欣慰。他所享有的成功无疑远超大多数教授们所能期待的。然而，他却并不快乐。就他对于生活的冷静、稳健态度和对原创作品的满意标准而言，他离开牛津的时候郁郁寡欢，在他周围出现了许多对历史学院的严厉苛评。因为现在这个学院几乎和1884年一样，这些苛评，只要它们是能被证实的，在过去和今天一样都是有说服力的。因此，我们也就值得去追问斯塔布斯幻梦破灭的原因。

在 1867 年的就职讲演中，斯塔布斯带着自信说历史研究的
"好日子正在来临"，这个历史学派将"不再建立于哈勒姆、帕尔格
雷夫、肯布尔、弗鲁德、麦考莱之上，而是建立于大量搜罗完毕和准
备好进入出版程序的材料之上"。⑬ 他预见到，那个将历史学仅仅
视为孩子们的功课，又或者作为一种工具的时代——"使绅士们能
够对无知的听众做一番有效的讲演，使那些只读周报的人能写出
漂亮文章"，或者成为一种"本身值得喜爱和教化"的事情，抑或"广
泛的历史训练将制造枯燥无味且没有意义的赝品"——即将要结
束了。

这种看法究竟是怎么回事？坦率地说，英格兰在当时没有跟上德
国的步伐，几乎逐年都更加落后。1867 年斯塔布斯已经注意到（但我
认为并不是很强烈），《德意志历史文献集成》（*Monumenta Germaniae
Historica*）的编辑者们所做的伟大工作，毕竟他可以想到，英格兰也
有自己的档案出版物，还有自己的《主薄丛书》（*Rolls Series*），这套丛
书在 1857 年到 1867 年这十年之间出版了超过七十卷。鉴于有这些
出版物，就能说明斯塔布斯为什么在 1867 年没有认识到英格兰的
状况与德国大相径庭。到 1877 年的时候，他就认识到了这种差
距，更不用说到 1884 年了。在英格兰，这些文献出版的速度下降
了，已出版作品中的若干学术缺陷也被揭露了出来。而在德国，不
仅出版的作品飞快发展，而且学术水平也明显地比英格兰高一个
档次——如果我们将斯塔布斯自己的作品从中剔除的话，这将是一
个更加显著且令人痛苦的差距。此外，在德国除了编辑的资料之
外，每年还有多到令人生畏的海量专著。现在的流行观点看淡这
些德国人勤勉的功绩，但任何严肃的学者都不会倾向于轻视这些
作品。任何一个看到这些正在发生的人，都必然将之视为历史学

---

⑬　斯塔布斯在牛津发表了四次关于历史研究的讲演。第一次是 1867 年他的就职
　　讲演，第二组（两次）是在 1867 年关于他在牛津十年的总结，最后一次是在
　　1884 年的告别讲演。这些都出版在他的《中世纪与近代历史研究的十七次讲
　　演》（*Seventeen Lectures on the Study of Medieval and Modern History*，3rd ed.，
　　Oxford，1900），第 1—80、417—423 页。

术史上最为惊人的事件。在此之前，从未有任何事件可与之媲美。

德国人正在征服古代的和近代的每一个历史领域，无论是教宗史、欧洲史还是德国史。单就英格兰史方面，斯塔布斯就能够列举出施密德、拉蓬贝格（Lappenberg）、莫埃（Mauer）、泡利（Pauli）、兰克、加菲（Jaffé）、督穆勒（Dümmler）、瓦腾巴赫（Wattenbach）以及西克尔（Sickel）等人。此外，他还应当加上最为专注的菲利克斯·李卜曼（Felix Liebermann），斯塔布斯一定经眼过这个人最早的作品。与之相反，英格兰史学家不仅越发沉浸在英格兰历史中，而且如斯塔布斯所说，"卡莱尔的《腓特烈二世》的确是过去半个世纪中，英格兰出现的唯一一部关于德国史或欧洲史的伟大作品"。但是，稳定的课程大纲和考试制度的缓慢行进，正在杀死导师们和本科生们对历史的志向。

1870 年之后的时代，涉及英格兰与欧洲大陆学术历史之间对比的证据都相当一致，几乎每个人都意识到在两个系统对话时，英格兰一方受到了轻视。简单地说，这种对比显示欧陆系统的研究具有远超英国的科学严肃性。1884 年一位比利时的来访者在牛津发现，十三位学院导师所教授的作品都是相当初级的历史课本，没有对原始文献的深入研究（即使是在专题课中）。他们所面对的三四百位学生中的大多数，都只是想获得一个文学学士学位，而"没有从历史学中汲取任何科学养分的热情"。[14] 我非常确信，我们必须默认这样一种描述，而且，如果同样的观察者来看今天的状况，给出的描述大概也不会有很大的不同。

我们是否认可法德之间比较的轻蔑语调是另外一个问题。就个人而言，我相当确信 1870 年代和 1880 年代的牛津导师会选择，或者被推到最适合我们特殊需要的路径上。这些导师们所设计的

---

[14] Paul Frédéricq, *De l'enseignement supérieur de l'histoire en Ecosse et en Angleterre：notes et impressions de voyage* (Paris, 1885). 他曾在 1881 年到 1882 年访问过法国和德国的大学，相关报告也已经出版，英文版于 1890 年由约翰斯·霍普金斯大学出版。

简单学科自我运行良好。他们不仅使历史成为适合他们时代需要的学术学科，而且他们完善了从未被改善过的大众教育方法。原先阻碍历史学成为一个学术科目的缺陷，亦即缺乏确定性、体系和普遍性，被他们改造成了一种德性，将这个缺陷转化为工具，以拓展人们的思想，这些人要在一个他们将要去统治的世界中满足这些条件。随着德国的学位论文涌入到斯塔布斯眼前的时候，牛津的导师们所聚焦的不是训练历史学家，甚至不是关于历史之精深理解的交流，而是在鼓励他们的学生不费力而清晰明确地表达自己的思想，以一种理智和活力去论辩，并且通过与过去的政治家及制度机构相联，借以拓展他们的实用性理解和经验。长途跋涉而泥泞的靴子以及大量不着边际的对话是他们方法中最主要的特征，也是使这个系统五十年前的观察者最为印象深刻的部分。刘易斯·纳米尔（Lewis Namier）这位比其导师更伟大的历史学家承认他作品如史密斯（A. L. Smith）灵光乍现的批判所说："你建造了一条漫长的车道，通向一间非常小的屋子。"三十年前，当我还是一个本科生的时候，这些特征也仍然存在，并且保持着它们的力量，我怀着感激之情证明，这让年轻人的思想激昂起来。今天，靴子和泥巴，以及他们曾鼓励的漫谈已经消逝了，而这种对话和批评可能也因此失去了一些东西。

与此同时，牛津也赶走了一些历史学家，我们仍在阅读他们中大多数人的作品。当然，他们回报以对牛津的恶言，让其他人去羡慕那些在维茨、瓦腾巴赫、布莱斯劳、督穆勒以及西贝尔任教的大学中学习的人。这些学者的作品，不同于他们在牛津的同侪，对于今天的学者而言仍然是不可缺少的。我们这些看到了这些大学命运的人，想必不会羡慕他们。德国的体系无论有多少缺陷，却有一个重要的优点。它将一种作坊的氛围引入到了大学当中，所有人都在相互合作，以进行原创性的创作，而无论我们有多少优势，我不认为这种形式在我们当中普遍存在。从知识上来说，这是我们最大的缺陷。

德国体系的创立者是一个独步绝学的人——兰克，这个世界上

97

最伟大的学术历史学家。他在 1825 年于柏林开设的近代历史的研讨班,与中世纪时期新建立的宗教修会具有同等重要的地位。任何人讨论学术的历史时,都无法绕开这个伟大的人,他将德国浪漫主义和德国的科学天才全力统合进一个具有令人惊叹的力量的单一体系当中,以生产历史研究的作品。正是对这一产物的沉思,使斯塔布斯陷入到一种自愧不如和失望的境地。我并不认为,从斯塔布斯的时代所做的所有努力将一个高等研究的学派嫁接在了我们的历史学院上,通过仿效兰克学派的优势和成就我们得以在这个目标上一日千里。当时有许多力量是向着相反的方向,维诺格拉多夫(Vinogradoff)在牛津建立了最接近于欧陆模式的研讨班,却常常重复他的结论说,"牛津的年轻人并不热爱高等教育"。⑮

那就这样吧。我们并不需要后悔。但是,我们应当知道我们失去了什么。我有幸与一位最后的伟大学者结交,他是在兰克有生之年成长起来的,他的方法也就是那些大师的方法。他是个法国人,将德国学派对科学的热情和法国人的非凡速度和智慧结合在了一起。我所说的就是费迪南德·洛特(Ferdinand Lot)。⑯我难以克制去描绘我和他的最后一次会面,就像是欧洲历史学术最伟大时代的墓志铭。那是在 1945 年的春天。在此前 12 年,我曾在巴黎参加过他开设的加洛林历史研讨班。即使在那个时候,他们看起来仍像是在热情的知识生活的早期,而洛特的第一本书实际上出版于 1891 年。在 1945 年,我在巴黎郊外的丰特奈—玫瑰(Fontenay-aux-Roses)区的简陋公寓中同他会面。他非常热情地接待了我,敏捷而热切地抓住我给他带去的一些香烟和巧克力。他的桌子上堆满了大量的缩微胶卷,创造出了一种天真的他如同 12

98

---

⑮　Paul Vinogradoff, *Collected Papers* (2 vols. , Oxford, 1928), 1, p. 33.

⑯　此处指法国历史学家费迪南德·维克多·亨利·洛特(Ferdinand Victor Henri Lot, 1866—1952),其最重要的作品是 1927 年出版的《古代世界的终结和中世纪的开启》(*La Fin du monde antique et le début du Moyen Age*),以兰克史学的手法提供了有关罗马帝国衰亡更为客观、细致的解读,被广泛视为对爱德华·吉本《罗马帝国衰亡史》的纠偏之作。——译注

年前对着学生讲演的氛围，而这是我所熟悉的。这些学生中最优秀的是他的女婿—让贝托尔德·马恩（Jean-Berthold Mahn），却在战争中被杀害了。他的大部分朋友亲人也都去世了，只留他一个人孤独地在这个寒酸的世界里。然而，当他谈及战争时仍有一种令人印象深刻的抗压力，并且坚持认为战争将会比我所设想的更早结束。事实证明他是对的。我走的时候，想着我下次听到他的消息应该就是他的讣告了，因为他当时就几乎八十岁了。但在此后的七年里，我几乎年年都能看到从他笔下写出的新作品，涉及中世纪城镇的人口、蛮族入侵、中世纪的战争艺术，以及讨论吉尔伯特信函的作品。这些在他的作品中算不得质量上乘，但全面显示了他老派的理解力和原创性，也是他一生阅读的成果。他于 1952 年去世，或者可以说随着他的去世，兰克在 1825 年发轫于柏林的历史书写和教育的世代就结束了。我们现在无法唤回那个时代的兴奋和成就，更不用说去重建了，无论是在这里还是在其他地方。但是，在比较我们现在和曾经的样子时，我们应当记得他们。

III

我要说，我们没有必要遗憾并没有接受从维诺格拉多夫以来的批评者所推荐的道路。但是，这有一个条件，亦即我们能够维持将知识兴趣和实际效用相结合的特殊混合，这是牛津学派全盛时期的重要特征。在这次讲演的开头，我给出了几个导致这种混合丧失其核心之美的原因。这里，让我来审视一下这些衰落的一两个方面。

首先是在英格兰宪政史上。很难想象我们能在这个领域重获在八十年前所享有的地位。至少对我们当中的许多人而言，历史事实根本不是按照斯塔布斯和他的同侪们所发现的、那种让他们觉得极具启发性的方式排列在一起的。这一研究已经完全丧失了其情感诉求以及部分的知识内聚力。如果将斯塔布斯的作品同当下流行的关于议会历史研究作品进行比较，我们绝对会发现其中的不同。斯塔布斯的作品虽然艰深，其传递渲染的是一种憧憬（vision）。而我们现在所做的却如同验尸报告一般，结果成为了专供学者所用的参考书，尽管很有趣且对于许多研究来说必不可少，但却缺乏创见（visionary）

在斯塔布斯和他的同侪们看来，宪政史在历史学院中被越来越往后地推到背景当中，他们所设计的简单发展路线和连续性规律也恰好如此。在我看来，也确实如此。然而，是什么取代了这种熟悉的框架呢？从整体上来说，将其取而代之的是更为精心炮制的叙述、更强的有效性、更为专业化的氛围以及更为严格的信息标准。

我们面临的一个困难就是，我们学派的建立者们在证明自己方面过于成功了，但却未能向世界证明历史学绝非为富人设立而易于学习的功课，未能证明历史学是有其自身立足之地的学科。他们完善了教学大纲和考试体系，使之变得具有延续性和严格标准。他们的成功使大的变动十分困难，而且在很长一段时期内都是不可能的。但是他们获得这些优点的同时也付出了一些代价。这个代价主要的就在于他们忽视了那些与公共事务没有直接相关性的人类经验。在那个时期，这是一个非常睿智的疏忽。但是，这却中断了在19世纪早年间最有前途的历史兴趣发展——比如说对艺术和建筑的兴趣、对礼仪和礼拜的兴趣，还包括欧洲历史的大多数方面，这些方向从来没有在我们的研究中找到一个安全的学术港湾。因此，就19世纪后期的牛津历史学家们而言，没有什么比蔑视历史上任何无法与制度和政体相关之事物更为令人诧异的了。他们在过去忽视了那些最为有趣的部分，以聚焦于那些在实用方面和学术方面都最为有效的题目。粗略地来讲，这种排他倾向足够清晰，但无论如何都是一种本能的同情，而非任何政策的考量。在厌倦了教条式的辩驳时，以一种适合于此世中人的学科形式，他们对于挽救历史作为一个学术学科的地位来说是很有必要的。通过一些自然选择的本能过程，历史研究中开辟出了一条运河，以确保其自身的存活。

当然，当时引导着这个进程的情绪和环境已经像我们历史中的任何事一样，早已远离我们了。对教条的厌倦，以及对大量模糊真理的偏好，在今天并没有什么市场。无论多么小的领域，我们不都是喜欢清晰的定义而非粗略的不精确吗？我并不评价我们的对错，但无论我们看什么，事实都应当是清楚的。或者说，这个情况（环境）都是清楚的。我们学派的创始人是保守派，他们清晰地意识到，需要在一些方面有所妥协，以能够保留他们的核心关切。他们都是教会的捍卫者，他们认识到除非他们将大学世俗化、扩展研究领域并使之适应那个时代，否则他们都将会在新浪潮中被扫除干净，而在 1850 年代的时候这种浪潮看起来非常凶险。我赞同他们的计划，并欣赏他们的成功。最终所保留的比最有远见者所曾预想得都要多。但是，同样的药方未必能保证他们所关心的或其他任何东西能在另一个一百年中得以存活。

他们将之塑造为一个学术学科的历史学，现在毋庸置疑地再也不能有助于实现社会稳定和彰显英格兰的伟大。当我注视着我的学术先辈蒙塔古·巴罗斯（Montagu Burrows）的作品列表时，我感到自己被卷入了一个在 1914 年之后就永远消失掉的世界当中：《宪政发展》（*Constitutional Progress*）、《帝制的英格兰》（*Imperial England*）、《议会与英格兰教会》（*Parliament and the Church of England*）、《威克里夫在历史中的地位》（*Wiclif's Place in History*）、《阿尔弗雷德大帝》（*Alfred the Great*）、《万灵学院的杰出人士》（*Worthies of All Souls*）。这些是他部分作品的题目，我们在这里能看到他力图创造的那个体系的轮廓。而且，如果这些题目表明了一个本质上稳定的世界，我确信其内容更加如此。他们这样做是睿智和正确的，忘记一个世纪的努力和教训是荒唐的，但更为荒唐的则是止步于此。

本科的历史学习如何能够在不损害这个学科作为一门学术科目的情况下进行扩展，成为了一个棘手的难题。那一代伟大的牛津导师们的答案更倾向于限制。他们与法学决裂了，其在最早的时候曾为历史变化提供了系统性背景。他们忽视了文学的研究，

100

这也曾在教学大纲中占据一席之地。我们能够理解他们为何这么做。这就使得这门学科适宜于实用性的人，并使学科便于管理。但是，也有许多的理由表明这些理由并不足够充分。首先，历史研究丧失了曾使这种限制可被接受和理解的大多数实用动力。历史永远能够为一个明智的人提供一种训练，使其将之运用到实际事务当中，但这种目的却不再能够——如同牛津在六七十年前所做的——提供一个学术研究的主要刺激。现在的世界不再想要我们过去的那些制度了。但也还有其他领域的一些经验，其中的一些在时间上与我们非常遥远，但对我们而言却从未如此鲜活、如此更加需要。正是这些，使历史成为了一门值得去探索的学术研究。对外部环境的研究从未失去兴趣，但所有的这些都是在为研究那些清晰表达了自身思想之人的思想和创见、情绪和情感做准备。这些是过去珍贵的遗产。

　　无论你同意与否，我们已经从我们创始人的那种简单的确定性中大大地后退了，以至于无法维系他们所施加于自身的限制。我们已经放弃了将延续的政治史和地理学作为必修课，连宪政史现在都成了选修课。我们在艺术和科学史、中世纪哲学上设立了新的教职，还包括其他一些在老的牛津教学大纲中闻所未闻的历史学分支。在圣安东尼学院、新的东方研究所以及社会人类学研究所，都有了巨大的历史发展。阿什莫林博物馆能够为我们的研究提供在一百年前难以想象的研究便利。所有的这些，只是简单地拓宽了我们的联想，或者说，我们是不是在回应这个世界不断变化的兴趣和发现的兴奋点？我应该希望答案是肯定的，但是我们的好朋友们可能认为，我们这些历史学家们可能并不很清楚应当如何去处理这些新的事务。历史思想的最大发展体现在传统教学大纲的边缘，中心部分相对而言仍未曾改变，但慢慢地不再视为中心。然而，那些关注于他们未来的研究生们会留心远远避开英格兰政治和制度研究的旧路，那么我们的本科生则更将如何呢？

　　对于这些问题没有简单的解决方式。我们无法维持旧有的局限，因为我们已经放弃了原先的框架，这些限定只有在这个框架中才有意义。我们要扩展,就不得不放弃课程大纲当中已有的东西。然而,除非我们对历史研究加以扩大,否则我们就会使自己变得日渐守旧。在这种窘境之下,我只提一个建议:我们应当大胆地允许个人选择,学生们可以决定不选修传统课程大纲中的大部分。我们应当将这种宽免给予任何人,他们不再需要现在的试卷考试,而是要提交一份作品甚或几份作品,在三年的本科生涯中从容写作。我在此处所说的不仅仅是学位论文,或者是一些原创性的研究,同时也可以是一些问题的总结或历史中某些在我们的大纲中没有存在空间的章节。这可能需要相当多的规则,但能为逃出我上述所说的困境提供一种方式。这将拓宽自由的领域,带来新的成长可能。这将使整个历史系更加开放地接受我们新增设的教授、副教授和讲师们的影响。也许在最后关头,这能够拯救我们免于向德国专业体系中的弊端投降,而使我们享有他们知识多样性的益处。

宣扬一个小小的修订有太多益处是冒失的行为,无论如何也不会受到赞同。但是,我想添加另一个我预见将会从这个改变中产生出来的好处:也就是解脱于呆滞的考卷独裁。我在这个问题上要说的这番话是带有个人感情的,因为作为一个学院导师,最悲惨的经历之一就是阅读这些试卷,而对学生而言考试就像是一种奴隶制度。考试作为展现知识力量的方法有一些用处,但却根本无助于成年人去发展这种力量。太多关于学生入学考试和荣誉学位候选人的最终考试之比较表明,三年学习的结果增加了负担,却未能强健其肌肉,而且以信息的野蛮重负碾压了思考的精细和风格的明朗,他们将无法在层云密布的含混之中发展出思想和风格。我并不想在这方面过于强硬。但是,让我们想一想,我们现代的考卷取代了此前经过多次磨炼的考试系统,从实践角度来看是十分可笑的。作为一种脑力训练,其属于一个并不很遥远的过去,在那个时候,有必要证明历史学是一门适宜于考试检测的学科。现在的危险则是,历史看起来并非不适用于考试,而是变得除了适应于考试之外在其他方面概无益处的学科了。

在这个方面,我想引用最后一个见证者的说法。那时候,历史

102

的学术性研究还在襁褓之中。在他的时代里，这个作者是最伟大的牛津人，但是却从未参与过 1850 年代的改革。恰恰相反，这些改革的大部分都是对他观点的反动。他处于流放之中，但他仍是牛津所建基于其上的原则中最为雄辩的组成部分。他参与了奠基一个新大学的过程，他相信他所新建的大学奠基于牛津所拒绝的真理之上。他担心旧大学中的优点，也会随着对公义的新热情而丧失，毕竟牛津还并非一个"铸造厂或踏车机"。

> 只是把许多年轻人汇聚在一起三到四年，然后再打发他们离开，就像牛津大学据说在过去六十年中所做的那样……（这个新体系塑造出来的人）有更多的思想、更多的心智、更多的哲学以及更多真正的扩展，远远多于那些勤勉但却被耽误的人，他们被迫用十几门科目去填满自己的脑子，以应付一门考试，他们要做的事儿太多了，以至于无法沉浸于思考或探究之中，他们将所有的假设前提和结论都一股脑地囫囵咽下……可以预见，当他们受教育时期过去之后，他们往往会厌恶地将他们所得到的一切通通抛掉，可能除了应用的习惯之外，他们在千辛万苦的劳作之后将一无所获。[⑰]

约翰·亨利·纽曼的这些话写于 1852 年。当时，牛津的法律和近代历史学院刚刚建立。他当时所预见到的危险，今天已经沉重地悬挂在学术历史研究的头上。他所描绘的那种人，在这个国家的各个地方都处于一种悲惨的境地。我在这里说的是整个国家，而非单指牛津。然而，我们有特殊的责任，因为许多迄今仍对这个国家的学术历史研究有影响的指导等决定，都是在这里做出的。如果在我们当中有像纽曼所描绘的那种人，我请求给予他们自由。在他们眼前有历史愉悦和开悟的整个世界，他们所失去的不过是一些枷锁。

---

⑰ J. H. Newman, *The Idea of a University* (Everyman Library)，p. 141.

启发性的愉悦无法为规章所规定,但是我们可以做一些事去鼓励这种做法。一般而言,我们现在的本科生和英国历史学术体系刚刚发展起来时的相比,更加聪明、接受了更好的训练也更为刻苦用功。我们的状况已经发生了改变,我们的兴趣也发生了改变。为了应对这些变化,我们必须得准备牺牲一些学术上的便利,甚至牺牲理论上的完美。这曾是这座大学在 1850 年代所面临的问题。我们已经知道了那个时候的答案。面对苦涩的批评,皇家调查委员会的卓越教士们和他们在牛津的教士伙伴一起选择了放弃古老的学术体系——那个在周例会上宣称的一个几乎完美的计划,从而"将大学还给国家"。他们为了一些不确定的优势,摧毁了旧日大学的一些优点。但除了那些瑕疵之外,他们这样做也是正确的,因为他们认为完善一个学术研究的系统是毫无意义的,尤其涉及到献身于一个兴趣越来越狭窄的学科。我们今天都需要重新审视他们当年的决定,尤其是我们这些在牛津的历史学家们,我们都是1850 年革命毋庸置疑的真正的继承人。

103

VI. 历史体验

　　1524 年,已故的民事诉讼法庭首席法官罗伯特·里德(Robert Rede)的遗嘱执行人捐赠了一个关于古代文学、逻辑和哲学的讲席。他们在这样做的时候也许并未想到,这将开启一系列相当大规模的历史讲座之路。在他们的系统当中,历史唯一能找到的位置就是古代文学中一个相对较小的分支。然而,当 1858 年里德讲座进行重组的时候,历史学不可避免地分享了罗伯特·里德博士捐赠中所剩余的很大部分——在接受历史学作为一门学术性学科方面,剑桥比牛津更为踌躇。历史学家们怎么能如此肆无忌惮地将他们的镰刀伸到别人的丰收田地里收割呢? 从许多方面来说,这都是一个最不可思议的发展,我在这里也只能给出一个非常概略的答案,聚焦于这一变化的根本性问题,亦即我们关于过去体验的本质和重要性。这些在 1858 年以来的多次罗伯特·里德讲座中已经有所反映,尤其是以这样的题目。因为我们的体验只有从内部才能得到最好的描述,我将冒险地以我自己的历史体验中最简单的要素开始。然后,我们要去追问,这些体验何以在过去一百五十年中变得远比此前更重要。最后,我将探究,这种体验在未来会有怎样的重要性,如果有的话。

I

　　完整的历史体验分为三个步骤:首先是个人性的感知,在这样的砖石之上,我们才能建立历史大厦;其次是这些认知的分岔,延伸到社会或私人生活的每个领域,以形成可认知的广泛领域;最后则是对这些材料的排列,以形成一件特殊和独特的艺术作品。在我看来,这些都是适宜于历史学家们的工作,这三个过程中的每一个都值得细致研究。但是在今天下午,我们的时间仅仅足够我们去检视第一个,也是三个步骤中最为基础的一个——最初感知的来源和特点。

在成为一个鲜活的感知主题之前,过去的一切都是无用的,知道我们期待去感知的是什么非常重要。历史学家的境况有类于此:在他面前有一些东西,可能是一份特许状、一本祈祷书或一份法律文件,又或是一件艺术品或带有象征意义的物品,比如一个王冠、王座、权杖。又或者其他日用平常的东西,比如一个单词或一把壶,或一座古代大厅的地基、巨大教堂中一个小祈祷室的布置。在作为一个历史学家进行观察时,他并不关心这些东西审美上的价值,而是要探究这些东西所表达的那些制作它们或使用它们的人之思想、意图、问题和局限。

如果这是一份特许状,他将不仅仅想知道这个文献是为了什么目的,且要进一步探究其中反映出的社会风俗、知识水平、法律和语言学资源以及技术手段,甚至包含更多将其制作出来的因素。他要去探究,这是在什么情况下制定的,是为了纠正或推进什么以及有哪些力量促成了其最终的生成。历史学家们的整个注意力都集中在这个物件与其所源出的物理和精神世界之关联当中。他如同一个生物学家观察一个已灭绝物种的化石那样去审视这个对象——像是他希望从这些碎片中创造出这个受造物所属的完整结构。历史学家和生物学家因同样的原因而能如此行事,这就是在过去的形式中都有一种逻辑,其要求每个部分都要以某种方式与整体相契合。在历史探究中,只用一种形式来判断过去一个事件或物品的重要性:那就是其分支的数量,这表明其所照亮的领域范围。最不起眼的东西可能比最宏伟的东西具有更大的启迪功能。在我自己的研究领域中,一份乡村特许状对我们的意义可能比《大宪章》更大,一个晦涩文本中的某个单词可能比许多国务咨文更为重要。一些重要性的东西从其他意义上来看就变得不重要了。

第一眼的印象常常令人非常沮丧。我们眼前文档中的单词也许能构成语法上的意义，但它们的历史含义却可能完全地藏匿了起来。然后，突然，也许从某个线索中——比如某个名字的形式，或识别出某个人名，或出现了一个熟悉的程式化书写——光就射进来了。这种体验就如同我们小时候迷路了一样。在前一分钟，我们被毫无意义的东西所包围，只传递着一种逐渐生发出来的恐慌感。然后，可能是某个大门，又或是某块路边石的形状，突然呈现为可辨识的样子。一个可被理解的小区域就在一片混沌中浮现了出来。这个小区域逐渐变大，并将更多物体纳入其中，而当所有的场景都能契合在一起的时候，我们就安全了。这就是我所说的历史体验在最原始形式时的体验。

我想，所有历史学家都必然有过数千次这种体验，一个突然的概念逐渐使过去整个一大片区域有了意义。这种感受所带来的平和与满足感从来不会消减。我不能不充满感情地回想起这种体验第一次临于我身的时候。那是 1927 年 10 月，我当时 15 岁。像成百上千的年轻人每年所要面对的那样，我当时正面对着令人沮丧的前景，要去写一篇关于国王亨利七世的论文。大堆难以忍受的散落凌乱的信息和令人战栗的困惑在各个方向延伸开，我整个人都麻木了。突然，不知道从哪儿来的珍贵字句就在我脑中自动形成了。我到现在都仍能看到这个句子。这句话是："亨利七世是第一个商人式的英国国王。"当然，这是错的。可在一个相当特别的意义上，也是正确的。但这句话当时带给我的启发感是无法用语言表达的。在密林之中，出现了一条小径，且能够继续向前。天知道这条小径够不够长，也许比默顿学院著名的餐叉头都短。但是，这足够了，能够工作了。虽然这个体验很粗糙也很幼稚，但这像我所经历过的所有历史体验一样真实。所以，让我继续厚着脸皮去更为细致地审视它，因为它包含着更为重要的认知中的大多数要素，我们一会儿将要去审视那些更为重要的认知。第一，它是非常锋利和鲜活的；第二，它有私人的和个人的重要性；第三，它好用。所有这些都非常重要。

就第一点而言，这个体验是锋利而鲜活的，远比它是不是真实的更为重要。知识更容易从错误而非混乱中产生出来，只有从这种鲜活的认知中才能开始一场精力充沛的探索。如果没有这一点，就只剩下倦怠和漫无目的的困惑了。

第二，最初的构想一定有某些对个人而言极具重要性的急迫感。我对亨利七世可怜的认知来源自隐藏于在北方工业城镇纽卡斯尔的大量日常生活经验，来自一个缺少教化环境聊以自慰的浪漫想象以保持继续生活，也来源于深夜讨论家庭生意的嘈杂之声。当然，我并非刻意地将亨利七世与这些相联系，但是我现在刻意地去看，就能看到这样一种认知的力量来自于这些经验。

最后一点就是这种最初的认知必须有用——也就是说，其能够运用于大量相互间明显没有联系的行为和情境中而不失效。最好的认知有许多分岔，把它们汇聚在一个单一的体系中，许多明显互不关联和琐碎的行动或习惯就能前所未有地聚合在一起。

甚至一个单词也可以成为贯穿一个时期的线索，可能为感知一个变化场景提供新的进路，或呈现出一种新的清晰性。比如说，在几个星期之前，我自己就被"永无谬误"（infallible）这个词汇所吸引，这个词对整个世界产生了一种带有不祥预感的影响，尤其是在1870年代的时候，它被写入到那条著名的教义声明之中。① 这一影响的涟漪迄今尚未平息，使我有某种兴趣去考察一下这个无辜词汇的卑微起源。这些词汇的命运处于过去最不清晰的领域之中，但少有研究去追索其在拉丁世界中数个世纪的历程，他们或许觉得并不需要这个有力而不同寻常之工具。这个词最先出现在12

① 此处指1869年到1870年召开的第一次梵蒂冈大公会议，其中《永恒司祭》（*Pastor aeternus*）中强调了罗马教宗的至高权力，认为教宗作为圣伯多禄的继承人和基督在世上的代表，以宗座身份作出的关于教义和伦理道德训导是永远不会出现谬误的。这一观念在当时就引起了天主教会内部的诸多反对，并引发了教会内部的分裂。——译注。

世纪的新奇词汇中，为此需要感激我们传统的知识装备。这个词汇似乎源于亚里士多德《论辩篇》（*Topic*）拉丁译本中的"infallibilis"，这部书在 12 世纪中叶开始流传。它在此处是用在一个假命题上，亦即"一个几何学者不能被欺骗"。从这个貌不惊人的开头，这个词开始显山露水，一开始是缓慢的，到 13 世纪势头渐增，逐渐进入到日常对话。起初这个词似乎主要是用于描绘大自然恒久运动背后的力量。也正是在这个意义上，威尔士的杰拉德（Gerald of Wales）在 1190 年以之来描绘犬类通过嗅觉来辨识他们的主人，"如同自然将整个永无错误之经验的力量赋予在（狗的）鼻子上"。之后，这个词的运用范围拓展到描绘感受的确定性、教义的真理性、几何学的结论以及天主的属性。托马斯·阿奎那在所有这些意义上都使用过这个词。此外，为数不多的道德家、史学家和其他人，也同时开始在那些确定无疑的事件或所期待的事物中使用这个词。随后不久，这个词就进入了方言当中。最后——但可能一直要到 17 世纪——这个词达致其独特强调性表达的顶峰，用于描绘教宗的最高权柄。

词汇不过如风中稻草，但我们追溯这个词的来路，探究其中表达出来的新自然观念，以及各种词汇在神学和日常对话中的多重运用，这就展现了 13 世纪及之后对根本确定性的追寻。这能够从许多方面得以印证，但正是在这里，其无意识地展现出了一种巨大渴望中微小而不引人注意的表征。

探索这些简单事物的枝蔓是历史学家最大的乐趣之一。最难的是要知道应当于何处止步，而且过早止步总比过晚更好。所以，我将在所有的枝蔓中只探寻这一个事例，我们只是简单地寻求拓展过去可感知领域中的鲜活力量与多样性，而我们所获得的这种可感知性并不向逻辑或者实验的证明开放。真实性唯一的保证就是证据的内部一致性，其中的核心支撑源自于每个点对其余部分的支撑。我们在证据的多种小点中寻求调和，也以自己可能的经验去追寻这种调和。不要在超出我们自身力量的情况下去设想，在这样的情况和压力之下，自己会如何思考和行动，并以之作为我

108

们对过去观察中的发现。在历史中没有比一致性和可理解性的结合更为确定的东西了。必须承认的是,最终在历史学的根基处仍有弱点,即缺乏一种逻辑的稳健性和系统性的教义,这是一门可能会使这个讲座的创建人感到震惊的学术学科。事实上,直到19世纪中期,任何感知到这一点的人在思考这个问题时都会感到震惊。那么我们如何解释这样一门学术学科在此后的迅猛发展?即使它曾被认为缺乏一种重要真理体系的核心部分,尤其是学术性的研究?为什么基础如此脆弱的一门学科,在出生之后变得如此成功,甚至在某些时候取代了那些长期以来宣称具有不可动摇之稳定性的更古老的学科呢?

II

对于这些问题的简单回答是,人们很突然地发现历史认知具有未曾预料的重要结果。这些结果在一个相对较短的时间内以多种形式发生,其发生的形式可以通过下面几个例子来阐明,以使我们能够更好地理解。这样的事例不胜枚举,但我在这里只给出四个例子,应当足以去定义历史认知介入到广袤领域后带来的令人震惊的结果了。这些例子都来自于 1835—1845 年,紧跟这十年之后,历史导论就迅疾被作为一门严肃的学术学科引入到了我们的大学当中。我们在这些事例中将看到,一个简单的历史观念如何扭转一系列此前坚定的假设和态度。

以一个伟大的剑桥人作为开始最合适不过了,这个人就是查尔斯·达尔文(Charles Darwin):这种适宜性并不仅仅因为他在此处意味着什么,更因为他是我们所关注的那个时代里核心的历史思想家,虽然没有人会比他本人更为惊讶或愤怒于我刚才所说的话。然而,他的私人旅行笔记和日记,连同他的自传和出版的《贝格尔舰环球航行记》(*Journal of the Voyage of HMS Beagle*),都提供了历史理念发展的完美例证,并在同时展现如何看待过去之旧观点到新观点的过渡。②

109 　　这个故事的梗概并不复杂。每个人都知道贝格尔号的远洋航行从 1831 年 10 月持续到 1836 年 10 月，这次航行是达尔文一生的转折点。当他出发的时候，他对于过去的看法和西欧人对此问题的长期看法一样，亦即过去是静止稳定的，其主线是各种事物未曾变化的状态，甚至可以追溯到大约六千年或一万年前的创世。当然，没有人认为过去是完全静止的。地上所有的事物都服从于易变性，而这种易变性主要体现在衰减的倾向上，"我看见到处都是变化和衰退"，《与我同在》(*Abide with Me*)的作者在 1847 年如是写道，而他可以在此前一千年中的任何时候写下这句话。在这种观点之下，所有好人的主要任务就是捕获这种衰落和腐朽，并将制度和教义恢复到最原初的卓越状态。这是人类的使命，当时的地质学家们也揭示出，自然提供了它在从事可与之相比的神圣任务的证据。自然也有衰败的倾向。它所采取的形式是物种的灭绝，之后被与之大略相关的新物种所取代。这一发现只是将人类事务中习以为常的现象拓展到了自然之中。人类有理由假设，人

---

② 《物种演变的日志与笔记》(*The Journal and Notebooks on Transmutation of Species*)由嘉文·德·毕尔爵士编订(Sir Gavin de Beer)，参见 *Bulletin of British Museum* (*Natural History*)，*Historical Series 2* (1959 - 1963)，pp. 3 - 21, 27 - 200。*Autobiography*，edited by N. Barlow (London, 1958)；*Autobiographies* (*of Darwin and Huxley*)，edited by Gavin de Beer (Oxford, 1974)。《贝格尔航行记》(*The Voyage of the Beagle*)首次出版于 1839 年，作为《英国皇家海军和贝格尔号考察远洋航行记事》(*Narrative of the Surveying Voyages of HMS Adventure and Beagle*)的第三卷。1845 年的第二版更为全面，在某些地方也采用了更为原初的记录。最近的一些作品也以各种方式增添了相关资料，尤其是：N. Barlow, *Charles Darwin and the Voyage of the Beagle* (London, 1945)；G. de Beer, *Evolution by Natural Selection* (附有达尔文 1842 年和 1844 年《物种起源》的早期草稿)(Cambridge, 1958)；Gertrude Himmelfarb, *Darwin and the Darwinian Revolution*(London, 1959)；H. E. Gruber, *Darwin on Man*(包括由巴雷特(P. H. Barrett)编订的达尔文笔记早期版本)(London, 1974)。关于莱伊尔(Lyell)对达尔文影响的若干有价值的评论，参见 M. J. S. Rudwick, "The Strategy of Lyell's Principles of Geology," *Isis* 61(1969)，pp. 5 - 33。

类被要求在人类事务中去做什么,上帝会对之进行革新,而新的受造物在自然界中也是如此。整个的图景是完美和谐且合理的。对达尔文来说,他是一个非常正统而虔诚的基督徒,他所观察的南美化石和大量物种并没有立即引发他的质疑。在他远洋结束归家之后,他对过去建立的纲领虽觉有所困扰,但仍未改变。但当他回到家中并开始检看他的笔记本时,一种新的历史理念跃到了他的脑海中,继而改变了他的看法。我们将只考察这个过程中的三个瞬间,因为这些瞬间是在每一种新历史认知的发展中都会出现的时刻:首先是观察,其次是新的认知,最后就是终于确信的时刻。

首先是观察时刻。达尔文后来曾回顾,一个特别的日期成为了他后来所有观点的起源。1835 年 9 月,贝格尔号到达一个小群岛,也就是太平洋中的加拉帕戈斯(Galapagos)群岛。下面是达尔文对他所见的描述:

> 这些岛屿的自然史非常引人入胜,所有的一切都值得好好注意。大部分的有机作物都是在其他地方无法见到的原产受造物……考虑到这个群岛的狭小面积,我们对这些原产物的数量更感震惊,也包括这些东西分布的狭小范围……无论在空间还是时间上,我们倒像是更接近于一个伟大的事实——众妙之妙——我们是这片土地上第一次出现的新的存在。③

虽然这些话直到 1845 年才发表,可是仍表达了他在十年前对所见一切的第一反应。让他感到震惊的是,在这么一个狭小而遥远的群岛上,居然有如此数量众多在其他地方都未曾记录过的原生物种。但是,这些物种的存在一开始并没有引出进化论,反而是创世论:这个群岛就像是某座伊甸园,"非常接近"于最初创世的状态。然而,他的主要任务还不是去解释,只是去测量和记录他所看到的。如同一个历史学家检视和描述一页页丰富而未加归目的档

110

---

③ *Voyage*,October 8,1835(ed. of 1845)。

案，他忙于记录动物们的喙、尾巴、翅膀、骨架结构等形状和大小，没有时间去产生一种新的普遍思想。他对之进行分类，并感到惊讶。

下面就是第二个时刻：一种新认知的诞生。达尔文提供了日期：那大约是在 1837 年 3 月份（他的措辞十分谨慎），他被他在 1835 年所观察到的东西所"深深震撼了"。④ 这一"深深震撼"的关键在于，他所观察到的这许多新物种，尤其是那些在小岛上所见到的能够有更好的解释方式：也就是说，它们不是某种接近于创世时期事物状态的遗迹，而是不可思议的长期演变过程的结果。

他在 3 月的时候产生了这个新看法，然后从 7 月开始，他打开了自己四本笔记本中的第一本，开始去追索其结果。随着他开始向各个方向寻求，这些剪贴簿生动地反映了他头脑中的混乱，在没有界定的情况下，他常常用"我的想法""我大胆的想法"。总体而言，他似乎并不怀疑这个观点是正确的，亦即整个的过去是无尽运动和对变化状况不断适应的舞台。但是，他还不能理解其中的机制或限制或整个过程的动力。随着他的确信逐步增加，他越发要忍受挫折和筋疲力尽。在 1838 年的 10 月，达尔文写道：

> 前面这些天的日子都消耗在了探究演化理论上了……整个九月读了大量的题目，对于宗教想了更多。10 月初同上。⑤

正是在这些看起来空虚而漫无目的的日子里，他的历史认识突然变得清晰和完整："我首先想到了基于挣扎的选择。"他如是写道。在其他地方，他告诉我们这一想法是从哪里来的：这个想法来自阅读马尔萨斯已经出版了三十多年的论文，即由于食品短缺加

---

④ *Journal*, p. 7. 这一段内容如下："7 月份开始了第一部关于'物种演变'的笔记——被此前三月份关于南美洲化石——和加拉帕戈斯群岛的物种特点深深震撼。这些事实（尤其是后者）超出了我的理解。"

⑤ Ibid. , p. 8.

之于人类人口的界限。在他阅读的时候,他知道他过去十八个月中探索的动力,最终要确切地落实于何处了。然后在 10 月 3 日,他记录了自己从马尔萨斯那里得来的跨越。他的记录在这个部分有所残缺,但是在这磨损的一页中,还有一些摘自马尔萨斯的字句尚存,并附有达尔文的评论:"这适用于一个物种——我将不仅仅将之用于人口和人口减少,还有新型(物种)的灭绝和阐述——它们的数量和相关系数。"⑥这些匆匆写下的字句表明了他历史认知的最后形成。他关于整个历史进程的新看法、历史的年代和动态,以及(尽管达尔文继续保有乐观主义)他所采取的这一方法的可怖力量都完成了。

111

　我在这里详细叙述了这个过程中的一些阶段,这一方面是因为其固有的重要性,但更主要的是因为,这是我们第一个机会以观察历史认知来源于存在,然后转换为一个更大领域内的科学和大众思想。那些从没有像达尔文在 1831 年看世界的现代学者,经常为达尔文的犹豫所困惑,而且还怀疑过他记载的精确性,但这么说就忘记了关于世界历史的老旧观点是如何的根深蒂固。这代表了数个世纪以来调停理性和启示之间的努力,通情达理的人们仍然会发现这些结果是很有说服性的。现在我们只能听到我们理解的声音,也就是那些反对(旧教条)的声音,我们忘记了那些沉默的大众们仍然相信这个旧观念,或将之默存于心。我们忘记了还有一些人,即使自己不信教,却不会去鼓励自己的仆人放弃信仰。我们也忘记了达尔文的根基有多么脆弱,他希望在此之上摧毁这个伟大的创世。他应该想要去获得一些传统类型的证据——无论是来自于第一原则或者来自于实验。到最后,他不得不满足于仅仅拥有历史学家们所能享有的那种证据——亦即一致性与可信性的证据。

---

⑥　*Notebooks*,p. 160. 包括 10 月 3 日大部分条目的那一页被达尔文在 1856 年撕下来了,当时他在写作《物种起源》。这是他那个阶段的习惯,就是将他认为对于写这本书有用的笔记都撕下来,但是在这条条目的最后有几行字被留了下来,可能因为他当时对这些问题已经不感兴趣了。

　　我实在是已经厌倦去告诉人们，我并不打算去引用一个直接的例子来说明某个物种如何变成另一种，但是我相信这个观点在整体上是正确的，因为许多现象因此得以能够汇聚在一起并得到解释。⑦

这是一个历史学家在说话。这是一句历史学家们常常说的话，但是在这个脆弱的证据之上，却产生了摧毁整个世界的力量。

我们必须将达尔文留在 1838 年的 10 月，让他继续去钻研新的历史感知分支，而我们则要转向另一个例子，这个人在相同时间里的牛津经历着同样的过程。这里要说的就是约翰·亨利·纽曼（John Henry Newman），那时他还不是枢机主教，而是奥利尔学院的成员，同时还是大学中圣玛丽教堂的牧师。他也正在两种相互冲突的观念之间左右为难。他的一位朋友在 1836 年描绘他说，他对这一变化规律印象深刻：

　　　　我们在受难星期五一起从圣玛丽教堂出来，他看到了大片大片的雪花飘洒在暗夜中，被排水沟所吞没，迅疾无影。"那么"，他说，引用了古雅的奥利尔章程中的语言，"人类的事务显然倾向于不在（not to be）。"⑧

这一简单的评论总结了人类历史的旧观念。人类事务是衰退的，纽曼和他的朋友们如同从 11 世纪以来的宗教改革者们一样，将要献身于一场运动，将其重新恢复回最初纯净时的样子。

112　　但是很快，我们就发现纽曼开始流连于一个相当不同的过去图景之中：在这个过去中有变化，不仅仅是一个衰退和依赖人力复建

---

⑦ Letter of April 20, 1861 to F. W. Hutton (*More Letters of Charles Darwin*, ed. F. Darwin (2 vols., London, 1903), 1, p. 184).

⑧ T. Mozley, *Reminiscences*, *chiefly of Oriel College and the Oxford Movement* (2 vols., London, 1882), 1, p. 389.

到最初状态的过程,而且更重要的是从内部生发的一种自然和良性的发展过程。1838年,就在达尔文读到马尔萨斯的那一年,纽曼阐述了两种真理图景的对立:其中一个是"完全客观且脱离于"时间和空间的,但需要持续地进行修补;其二是在每个时代面临着敌人将之摧毁之威胁和虔诚者要求更多的压力下进行不断的演化。第一个代表着英格兰教会,第二个则代表着罗马教会。在两年之前,纽曼毫不怀疑他自己究竟要站在哪一边。但是到1838年时,他就不再那么确信了。他开始将罗马教会描绘为一个怀抱圣婴的圣母:也就是说,真理在教会的怀中,等待着自己在世界上发展和显现时刻的到来。⑨这种简单的方式种下了一颗种子,产生了一种新的历史观念,这将使纽曼失去安全感,并同他一起撼动了英格兰教会。

纽曼的历史体验时刻在1839年进入了长久的蛰伏期。他在6月安顿下来,用了三个月的时间研究5世纪的一性论派(Monophysite)。他写道:

> 在这次阅读过程中,对安立甘主义是否站得住脚的怀疑第一次出现在我的脑海中……我的要塞是古代,现在,在5世纪中期,在我看来像是反映了16和19世纪的基督王国。我在那面镜子中看到了我自己,我是一性论者……这里有极为可怕的相似性,更可怕的是因为其如此沉默和不动感情,在过去死去的记录和现在极度兴奋的编年史之间。5世纪的阴影投射到了16世纪。就像是一个精灵从古代世界混沌的水域中腾空而起,并带着新时代的形式和轮廓。⑩

纽曼在那面镜子中所看到的历史意义的轮廓,使他关于原先亘古不变之过去的理念再也站不住脚了。他曾确信建基于原初不动

---

⑨ *Apologia pro Vita sua*(London,1864),p. 205.
⑩ Ibid.,pp. 208-210.

之典范上的教会，被证明不过是代表着一种特别且令人反感的变种。发展远非一种腐败的标志，现在反而开始呈现为真理的标记；稳定性远非初期纯洁的象征，而成为了贫瘠的症状，而贫瘠恰是异端的征兆。

因此，选择就不再是在稳定和衰落、原始和腐败之间，而是在演化过程中的发展主流和一系列变态和贫瘠的变种之间。在 1839 年的纽曼和 1837 年的达尔文思想中有一种惊人的相似性。他们都曾相信有一个稳定的过去，他们都将历史视为一个演进的过程，但是他们都还不知道这究竟是怎么运作的。

纽曼又用了六年的时间以实现关于过去新观点的全部结果，达尔文则用了二十年。但当他们回望这段经验的时候，他们看到一切都是从那个最初的体验时刻就不可逆转地展开的。他们的轨道虽然不同，但他们都在当下体验到了他们认为是过去长期发展难以磨灭的标记。他们永远无法忘记他们所看到的。纽曼写道，"那些看到过幽灵的人，无法装作他从未见过它"。幽灵带来了对过去的新视角。下面是他在 1845 年 2 月 2 日最后一次大学讲道中所描述的：

> 在工作进行的同时，最终奠基其后的是一大片神圣的领域，其结构是不规则的，风格是多样的，相似于数个世纪的缓慢增长。不，其在细节处是不规则的，有个体的独特性，或者陌生者之间的冲突，但仍然，从总体上来说，是一个理念的发展……多么伟大啊，我们看到什么样的努力、怀疑、犹豫、干扰，多少次向右和向左的摇摆，有着多少次的反转，却以发展的必然，行进的精确，并以最后的完成展现了这种演进……这个思想的世界是几个词汇的拓展，如同加利利的渔民随口说出来的那样。[11]

---

[11] Sermon, "On the Theory of Developments in Religious Doctrine," in *Sermons, Chiefly on the Theory of Religious Belief, Preached before the University of Oxford* (London, 1843), pp. 315 – 317.

这不就是从几个鲜活而个人性的历史理念中发展出来的神学达尔文主义吗？

但是，我们再次要将主题留在这个即将做出决定的门槛，然后将我们的视野从牛津转向欧洲大陆——转到不莱梅。1838 年 9 月，当纽曼于牛津在历史之镜中看到了他自己面庞的时候，在不莱梅的一间办公室中，一个令人印象深刻且相当可爱的年轻人每天都夜以继日地工作。他就是弗雷德里克·恩格斯。他刚刚从伍珀塔尔来到这里学习他父亲的生意，以成为一个棉纺织工业主和商人。他的故乡巴门（Barmen）现在常常被称为德国的曼彻斯特，但对于恩格斯而言，那里主要代表着他从小成长于其中的路德宗寂静主义。他只是从福音派虔诚的百叶窗中望向工业主义。即使在他去了不莱梅之后，也仍然延续着这个轨迹。在两年多的时间里，他仍然有对宗教的强烈情感。他仍然在教堂唱诗班中唱着《上帝是我们的坚强堡垒》（*Ein Feste Burg ist unser Gott*）和《圣母悼歌》（*Stabat Mater Dolorosa*），同时还住在牧师的家里，并同他们一家玩桌游。

但是，新的影响在他的信中表现得越发明显。[12] 他被卷入到比达尔文或纽曼更为强烈的历史潮流之中。我们发现，他当时在翻译雪莱，并阅读施特劳斯的《耶稣传》。他狂迷于施特劳斯带给他的关于过去的新视野。在 1839 年 6 月 15 日，他写道："我们现在有了施特劳斯的这本《耶稣传》，这是一本无法驳倒的书……我希望看到这个世界宗教意识的激进变化——只要我自己保持清醒。"在 10 月 8 日，他又说："我现在是一个施特劳斯主义者，我，一个可怜、悲惨的诗人，匍匐于天才大卫·弗雷德里希·施特劳斯的羽翼之下……如果你能够驳倒施特劳斯，那么，很好，我会再变成虔诚主义者的。"然后，到了 11 月："我正在成为黑格尔派的路上。我还

114

---

⑫　此处引用的信件，参见 Marx-Engels, *Collected Works* (London, 1975 -), 2, pp. 385 - 546。

不知道我最终会不会成为,但是施特劳斯为我燃起了通往黑格尔之路的光芒,这就使这件事相当合理了。"四个月后的 1840 年 1月:"通过施特劳斯,我已经直接进入了黑格尔主义。"一年之后,他仍然在原先的路上,仍然是施特劳斯的拥趸,仍然在翻译雪莱。与此同时,他也越来越多地沉浸在德国年轻人亢奋的诗歌与政治当中。

毫无疑问,恩格斯是一个兴奋的年轻人——毕竟在 1840 年的时候他才只有 20 岁——来自于一个相当闭塞的地区,但他迅速掌握了变化和进步的言语,这是在当时德国年轻人中越来越流行的东西。他对历史的流动性充满了热情,但他的理念都是二手的。他并没有自己的历史理念。然后,在 1842 年 11 月,他仍然作为其父亲公司的一个实习生来到了曼彻斯特。[13] 这在他的一生当中是非常伟大的一次体验,并全盘改变了他的观念。曼彻斯特的大街小巷和庭院吸引并刺激了他情感上和智识上的精力。来到英国工业主义的典范城市,并带着已经被雪莱和施特劳斯所加热的想象,他立即用历史的眼光来审视这些场景。他丈量工人房屋墙壁的厚度,考察工人贫民窟的布局,并注意到了工人阶级内部的阶层——从周边乡村来的移民、从爱尔兰来的外国劳力、干男人活的妇女——他记录下了这些工人们的道德与宗教、他们的饮食和工资。而这一切并不是以一个道德家或卫生检察官的视野,而是历史学家的眼光进行的。在他周边的所有事务中,他都看到了历史进步的证据。在曼彻斯特的大街上和工厂里,他看到了人类被一种瘟

---

[13] 关于恩格斯在曼彻斯特,参见 S. Marcus, *Engels*, *Manchester*, *and the Working Class* (London, 1974)。M. Jenkins, *Frederick Engels in Manchester* (pamphlet published by the Lancashire and Cheshire Communist Party, 1951)中有一些有趣的细节。恩格斯的《英国工人阶级的状况》是他在曼彻斯特之体验的主要作品,其最先于 1845 年以德文出版,直到 1887 年才以英文出版。英文文本中有一些有用的注释,参见 Marx-Engels, *Collected Works*, 3, pp. 295 - 596。校订本参见 W. D. Henderson and W. H. Chaloner (Oxford, 1958; 2nd ed., 1971),在我看来这个版本对其中的历史品质评价过低。

疫所摧残,他试图探寻他所见到的这一切景象的成因、发展及其可能的终点。

在很多方面,他确实非常幼稚。如他的批评者所说的,恩格斯经常弄错事实并误用资料,这些批评者们毫无疑问是正确的。在界定珍妮纺织机中的细菌疾病来源,以及为满足中产阶级贪婪的薄纱问题上,他可能对细菌和中产阶级都不公平。但是,恩格斯也看到了他自己的幽灵。他在曼彻斯特过于拥挤的大街和摇摇欲坠的房子中,看到了不可避免的历史发展进程。我们在此处并不涉及恩格斯观点的对错,而仅仅关注于历史体验以什么方式突然出现,而事实上其已经在数年中不断生长,直到涵括整个社会。恩格斯写道:

> 我在曼彻斯特时异常清晰地观察到,迄今为止在历史著作中根本不起作用或者只起极小作用的经济事实,至少在现代世界中是一个决定性的历史力量。[14]

这一历史观念产生的时刻如达尔文和纽曼的同样重要,因为这个观念带来了工业社会过去、现在和未来的整个结构的观念。

现在,我们最后必须转向巴黎了。在这里,再次是在 1838 年的 9 月,我们看到了一个年轻人,或者说他只是一个 16 岁的学生。他最近刚从布列塔尼的偏远小镇特雷吉耶(Tréguier)来到这里。他是恩斯特·勒南(Ernest Renan)。他非常聪明且富有想象力,深深地依附于布列塔尼地区的习惯和传统,成为了当时年轻人守规矩和美德高尚的典范。他面前的目标非常清楚:他将成为一名神父。一个当地的培育团考官单挑出他来送到巴黎最著名的神学

115

---

[14] *On the History of the Communist League* (1885). 转引自 *Frederick Engels:A Biography*, ed. Institute for Marxism-Leninism of Germany (1972), from the Moscow edition of *Selected Works of Marx-Engels* (1970), 3, p. 178. 更为常见的版本,参见 K. Marx and F. Engels, *The Cologne Communist Trial*, ed. R. Livingstone (London, 1971), p. 44。

院,以完成神职人员教育。但是,可怜的人类计划啊,他也成为了历史观念的受害者,并改变了他的一生。曼彻斯特对恩格斯意味着什么,巴黎就对勒南意味着什么。他写道:

> 我所看到的景象是如此新奇和陌生,就像是我从塔希提岛或者廷巴克图突然降落在巴黎一样……我在布列塔尼所见到的天主教与我现在所发现的天主教相比,不过是一片破旧的帆布,像是舢板一样僵硬。就像根本不是同一个宗教一样。我认识的那些穿着沉重罗马教士袍的老神父们曾在我看来就像是先知,他们的唇舌所说的是永恒的话语。但是,我现在所见到的是穿着时尚的宗教,一种充满了香水气味和装饰着缎带的虔诚,一种有着小细蜡烛和花瓶的宗教,一种青年仕女的神学,没有坚固性……这是我一生中最大的一次危机。⑮

过去以一种崭新的方式向他敞开。在他所成长的环境中,人们相信一个不变的宗教从古代一直传承下来,现在他却发现有两个宗教有着同一个名字。一个是稳定的,一个是流动的。布列塔尼代表着前者,而巴黎代表着后者。他紧紧抱住前者,却被后者一扫而空。而在这个变化的世界中,他少年时所接触的天主教体系变成了仅存的化石。他不太可能立即理解这种对比的全部历史影响,在最初的时候这只是让他觉得不适。但是,一种新的历史形态很快就开始在他的脑海中成型:"我看到,这个世界上除了古代和教会之外,还有更多的东西,各种理念和想法……而这些都是后来结出果实的种子。"⑯在此后的七年间,他在两条歧路之间继续着神学院的学习:一个是正式的、系统的、稳定的经院思想道

---

⑮ *Souvenirs d'enfance et de jeunesse*, *in Œuvres complètes*, ed. E. Psichari (Paris, 10 vols., 1947 - 1961), 2, pp. 807 - 808.

⑯ Ibid., p. 813. 勒南在这些年中的发展及其日益显著的对历史主义的热情,虽然并不完善,但可以从他的笔记中看出,参见 ed. J. Pommier, *Renan*, *Travaux de jeunesse* (Paris, 1931), pp. 183 - 184。

路,他热爱且崇敬这条道路,从未停止去渴望他年轻时所追求的理想;而另一条则是曲折、不确定和充满岔路的路径,有极为多样的生活形态,无论这些被称为什么,都是在各自的环境中所激发出来的。

在经过数年痛苦的挣扎后,勒南选择了历史运动的道路。在纽曼看到两个教会的 1838 年夏天,勒南也为了应对这个变化中的世界,做出了第一件令人震惊的事。当纽曼看出两个教会一个是静止的,另一个是变化的时,勒南走出了圣叙皮尔斯(Sulpice)神学院;在纽曼于莱特摩尔(Littelemore)皈依天主教会的前三天,勒南变成了历史主义的信徒。勒南面对着两个原则,一个是他少年时那个宏大但是不可能的天主教(这也是他唯一能接受的天主教),另一个则是巴黎琐碎的、变化的天主教。勒南选择了自己建立历史上人类精神的天主教。他在 1845 年 10 月 6 日做出了这个决定,正是在那一天,纽曼撤销了他对罗马天主教会的所有腐败的指控,并为三天之后将迈出的那一步做准备。

虽然他们的目的地如此不同,核心的抉择却是一样的。这是一种认可历史运动、发展和增长的选择,以反对古老不变的稳定性。这种选择并不是基于逻辑或严格形式上的论证,而是基于一种现在作为过去长时期变化和发展产物的观念。这场运动将纽曼带入了罗马,而勒南则成为了利奥十三世教宗所说"现代世界数不尽的叛徒"中最重要的例子。然而,在这种历史运动的语境下,勒南仅仅是将纽曼于天主教会中所见到的框架推到了最远的边界。当勒南从改变信仰的震惊中恢复过来后,他立即为自己未来的工作列出了计划:

> 历史是一切在生成状态中的科学的必要形式。语言的科学就是语言的历史。文学和宗教的科学就是文学和宗教的历史。人类精神的科学就是人类精神的历史……在任何时刻都看起来稳定的东西并不是最本质的:多变的和体现时代特点的

才是最重要的。⑰

在此后将近五十年中，勒南一直在探索着这个学科的各种分支。不断涌流出来的美丽、清晰且常常使人深受启发的词语——粗略算下来大约有 500 万单词——从他那里涌出来。他想要将人类精神的每一种表达都集聚起来，并珍惜它们及其由过去每一个时刻的状况所形成的内继性力量。如同一个艺术品收藏者，他珍视每一个表达中的每一个象征意义。历史就是一切。读者在重负之下，甚至勒南自己似乎也遭受了历史重负的碾压。在 1848—1849 年，他曾经写道："再见了，我年轻时的上帝，虽然你背叛了我，我却仍然爱你。"⑱在他生命走到尽头的时候，他又谈到了他的历史体验："啊，我成熟后的上帝，虽然我仍然忠信于你，但是我恨你。"他预料到，他的新信仰一定不会比他原先的信仰更持久：

> 在我四十年前以如此大的热爱将自己献给历史科学及作为其辅助学科的语文学科学的时候，它们已经取得了十分伟大的进步——但是终点，也已经能看到。在之后的一百年中，人文学科将知道它们对于过去所能够知道的一切，而这就是这一学科要停下来的时候了。因为这就是这些科学的特殊之处，它们一旦达到完美境地就开始自我摧毁。⑲

III

因此，勒南将我们带到了最后的一个问题。历史体验的未来究

---

⑰ *L'Avenir de la science* (*Œuvres complètes*, 3, p. 867). 写于 1848—1849 年，但直到 1890 年才出版。

⑱ Ibid., 3, p. 1121.

⑲ Ibid., 3, p. 723 (Preface of 1890 to *L'Avenir de la science*).

竟会如何？它在逻辑和实验基础上是如此脆弱，但同时在推动人们向不同方向发展上——尤其是在我们上面研究的创造性时代里——又有如此大的力量。我们是否会去想一下？这里再引用一次勒南的说法，他说，"从现在起的一百年，没有人会再困扰于历史科学这个小小的推测性科学的问题，它的建立并不比其消解更快"，还有，"那个时候，化学、天文学，尤其是生理学才会成为我们理解存在、世界（如果想的话）和上帝奥秘的钥匙"⑳。会是这样吗？

为了回答这个问题，首先要说的是，现在是我们回到现实的时候了。我们被历史体验的高峰所感动，其迫使四个人——其中三个人在气质性情上都很保守——迈着大步进入了未知的未来。达尔文、纽曼和恩格斯的跃进虽然也激动人心，最终由一种新的目的将他们带回了地面。然而勒南却被带入了完全的历史相对性的最高层，同时又怀着一种在某种巨大的历史经验博物馆中希望每件事物都保持不变的古怪结果。我们在勒南这个例子中看到，当任何单个经验占据主导地位时，究竟会发生什么，这种修复是难以维持的。从这种无根据的确信中，历史就是一切，这是迈向进一步确信 118 的很小的一步，而这一步很快就迈向了虚空。如果我们在历史中寻求解决宇宙谜团的答案，我们将徒劳无功，而且，我怀疑勒南在其晚年想象中的其他科学，是否能获得更大的成功。现在，让一个历史学家展现一点谦虚，让我们回到即使不是完全等同于我们开始时，但至少也非常相近的层面。

随着我们一个个地经过达尔文、纽曼和恩格斯的时候，我们必须以充满敬意的仰望向他们致意。即使对他们而言，我们也必须说，他们要求自身的历史体验去实现的东西，远超过其本身适宜于去做的。在他们那个时代里，这是一场意外，需要一些新观念去摧毁一种系统思想的最后捍卫者，主要地就是回到中世纪经院主义这个核心。这些思想曾经是力量和理解力的源泉，但在他们的那

---

⑳ *Souvenirs d'enfance et de jeunesse*, in *Œuvres complètes*, 2，p. 852. 这个段落写于 1881 年。

个时代已经奄奄一息了。历史恰恰在那时提供了这种新的视野。一个原因就是，最后的摧毁工作首先需要的就是一项严格的历史任务，亦即摧毁普世的传统经院式年代学。部分地也由于当需要跃进时体验比任何的论证都更好。传统的演绎或归纳论证曾被小心地培植以生产旧的答案，历史体验则产生出了新的答案，并提供了解放的力量。这些都使这场运动在诸多各异的方向上成为可能。

这些都再也不会发生了。没有人会因为在历史的镜子中看到自己是一性论者而成为天主教徒，也不会有什么人因为他们在曼彻斯特的工厂中看到了一个不可阻挡过程的证据而成为共产主义者，仿佛很快就能在新耶路撒冷进入高潮。宗教和政治问题将在其他的层面上得以解决，我们一定不要对历史抱有太多期待。历史不会告诉我们去相信什么或如何行动，历史也不会使我们变得更宽容、更加普世主义或更和平。但是，如果我们实现了这些目标——甚至在更不可能的情况下，走向了这些目标的反面——其都将为我们带来新的愉悦，并使我们更理解我们究竟是什么。历史断然不是所有的事，但它是所有事物的一个方面。这就是我们前面所研讨的这些体验所带来的伟大而持久的遗产。作为每一个事物的必然要素，历史将继续生长，并随之给每个事物带来新的愉悦。历史体验中首要的就是愉悦，但同时也是一种警告。它对着每一门科学伸出一根表示警告的手指说："你也是你时代的产物，反映了你那个时代的局限、主见和特殊兴趣。当时候到了，你也将随同那些经院主义一起被扫入勒南的大博物馆中，那些主义也曾经看起来如此坚固，却终被你取而代之了。"愉悦和警醒是上个世纪发展起来的历史体验的主要果实。在这些非常卑微的界限之内——或者它们根本就并不卑微——历史视角并不像勒南所恐惧的那样，在开始时就显出了终点。而是像丘吉尔在一个不同的语境中所说的，在最后的时候才刚刚开始。

119

VII. 关于过去的真理

我在题目中所提出的这个问题实在是过于狂妄了，因此我必须在一开始就对之加以限定，以使其处于能掌控的范围之内。首先，我将从以下问题开始：为什么长久以来，人们都认为历史学家不可能发现关于过去的重要事实？这种质疑为什么在上个世纪后半叶消失了？又因为什么，这种质疑在今天再度出现了，而我们又能做些什么来应对呢？为方便起见，我将在这所（牛津）大学历史学派发展的语境中来讨论这些问题。

所以，在一开始的时候，让我提醒你（或者对于你们中的一些人是"告诉你们"），历史系直到 1850 年代才在大学的课程体系中占有一席之地。在没有历史学的情况下，大学已经存在了超过 700 年，如果追索为什么历史系出现的如此迟缓，核心的答案非常简单：人们认为，历史研究不可能发现一个系统可靠和关于重要一般真理的体系，只有拥有了这些特质，这个学科才能同其他那些已经被认为具有此种特质的学科相提并论。不同于历史学，这些学科全都基于对权威文本的研究，根据已经极为健全的规则，将谬误从真理中剔除，进行讨论，最后形成系统的教义体系，而这些对人类生活的行为具有无可辩驳的重要性。那些最明显具有这些特征的学科首先就是神学、法学（包括罗马法和教会法）、医学、代数学、几何学、音乐学和被称为"三艺"的语法、修辞和逻辑。从 13 世纪早期开始，牛津大学就提供了所有这些科目的课程，在这里，任何一个有理性的人都会觉得他们为有着重要目标的学问和在这个世界生活的行为做了足够多，以为来生做准备。

然而,这并不意味着历史学不能成为一个给予大量娱乐和提供反思基础的学科。但作为一个知识性学科,历史学无法符合大学教学体系中对学科的若干标准。首先,其无法提供某种系统性的真理体系。如同约翰生博士所说:"关于某些国王的统治或者某些战役,我们可以将其视为一种合理的确定性。但所有这些多彩的东西,所有的历史哲学,都不过是猜想的。"因此,在这里就是说:历史可能有许多功用,但是在学科中并没有位置。因为作为学科,其要求能够作为一个完整且经过良好测验的系统知识体系,以进行研究。

这一切看起来似乎是如此合乎情理,以至于我们要问的真正问题就成了,为什么在这种情况下,历史学最终还是得以进入到我们的大学当中?是因为人们突然发现历史学遭到了中伤,因为其确实具有系统的、重要的、经过反复验证的真理体系吗?

对这一问题的回答非常复杂,但其中有突出的两点。首先,在1850年赋予历史学的机会并不是因为历史学本身在这个世界中声誉的提升,而更在于其他学科的衰落。由旧的教学大纲所推动的整个知识观点,也就是说合理的完整性已经在大多数学科中达到了极限,而剩下需要做的事就是将这个到达顶峰的真理体系一代代地传承下去,只不过是进一步完善庞大知识体系中的细枝末节。这种观点在此前的一个世纪里遭受了重创,使整个结构陷于一种毁灭的状态,而正是这种旧学问体系的崩溃,给了历史学宣称自己并不次于其他任何学科、甚至可能还要好得多的第一个机会。在当时的英格兰,没有多少人相信历史学能创造出任何好得多的东西,但许多人觉得也不妨一试。而且,在新的法学和近代历史学院创立之后,法学作为压舱石为这次新冒险提供了某种稳定性。

那些思想保守的人之所以愿意冒险,开展对这个技术薄弱学科的研究,是因为虽然没有多少人认为历史研究本身可能会产出重要结果,但历史却一直在欧洲文化中占据着重要地位。即使在大学里已经存在的伟大学科中,其继续推进也带有非常强烈的历史背景。不仅如此,作为所有科学之王的系统神学也被认为有诸多历史根源,亦即在《圣经》、教父、教会公会议中,对于这些过去记录也已经有了许多批判性和历史解释的研究。自由艺术的所有分支也是如此,你在圣约翰学院的坎特伯雷四方广场(Canterbury Quadrangle)上就能看到这一点。逻辑、语法、修辞、天文学、代数学、几何学和医学——所有这些都是经过检验的历史发展的结果。因此,历史的核心观念,亦即整个人类思想和制度体系都是在长期历史发展过程中形成的,这一点深深植根于欧洲所有的科学之中。我想,从某种程度上说,在其他文明中似乎并没有出现类似的情形,亦即历史性是所有科学的核心特征。

122

　　然而,你现在也许会想,我已经走向了另一个极端:一开始说历史在欧洲传统科学中无立锥之地,现在又说历史始终占据中心位置。然而,请注意其中的区别:长期以来,历史发展就被视为系统化知识的基本背景,但本身并没有获得成为独立研究的地位。为什么会这样呢? 核心就在于,历史的中心本质并不源于历史探究,而是源于神圣启示。因此,对这个知识整体而言,其所包含的最重要的知识虽然也经过了长期积累和精炼,但却并不是历史的产物,而是启示和理性的产物——因此,这些知识是绝对不可动摇的:历史能够积累和精炼,但唯有上帝和理性才能为整个体系赋予真理性——其顺带也包括整个普世年代学体系的真理性。

　　因此,在数个世纪中就一直存在着这种矛盾:历史是所有思想的核心特征,但历史研究在任何思想研究中都没有一席之地。历史就成为了生活中更轻松一面的研究——一种娱乐,而不适于大学的研究,因为大学的宗旨是要将获得的真理一代代传承下去。

　　如果我们不理解这种悖论,我们就无法理解过去一百五十年中历史学的演进:从一开始的时候,欧洲思想的整个知识体系就是数世纪积累的结果,具有深厚的历史背景,但是这种积累却并不源自于历史探究。但是,系统思想的每一个分支,都能在历史稳定性这把巨伞之下进行探究。

　　这种神圣启示和保护下的历史与理性科学真理的联盟,直到19世纪上半叶仍然服务于欧洲生活中的所有主要科目。当然,很容易列举出对这种结合的许多批评和怀疑，尤其是从 1700 年之后。但对大多数人而言，甚至对大多数知识分子而言，这种结合抵挡住了各种批评，他们不必去回应任何无需回答的异议。又或许对之有些怀疑，但并没有看似可行的替代物。然而，这种疑惑非常突然地变得真实起来，一个新的、远为宏大的年代记的第一缕微光开始出现。确实是随着《圣经》年代记的坍塌，整个体系随之摧毁，到 1800 年的时候已经摧毁了大多数思想者曾经相信的东西，而到 1850 年代的时候，这种毁坏已变得难以修复。随着这种力量越来越深地渗透到社会中，那种根本性的年代记变得不再真实，可正是在其之上，才得以建立起来神圣秩序和理性理解的整个体系。这种摧毁不是在细节上，而是在根本的框架上，这就使原先的信徒越发抗拒。很难想象对欧洲思想和生命的基础还有比这更为致命的一击。在 1850 年之后，任何幸存的关于世界有秩序观念的派别也都奄奄一息。我非常同情那些第一批直面从确定性向无尽疑虑深渊这一令人胆寒之坠落的人。我们现在所要讲述的历史运动，就是爬出那个泥潭的最初尝试。

123

II

人们也许会这样想，既然长期以来的传统都贬低历史作为人类严肃知识体系的一部分，现在则表明曾有神圣担保的历史知识漏洞百出，那么上面的新发现不应当标志着历史学的开始，而是历史作为知识地位严肃竞争者身份的终结。在此之前，它的知识地位不容置疑，而现在，这个地位却变得无法修复。但实情并非如此。正是在这个时候，从神圣启示的历史废墟中，历史研究才拥有了自己的权利，没有任何超自然力量作为支撑，历史才第一次独立存在。为什么会这样呢？

我认为，这首先是因为欧洲长期以来惯于对知识的发展进行历史性思考，即使在历史确定性根源已经被扫涤的情况下，在人们追随某个知识体系的同时，不能不在同时将之视为两三千年的实践中持续探寻劳作的结果。这种历史视角无法被简单地弃置一旁。

其次,对《圣经》式历史根基造成威胁的主要是新的地质学、语言学和天文研究等学科,而它们有一个共同特点,亦即都指向一种可建构的新年代学,这将不再基于启示,而要建立一种关于普遍发展的新叙事,这就有赖于对化石、语言形式、生物的器官变化和天文观测等方面的细节性观察。这些观察都表明,一般的真理最终可能由历史探究所发现。很难知道究竟如何才能做到这一点,但在 1850 年代,牛津的空气中到处都弥漫着宣传小册子的味道,其中提出了各种各样实现这个目标的方法。在经过几次不成功的实验之后,人们开始普遍认识到,寻找过去重要性之一般真理的最佳领域是对政府的研究,更具体地来说,是对议会和普通法发展的研究,这两者看上去成为了自由在制度形式上永恒发展的局部性事例。如同从失望的监狱中逃亡一样,他们发现其中有些东西像是一个神圣的工具,从最早的时候就为了人类生活的扩展而不断发展着——这是一种特别地与过去那种被遗弃的神圣启示模式相连的世俗化化身。

那种在 1850 年看上去已经消泯了的前景,在 1880 年的时候又成为了牛津的正统学说。现在,它不再同 13 世纪那样被供奉在神学院里,而是供奉在了近代历史学院。到 1850 年,似乎有很好的理由去认为人类行为发展的一般真理——尤其是在政府组织中,在教义表达、哲学体系的发展中,并潜在于人类生活的各个领域——都可以被囊括在人类探寻的视野当中,历史学也就显著地适用于大学教育。于是,这种理念开始生根了。也就是说,可以有一种历史研究,它不再仅仅是用比过去更为典雅的语言或更为详尽的阐释来讲述一个古老的故事,历史研究应当是一门具有创造性的学科。研究基础是各种档案和各种古物,这些东西只有在历史学家们询问时才会讲述它们的故事。因此,各处都兴起了新的历史方法,人们希望一种新的人类生活框架可以从中产生,并具有普世性呼召。在 1850 年到 1920 年间,这种探索在这所大学中所消耗的精力比任何其他知识活动都更多。

124

可是，去看看我们大学中的历史教学大纲，所有这些努力的结果似乎看起来又有些好笑，这是知识重建的混乱过程中的奇怪产物。但更重要的是，要从一个更广大的知识革命背景的中心，来看待这种学术回应。广义上来说，这份大纲的设计者想要做三件事：首先，反驳历史知识中没有实质性体系的指控；其次，设计出一个足以抵御带有敌意批评的学习计划；最后，设计一个具有普世价值的学习计划。

事实上，这一体系的力量源自于对英国历史的浓缩，首先就是议会制度和普通法领域。更高层次的确定性源于原始档案的研究，比如议会记录和其他官方文件。对普世的适用性则源于"自由在制度演进框架内发展"这一主题。无论其他人对此作何评价，这一计划无疑取得了巨大成功。在这个学科建立以来的五十年内，大约有三分之一的本科生——不仅是在牛津、而是在全国范围内——选择了这个专业。而且不仅仅在英国，在半个地球上的大学，都以最早在牛津设计的方案为标准进行历史学习。这个学科的用处似乎毋庸置疑，这个学科的知识可信性也随着基于文献研究的历史科学逐步发展，使历史学科被视为一种关于过去的新知识，这种知识不仅触手可及，且更为丰富、更为确定，还更能采取系统化的形式，比任何其他更早的历史知识都更具实用性。

由于缺乏足够有力的工具判断其在历史进程中出现的时间和地点，档案文献在此前从未显露出它们的秘密，而现在，它们却成为了超出其原初意图信息的载体。比如说，档案中记载了贵族会晤、被召集人的名单以及他们辩论的主题等，档案本身被写下来作为他们辩论的结果，这种长期以来按固定标准形式书写的行为，塑造了新历史科学的基础。人们希望这种科学像其他学科一样，能够逐渐通过创造一种囊括数个世纪的不同时代的比较演变而得以拓展。于是，这就成为了历史真理的新视野——更为深远、更为确定，且对于我们生活的行为更为重要，这就使历史研究成为了未来的新希望。

关于这一点我可以多说几句。不是一般性的阐释，而是当我在

1930 年代还是本科生时,这些信息带给我的激动感。你们可能觉得这个时代(与我们前面所讲的时代相比)太晚了,但我发现,正是那些章程重塑了 20 世纪的社会和政治生活,那些当初的参与者恐怕连想都不敢想。因此,如果这些发现在 1930 年代仍能给人带来激动感,那么在两三代人之前,它能给那些真正的开拓者们带来怎样的冲击呢?他们热切地相信,迄今为止被忽视了的真理,能够以科学方式获得,能以可同科学真理体系相提并论的信心创造出来,而这个科学真理的体系已经被无情地摧毁了。

然后,在这种新知识体系中还有一层含义。在大学中产生并完善了的旧有经院知识体系可以继续传承下去,不仅聚焦于系统的确定性,同时还能为人类生活的方方面面提供准则。1850 年代对之进行批评的一个要点就在于,除了明显的不真实之外,大学中所提供的知识也明显是无用的。因此,新形式的历史学的主要诉求就是,除了能提供新的有序的真理外,其在生活行为中也最为有用。历史学能为那些将要管理世界的人提供了一个机会,使他们预览将会遇到的各种问题,无论他们将要统治印度的大片地区还是为这个国家设计法律和条例规范。

现在看来,这纯粹是信口开河。但是,甚至仅仅在六十年前,情况也并非如此(比如说在 1930 年代的时候)。而在七十五年前,这却与那个时代的环境相得益彰。事实上,历史学在将大学置于整个社会的中心位置方面远超过其他任何学科。13 世纪的大学曾经占据过这个位置,但在随后的世纪里却逐渐失去了。

在 13 世纪,神学和教会法的系统研究远超于其他任何学科,这就让大学在社会上占据了主导地位。在 19 世纪后期到 20 世纪的最初十年中,则是历史研究。毫无疑问,在这个国家中对议会发展的研究使历史处于提供真理的核心地位,这被视为非常稳定且具普遍用处的研究。这项研究所具有的特质,正是学者们曾教授过在经院主题研究中去寻找的:形成对个人和集体生活态度上的重要性、对其他时代和与其原初发展不同的社会之适用性、对于当下世界和未来的巨大重要性,以及科学地建立起来的真理。

126

这些光明的视野而今已经消泯了,我们现在几乎无法欣赏那些历史研究核心主题之发现的美轮美奂与重要性,这一发现是在1850 年到1914 年之间稳步增长的,且没有任何重要的竞争对手。在1850 年的时候,这个主题甚至连理念的形态都完全不存在,而到1914 年的时候,它发展到了作为一个科学知识体系的巅峰。像所有重要的知识体系一样,它在蜿蜒发展中产生了许多辅助研究领域:普通法、经济、国家共同体的团结、无止境的议会理念不断拓展的无限可能性——在时间上,从日耳曼人对罗马帝国的入侵一直到不确定的未来;在空间上,涵盖了世界上所有的种族。他们因为这个时期帝国的扩张,奇怪地受到了那些远古事件的影响。这门新科学不仅在影响方面飞速拓展,同时在学校和大学中,修习研究这门学科的学生和教师数量也在迅猛增加。到1900 年,大约有三分之一的本科生在学习历史,而他们中的大部分将议会制度作为他们学习计划的中心。在中非和印度的学校中是这样,更不必说英格兰和英国殖民地的公立学校了,同样的学习计划也占据着核心位置。

到本世纪初,新的历史科学已经建立,并回答了早年间历史学是否有资格成为学术研究领域之严肃竞争者的质疑。在令人惊诧的极短时间里,历史学成为了一门学术学科,并用于提供一个重要的有序且可验证的真理体系。这种真理不仅在方法和说服力上牢不可破,同时还具有到那个时候为止都难以想象的普遍适用性。

历史取代了神学的位置,成为了所有科学的女王。当然,现在科学已经被拔高到几乎无法对其进行严肃反思的程度了。让我在这里回忆一个细节,以说明这一点:晚到1935 年,已故的莱昂内尔·斯通斯(Lionel Stones)教授早年在格拉斯哥学习化学,他的父亲曾警告他说,他必须要考虑到未来,转向一些更为实用的研究:既为了顺从,也显示了他的聪慧,他转到了中世纪史领域。这个选择符合每一项要求:有着知识发现的宏大视野,是一个对人类生活行为具有广泛重要性的研究领域。他从不后悔,但他必然是最后一代能体会到这种召唤力的人。在莱昂内尔·斯通斯转向中世纪

127

研究的二十年中,历史学成为了这个国家的夕阳学科,中世纪历史的衰落则最为明显。究竟是什么错了呢?为什么人们开始认为历史学不足以满足其声称所具有的那种重要性呢?现在所留下的范围又在何处?这究竟有怎样的重要性?这是我将在剩余的时间中必须要尝试回答的问题。

III

首先,究竟是哪儿出错了?这个问题可以在各个层面上加以回答,但为了方便起见,可以从 1900 年前后大量编写的学生手册说起。这些手册都是当时学界领军人物所写,其中若干部堪称浓缩与有序的经典之作。可尽管有这些优点,他们也存在着所有成熟的学术学科中普遍存在的缺点,这个缺点正是五十年前编撰出历史学大纲时力图克服的。现在,这一学科已经积累了大量的教条内容,在不阅读原始资料的情况下,这些内容就可以进行学习,因为这些教条本身就是从原始资料中蒸馏出来的。人们年复一年地尝试去纠正这种状态,坚持所有学生都必须研读原始文献。但是,一个简单的事实就是,既然都已经知道答案了,再去查阅原始文献就变得不再必要甚至是不明智的,因为那些更为聪明的头脑已经将这些重要的真理从原始资料中提取出来,可以直接使用了。如果得出一些新的或不同的结论,只会使真理之流变得浑浊。这就重演了经院主义所遇到的问题:新答案注定是错误的,旧的答案早就被知道了。结果,就变成了无穷无尽的呆板与重复的背诵。

在这个无法改变的事实背后,潜藏着一种更加普遍的不满原因,这就是我下面试图去描绘的。

新历史方法的主要目标是追溯制度发展从一个阶段到另一个 128 阶段的演变过程。这一研究就要求其所问的问题应当采取这种形式:1215 年的一份文件中的声明如何与 1166 年、1259 年和 1297 年等年份中可比较的条款相关。一方面要上溯到盎格鲁—萨克逊时期,而另一方面则要延伸到 1640 年甚至 1832 年和 1887 年。从某种意义上来说，这种方法即使到现在也没有错：理念和规章在一个序列内，首先由更早的文献所预兆，随发展变得越发混乱，并被用于那些并非原初想要解决的问题上，历史学家的部分工作就是去分解和展现这些转变。但随着时间推移，当所有的这些排列都被解决了，就没剩下什么亟待解决的问题，学者们就只需要尽可能多地去学习这些内容就可以了。历史学大纲中为了学习所编选的材料中很大一部分都是这些内容。学生们发现——无论批评者说什么——他们所要做的就是去学习这些答案。

此外，还有一个更根本性的困难：所有的"正确"答案都是沿着一个单一演进脉络发展的：有序的自由在共同体内增长，这一发展脉络被设想成在 19 世纪后期达到发展顶峰，那个时候已经准备好出口到全世界的各个地方了。正是这种感知为整个研究赋予了高贵性和普世价值，就像是五百年前，将从古代世界传下来的逻辑、语法和修辞在现实世界中大量运用一样，这曾为早期大学中的经院方法赋予了高贵性和实用价值。这两个事例的结果都非常相似：首先，再没有进一步发现的余地了，而整个世界在总体上也并没有因现在已经达到的高度而变得更好。所以，人们就开始质疑，是不是在整个系统中有一些重大错误：过去五十年中在争斗中毫无竞争的状况下所织就的经纬线是正确的吗？它们是不是因为当时社会的需要或者偏见，被简单地强加到过去之上的？更为严重且迅速在当时流行的看法是，难道这些不是当时在社会上占统治地位的阶层强加在当时整个社会之上的吗？

然后，伴随着这些问题，出现了一个对历史探究之未来而言更具普遍性且更为令人困惑的问题：整个的方法都是从记载着过去发展模式的文献中所汲取的，其赋予一些个别的事件以永恒的重要性，难道不是将现代观念强加给过去进而扭曲了整个图景吗？

历史学曾宣称对当下有用，这就要求现在的原则应当能够在过去呈现为一种萌芽状态。正是历史学家们具有通过对过去的多样性而看到普世有效的原则之能力，才赋予了这个学科所宣称的普遍重要性。从这一点上，历史研究宣称要取代过时的经院体系，这个体系衰落的最后阶段就在 1850 年代。但是，如果所有的历史学家所做的，都是将现在的理念加诸过去，他们还不如将这片领域留给那些经济学家和政治理论家们。

在大约六十年前我还是本科生的时候，就已经很明显地感受到，我们的学术先辈所设想的带有知识局限性的历史学走向了幻灭。我不觉得我这样说是因为后见之明，因为（除非我的记忆误导了我）我能记得在我刚刚开始本科生涯的时候，历史学思考和写作所面临的问题是，人类日常生活中所有重要的事情都被它忽视了。这种批评被强化了，可能受到了一种更具破坏性之发现的启发。过去作为未来指导和模范的普遍实用性突然地且灾难性地变得不合时宜，那种将一切事都汇聚到一起的思想体系本身构成了过去的一部分：自由在一个先例中的拓展深化，首先是从盎格鲁—萨克逊贤人会议和盎格鲁—诺曼的御前会议（*Curia Regis*）中缓慢出现。然后，天启自由的伟大发展开始出现，这被阿克顿极具启发性地视为理解普世历史的钥匙。但这并非人类发展的普遍性规则，而是 19 世纪的发明，它事实上更接近于我们自己的时代，而非遥远的过去——从某种程度上来说，它离我们现在更近，却远离 13 世纪的想法和感受。当这种想法出现后，从 1880 年代到 1930 年代统治着大学的历史教学方案就被普遍认为既不能满足过去也不能满足于现在，前者是因为它将过去变得为我所用，而后者是因为并不能服务于当下的事务。

IV

此后，要求改变的呼声越发强烈，其不可避免地被称为一场改革。这场改革采取了两种形式。首先，也是最为直接有效的，就是要求在历史材料中追溯更为"相关"的因果链条。基于这种要求，从 1930 年代到 1950 年代产生了广义马克思主义的学术历史研究。但是，这一理路最终也遭遇了同样的命运，其本身最终也被揭示出对过去而言并不真实，而与现在和未来也并不相关。事实上，对于主题性的线性历史而言，无论它在一个文献到另一个文献、一个世纪到另一个世纪的长长因果链追索中有着怎样的直接优势，最终都逃脱不了相同的命运。无论他们能显现出什么样的真理，都不是关于过去的真理。

130　　我并不是说"线性"历史书写的伟大杰作将不再出现，它在一段时期内仍是历史学家们的愿景。一定会是这样。但是其本质目的是要为现在和未来提出一种目标，无论这个目标是好是坏。在有助于理解过去方面，它们的角色却非常有限。为了更为全面地理解过去，我们必须转向另外一种形式的历史书写，它第一次在我们能理解的范围内给历史研究带来了新的宽度。我将之称为"情境"（situational）历史，它的全部目的就是将包含思想、想象、世界观、个人和群体愿景的每种现存资料都纳入到一个单一的时代中。我不认为这种视野变化所带来的结果现在已经全面地展现出来了，虽然有各种迹象都表明，向着这个方向的变化正在发生。

　　与一个世纪之前的那场历史运动不同，这个方兴未艾的目标是对各种思想和想象的理解，而非在一个长期历史过程中追索一个单一目标直到当下。为了这个目的，最具价值的资料就是行政和司法档案，而那些"落伍"的思想模式，比如经院主义的特质或者圣经象征主义等就被扔进了过去的垃圾桶中。很重要的一点是，这些曾被弃置不用的材料现在成为了中世纪研究的中心。在各个地方，历史研究中对实用性和组织性的重视转向了想象性和艺术性的、文学、礼仪和神学这些过去的不朽记录。在这些研究的光照下，编年史以一种新的着眼点回到了舞台上，亦即通过关注于这些书写来告诉我们当时的信念和世界观。行政档案也被当作思想而非一个体系发展阶段的产物来阅读。试图在各个方面重建过去的思想，并且密切关注着时代、地域和个性，是这种对过去研究之最近阶段的目标。为了实现这个目标，历史学家们放弃了或者说弱化了一切将过去与现在相连的努力，而只寻求理解这些材料自身在其原初状态下展现给我们的思想和意愿。所有的这些联系，此前被视为从过去通往现在之路的垫脚石，越发被看作其当时产生出来之场景中的副产品，而不再是通向整个受造世界的终极目的之路上的一系列事件。

这个被我所称作从线性历史观向情景历史观的转变，在过去的五十年中缓慢且断续地发展着。让我根据我自己的经验来给你举一个例子。

1933 年的时候，我那一年都在费迪南德·洛特（Ferdinand Lot）的指导下工作，他是法国学派的历史学家中最伟大的大师之一。在那一年，他的研讨班聚焦于秃头查理统治时期，这个人是最后一位重要的加洛林王朝皇帝，他的统治只有公元 875 到 877 年这两年。洛特的教学部分地体现了 19 世纪后期历史学家的线性理念发展，也部分体现了对这种观念的反对。当洛特还是年轻人的时候，查理的统治往往被阐释为封建主义——封建主义指中央政治权威崩溃，而分散为大量地方组成部分——首次开始成为西欧占主导地位的社会形式的时期。

这一观点曾在埃米尔·布鲁瓦（Emile Bourgeois）关于秃头查理统治时期的最后一部重要文献——《奎亚兹条令》（*Capitulary of Quierzy*）——的研究中进行过精彩的阐释。布鲁瓦在这份档案中侦测到了许多与封建主义相似的特征，（他宣称）这部法令展现了在查理于 875 年待在意大利准备他的皇帝加冕时（他从此再没有回去），法兰克政府规划中一个难以抗拒的势头。洛特那个长期的系列研讨班的一个目的，就是证明这个观点的肤浅。洛特的方法，或者说我们在他指导下所采取的方法，就是对这个王国中一年年出现的问题进行详尽的研究，包括维京人的破坏、隐修院团体保护其圣髑免于入侵者掠夺的恐怖战斗、加洛林家族内部的家族争执、查理国王女婿博索（Boso）的最后叛乱。博索是我的任务，我当时全神贯注于当时已经发生事件的全面形势，而不考虑后来发生了什么。从某种程度来说，这全部的努力都代表着一种只关注当时形势的新路径，而不需要考虑任何假想的因果链条。

从这个角度来说，这一方法具有极强的穿透性。但是，在五十五年之后回望，其最为扎眼的特点则是穿透力还不够强。毫无疑

131

问，当时也有许多精妙或复杂的东西，也不缺乏对文献极具洞察力的批评或对材料具有想象力的解释。这里所缺乏的，是对主要行动者心灵的研究。将圣髑从这个国家的一个地方移送到另一个地方，以及这些战争的军事、经济和交通问题，都不仅应当理解，还应当感受其烈度。但是，为什么这些隐修士们要竭尽全力地要把这些圣髑留下，则只能耸耸肩作为回答。（或者会说）这正是那个时期难以解释的天生的迷信。又或者，为什么查理要冒着生命危险去罗马寻求皇帝尊威，而这并不能给他带来更多的权力。这个问题从未被探究过。这被视为一种权力和荣誉的问题，而并不是一个想象中的理念的问题，无论多么不实际，却使生活值得过下去。这些演员们所搬动的道具都是古旧的，但他们的目的，他们对权力的欲望，他们对失败和死亡的恐惧，是所有时代的人都经验过的。

132　　从 1933 年以来，这种历史研究中的变化可以通过对比我在1978 年聆听迈克尔·华莱士—哈迪尔（Michael Wallace-Hadrill）的罗利（Raleigh）讲座的经验相对照。[1] 在他对这些事件的描绘中，那些为洛特所忽略的东西占据了整个图景的抢眼位置：象征、礼仪、基督教统治的神学、过去的形象、帝国神圣和世俗责任的重量——所有的思想财富和当时的想象都集中于理解心灵和个性这个单一的任务上，这个奇异且复杂的秃头查理的个人世界观和治理理念，还带着帝国过去的观念，他努力使自己名副其实——都为了讲述一个在灵性上过着忧郁生活之人的故事。他是一个极为深思的人，为许多责任所压迫，承担着比他任何先辈和继承者都更为沉重的传统。

　　想象的一跃，对遥远心灵和存在的体解，是以其本来的方式而非现在的方式理解欧洲过去的第一步。

---

[1] "A Carolingian Renaissance Prince: The Emperor Charles the Bald," *PBA* 64 (1978), pp. 155 - 184.

V

但是,这里或者会有人反驳,说如果以这些方法来看的话,19世纪中期设计并直到今天仍存在于我们大学课程中的历史研究的整个存在理由(*raison d'être*)就都被摧毁了。这些课程的建立者所从事的,是使过去为现在的目的服务。我们能为这种研究提供其他形式的辩护吗?他们希望通过一步步追溯过去的起源和发展,而使现在更易于了解。这个过程应当被认为是有价值的,因为其展现了我们生活中的制度——议会、法庭、城镇和公共政府、堂区、教区、郡县乃至王国的组织——是如何产生的,并逐渐生长为我们今天所看到的这种形式。

其同时也显示了这些制度,无论其最初的目的是什么,都成为了宽容和同意治理(government by consent)的中介。如果被移植到其他土地上,历史就显示出它们可以在那些人中采取同样的生活方式。从这些角度来看,历史为我们提供了反思现在的媒介,也是对那些可能对这些制度所珍视的价值形成威胁之警告。它带来了对我们自身和我们文明之敌人的理解。它致力于通过使我们看清过去,赋予我们的生命新的深度,并暗自瞩目于未来和围绕着我们的一切。它使我们的过去成为了传授文明价值的工具。我们有理由说,如果谁能够认清过去的重要标志,他也会比那些未能在数个世纪衰退中发现任何东西的人有更深的体验。历史研究被设计出来,就是为了在整个共同体中鼓励这种认识。这种现在与过去的联系应当被放弃吗?为了理解过去,人们是否应当放弃从知识上和想象上进入到过去的视野、古代的象征、古代的思想体系、古代的艺术和建筑形式、古代的祈祷和礼拜形式、古代的庆典和状态?

如果我们问以过去的视角和观点来研究历史能为我们现在带来什么益处,我想这个答案是,过去之所以有趣或者说有教化作用,并不在于他们和我们多么不同,或有多少共通之处。在关于永恒、图像和象征的丰富性以及对自身之无力感的认识上，他们与我们不一样。当然，即使对过去这些思想和象征再深的理解，也无法使这些人类心灵中已经失去的部分复生。但是，通过了解我们失去了什么，将是我们走向重生的第一步。至少，这是一种体验，以高度投入到当下感情与想象力的贫乏之中，这就引向了第二点。

1850年之后的那个世纪中，历史思考的最大缺陷就在于有一种将现在视为顶峰的倾向，认为人能够主宰自己的命运。没有什么比这种荒谬的自负错觉更使人性贫乏的了，这个错觉被认清之后就最终导致了绝望。与之相反，通过学习理解过去的信念与图景，我们并不会被带入到一个信仰或者创造性的心灵框架之中。但是，我们至少可以在同过去之丰富性的对比中，认清我们的贫乏。这种想象性的参与是严肃认清我们自身短处的第一步。仅仅去想我们失去了的东西就是一种解释甚或取代当下缺陷的挑战。我们可以将过去视为一座从未被使用过的宝库，其向各种探寻开放，绝不会有人空手而归。

总而言之，这种对过去进行参与所必须的强大力量，看起来并非精力充沛的锻炼或非常有用的东西。但是，一点点反思就能发现，其不仅要求甚高，且富有教育意义。所谓的高要求，是因为其要求心灵和意志的强大力量，去清空我们思想中来自当下时代的预设，将我们的思想整个翻转过来，去观察一个我们现在几乎一无所知的精神宇宙，并思考那些早已被现代生活所淹没了的思想。我们必须将整套对我们来说陌生的思想与情感纳入到我们的意识当中：对这个宇宙的感知中，永恒与我们非常近，天上的造物分成阶层，每一个都有与我们在地上活动相关的功能。在这个宇宙中，天体与我们在地上的生命息息相关，并导出带有精神性的影响。这个列表可以大大扩展，但是可能我已经在历史研究的深度和其本身价值方面说的足够多了。寻求以过去自身的方式和标准来理解过去，并不是一个简单的选择。但是，也并不像目录中看起来的那样令人生畏。如果我要详细地讲述做面包的每一个步骤，且假设你此前从未见过做面包，你将会说这真是复杂到难以完成。但

134

是,只要你熟悉了基本理念,每一个新步骤都会变得更为容易,其
整体上就变成了一件愉悦的事了。或者,如同我们观赏一幅 17 世
纪的复杂绘画,比如说一幅鲁本斯的画。你越仔细端详它,就会发
现越多的东西:谁是那个走在乡间路上带翅膀的人?为什么那个
年轻人旁边的人背着一条巨大的鱼?走向他们的那个老头以及旁
边搀扶着他且同样老的妇人是谁?这些画是为什么、为了谁、在什
么时候创作的呢?这些问题是没有穷尽的,而这条路上有如此多
的愉悦,而且要比你想象得更为容易。

VIII.《弗雷德里克·威廉·
梅特兰信札》评论

137　　将一位对公共生活并没有什么影响的学者的一系列信函付梓，
想必是一件前所未有的事，而且还是在他去世六十年后才加以整
理出版。没有什么比这卷校订详细且极具学术性的信札整理更让
这位写信人感到惊讶的了，因为他并非一位伟大的书信作家。他
忙碌到没时间去写那些不必要的信，而且也过于自我克制和谦逊，
从而无法使他的信成为自己最深处感情的载体。只有偶尔一两
次，他才打开那习惯性封印着的盖子。如在写给挚友莱斯利·斯
蒂芬(Leslie Stephen)的信中，他谈到了妻子的去世："我有一种难
以遏制的愿望，无论这种愿望是多么愚蠢和错误，我都想握着你的
手告诉你，我对你所想的那两个字。"(第 157 页)这个盖子迅疾又
合上了。但我们高兴地看到，梅特兰也是一个具有深切和持久感
情的人，虽然他不轻易着笔于此。然而，这些信件深深地感动了
我，并使我重新审视他在那群伟大学者中的位置，就是他们在 19
世纪上半叶改变了历史研究的面貌。在梅特兰的学术研究方面，
这些信确实没有告诉我们多少此前不知道的信息，但从头至尾，这
些信在风格和讨论的事情上却是如此新鲜且与众不同，从而带有
一种崭新的清晰感和某种悲怅，将这个人及其成就重新呈现在我
们面前。

　　弗雷德里克·威廉·梅特兰(Frederic William Maitland)出生
于 1850 年，他的父亲是位律师，并曾在剑桥大学三一学院工作，后

来还做过新成立的公务员委员会（Civil Service Commission）主管。他的祖父萨缪尔·罗菲·梅特兰（Samuel Roffey Maitland）是格罗斯特郡的乡绅和教士，他出版的《黑暗时代》（*The Dark Ages*，1844）是标志着中世纪研究在英格兰复兴的最重要事件之一。这些家庭关系为梅特兰赋予了一生中都非常满意的环境。剑桥、法律和中世纪是他一生中最重要的三个影响因素。他所继承的东西中唯一没有存续下来的就是基督教。我没有找到任何涉及他父亲信仰状况的信息，但梅特兰从第一次进入我们的视线时就没有宗教信仰。他女儿称他为"（圣公会）低派不可知论者（a low-church agnostic）"。在那个时候，这种现象在严肃且思想高尚的英国人中屡见不鲜，尤其是在剑桥。但是，这种人在中世纪学者中却比较罕见，他们都更倾向于这样或那样形式的高派教会人士，无论他们有没有宗教忠诚。在没有宗教的情况下，梅特兰在人类关系中找到了一些宗教式的满足。没有人是比他更好且更长久的朋友了，他的性格中完全没有嫉妒、自大或表现出任何的追逐私利，性情极其和蔼，并对世俗的奖赏无动于衷。此外，即使在他的成就方面，他也体现出了一种不合常理而又真挚的谦逊，尤其是在对那些像父亲一样的人的世界中（这可能也是他缺乏宗教性的一个直接结果），比如亨利·西奇威克（Henry Sidgwick）、莱斯利·斯蒂芬和保罗·维诺格拉多夫（Paul Vinogradoff）。他将自己成就的很大一部分归功于他们，超过我们以为合理的程度。对于更年轻的人和其他同事，如果不是因为他确实非常自然且不装腔作势，他对他们的尊重可能看起来相当夸张。他曾给年轻的詹姆斯·泰特（James Tait）写信说，詹姆斯对《末日审判书及其他》（*Domesday Book and Beyond*）的书评比对梅特兰的任何作品的任何书评都要深刻，值得每一个要出版一本新书的人去阅读。

　　我们可以继续长篇大论地赞扬梅特兰的个人品质，并基于这些信件加以阐释，但我们现在必须转到其他事情上。毕竟，我们读他的信并不是展现他的个人品质，而是要探寻其中呈现的历史天才。在这方面有一个重大的遗憾就是，在他直到 1884 年出版第一部历

138

史作品前的成长期里并没有保存下来多少信件。为了理解他的历史进路，我们必须回到他最早的《论文选编》(*Collected Papers*)中，而这些信件也必须在这个背景下加以理解，因此，对这部信札汇编中没有充分展现的那些岁月加以简介也许并非不合时宜。

梅特兰在 1872 年参加了剑桥大学道德科学(Moral Sciences Tripos)荣誉文学士考试，并在 1875 年提交了一篇论《自由》(*Liberty*)论文以申请三一学院的研究员职位。但他并没有成功，于是在 1876 年进入法院工作，担任不动产和抵押资产事务的文书起草人。正是这份工作让他对中世纪产生了兴趣。这份工作本身就迫使从业者产生出对中世纪过去的态度：那个时候的土地法被中世纪的原则和规程牢牢牵制着，并无处可逃。在律师当中，主要流行着两种态度。一派是改革者们，包括大多数崇尚理智的人，他们对过去那些毫无意义的东西感到厌烦，并带着一种全面轻蔑的态度希望将之彻底扫除。而他们的对立一派则珍视其职业中的纷繁难懂之处，在宪政神话和国家政治体的延续性中找寻保留这些荒谬之事的原因，并证明它们的古老。这两种态度都不是历史性的：前者是反历史的，而后者是假历史的。在实际事务方面，梅特兰果断地站在改革派一边。他在 1879 年写道，"实践中的便利，无论多么小，都不应该被牺牲在历史延续性的祭坛上"(《论文选编》，I，195)。他毫不掩饰地将自己置于实用主义者一方，反对伯克(Burke)的追随者。然而，他也同样直率地拒绝实用主义对历史的忽视和肤浅看法，那些人将当时流程中的愚蠢视为封建历史内在荒谬性的证据。什么是荒谬的，就是封建的；什么是封建的，就是中世纪的。所以，什么是中世纪的，什么就是荒谬的。这个三段论就这么建立了，而且即使经过了一百多年的研究，仍有数量惊人的人们认为这种看法是真实的。梅特兰正是在这点上与改革者们分道扬镳。在他看来，1870 年被视为荒谬的事情在 1270 年时并不必然是荒谬的，而他自己则要去探寻这个堵塞他那个时代法律制度之残骸背后的机制。

任何想要理解梅特兰的历史研究起点，并追寻其发展的人，都必须要读一读他在 1879 年发表的那篇关于不动产的论文。这篇文章具有相当成功的破坏性，但只有通读全文才能使我们看到，他在这篇文章中已经为他后来的历史洞见奠定了精密的基础。他已经掌握了欧洲的蛮族法律，并且熟悉布拉克顿（Bracton）的作品，因此他能够判断近来布拉克顿学派的研究毫无价值。他甚至为初学者做出了一般化的重要保证，比如说他写道：

> 如果在必要的情况下，我们可以简单地表明，在过去的几个世纪里，在我们整个的财产法运动中有一个稳定的倾向贯穿其中，这个倾向就是不动产到动产的同化。事实上，我们不知道该将这一倾向界定于何时，因为早在我们的记录存在的那个时候，这种倾向就已经出现了。（《论文选编》，I，195）

梅特兰已经开始在研究这些将占据他余生的问题和资料了。我们必须避免被这篇文章中的法律语言所欺骗，梅特兰感兴趣的是法律观念背后的社会，这是他毕生的主要关注点。

到 1879 年的时候，梅特兰的主要特点已经形成了。在实际事务中，他是一个改革者，但他所希望的是改革现在而不诽谤过去。从这时到此后的很长一段时期里，他都认为改革之路需要奠基于对过去的理解之上。尤其是在德国，他承认那里的历史研究在法律改革中所起到的作用，而且他似乎也想到了历史研究可在盎格鲁—撒克逊国家中发挥某种类似的作用。但随着时间的推移，他越来越少地谈及法律改革，而更多地关注于中世纪的法律系统。为了学术政治，他保留了自己的改革活跃性，并将其主要精力转向了历史。

梅特兰的工作是将中世纪法律呈现为符合当时社会状态且可以被理解的系统，这与其祖父关于"黑暗时代"的宗教研究有相似之处，祖孙之间存在着极强的相似性。他们都坚持思想和行为模式在其当时当地中的合理性，而大多数现代人都将之斥为内在的荒谬。甚至像斯塔布斯（Stubbs）这样的中世纪学者，都对中世纪思 140

165

想体系和社会组织评价甚低，他们仅仅是希望在一片普遍无知、暴力和迷信的场景中，找寻到些许光明。这是梅特兰对于历史的首要贡献，即使他拒绝中世纪人们的信仰——在这点上他远比斯塔布斯更为彻底——但是他还是愿意严肃地对待中世纪人们的思想和问题，并且系统地处理到最后一个细节。

虽然他在1885年之前的信件并不多，但是最早的两封信，写于他还是伊顿公学的学童之时，却是其中的上佳之作。让我们感到震惊的是，直到梅特兰二十多岁前，没有人意识到他有什么过人之处。他在学校里的表现乏善可陈，他"蹭进"剑桥的时候已经19岁了。他带着敌意回顾了伊顿公学的古典教育，这也是令人感到奇怪的，因为他后来展现出了非常杰出的语言能力。在剑桥，他仍然继续着知识上的漂泊，直到他遇到了西奇威克。那时候他才看清了他的前路，但——这也是最奇怪的特征——反而是不动产处理者这个职位给予了他所需要的智力刺激。与原始档案和具体问题的接触，为他的概括能力赋予了一个新的目标。

当他开始行动时，一切就变得非常迅捷。他的思想和态度在他三十岁之前就已经形成了，此后也没有发生多大变化。这些信中所展现的是成熟的梅特兰的工作。最为精彩的是这些信展现了他作为一个匠人极致精湛的技巧。他明晰历史学家之技艺的方方面面。众所周知，他是一个非常迅速且准确的工作者，他的眼睛可以毫不费力地找到那些重要的内容，他以一种闪闪发光的清晰来表达最为深奥难解的思想、描述最为复杂的过程。在这些信件中，最重要的是展现了他从事那些烦人单调工作的意愿。很少有历史学家掌握着全部的王牌：长于概括的学者往往在细节上不够精确，文笔清丽者则常常推卸誊写的工作，几乎每个人都痛恨做索引。而梅特兰热爱这一切，并在每件事上——或者说几乎每件事上——都做得相当好。他转录了许多档案文献，以至于手指上都生了老茧；他自学古文书学和中世纪法语语法，以大量未经整理的档案作阐明案例，甚至还为他人著作编订索引。没有人像他那样做了如此多的历史学家们认为是蠢驴般劳累且无聊的工作。但就在这些工作的基础上，他甚至还能像一位天使般去写作和论证。一个人拥有这么多才能似乎看起来不公平。他是怎么做到的呢？

首先，他思想是如此活泼，使他看起来根本不懂得疲乏、厌烦和倦怠。"我极为享受"——这些和其他相似的表达描绘了他对这些长期且枯燥任务的恒常反应。也许，他长期的疾病使他与自己的身体相疏离，并带着某种愉悦的眼光来看待这种疏离。古怪的是，只有当他的病情非常严重时，他才开始感觉到一种身体状况良好的愉悦："在我一生中，第一次感到仅仅是存在着，就是让人觉得欢喜的。"他在 1898 年给拉斯·帕尔玛斯（Las Palmas）写的信中说道，这是他为了身体缘故被迫到海外越冬（第 230 封）。对梅特兰而言，这个大多数人在年轻时就经历过的发现是一个凶兆，因为这表明他的身体机能正在衰败。他仍然继续产出比多数人更多的作品，但从 1884 年到 1898 年那无与伦比的十四年高产时代走向了终结。

他如此多产的秘密自然是源于他的执行力，这些信件给出了他行动敏捷地谋划并开展各种具有原创性且晦涩深奥之研究计划的证据。他研究范围地全面展开在 1890 年到 1892 年间的信件中得以充分展现。在那个时候，除了于当代教授们而言闻所未闻的大量授课之外，他还计划并撰写了《英国法律史》（*History of English Law*）的大部分和《末日审判书及其他》，为《卷宗系列》（*Rolls Series*）编辑了《议会备忘录》（*Memoranda de Parliamento*），为塞尔登协会（Selden Society）编辑了法院卷宗，还修订了维诺格拉多夫的《英格兰隶农制》（*Villeinage in England*），大致上着力于中世纪历史世界中最为难解之处。只有在他所拥有的那种最为准确的判断力下，才能区分哪些是重要的，哪些是不重要，惟其如此他才能做出这么多工作。事实上，真正令阅读这些书信的人感到惊讶的并非他的速度，因为只有判断力才能保证这个速度是安全的。他如同本能般地理解应当如何处理历史问题，不仅仅是概括的，而是能深入到最精微的细节当中。在 1885 年的一封信（第 17 封）中，他最为令人信服地展现了这种能力。在那个时候，梅特兰只校订过一篇简短的文本,但他却能够给出一种完全不同的文本校订方式(年书),而且几乎不需要进一步的改善。任何信息都难逃他的法眼——无论是印刷格式、校对还是编辑方式,又或是抄本的谱系、注释、翻译和索引,他在所有这些方面都只用了几个简短的词,却在每一点上都是正确的。外行人也许会觉得在一些琐碎的比较中做出正确的判断并非难事,而相应的是在重大问题上则难以裁决。而真正的圈内人则知道,重要之处往往都是水到渠成的,这些琐碎的东西才真正是摸索中裁断的难题和不眠之夜的困扰。梅特兰却从不失手,也从未被那些渊博的细节所迷惑。

　　也许,那些并非中世纪学者的读者会在阅读这些信的时候感到乏味,因为他们发现其中大量充斥着这门技艺的细节。但是,这正是为什么梅特兰仍旧重要的原因。如果我们拿他和亨利·曼恩(Henry Maine)相比——曼恩爵士是同时代人中唯一一个能在地位上与梅特兰相提并论的法学历史学家——我们就可以马上看出,就历史学技艺而言,梅特兰属于现在,而曼恩则属于过去。曼恩的思想极为广阔,他能够轻易地从波厄斯郡(the Powys)谈到旁遮普(the Punjab),从古代埃及谈到当代土耳其,还穿插着印度教礼仪和基督教婚姻。他开启了大众的眼睛,使他们意识到比较历史的重要性,但对我们却没有多少启发作用。对梅特兰来说幸运的是,当他还是一个年轻人时在学术上只取得了中等程度的成功,因此他能够摆脱那些享有盛名者看待世界时的那种漫不经心。在不动产事务办公室中,他不得不艰苦地阅读那些档案。这让他学会了要脚踏实地。他认识到,通往历史之路必须经过这种苦读,无论思想多么的典雅、精简和准确,都无法取代这份苦读的巨大力量。他没有继承人,可在某种意义上来说,所有的现代历史研究者都是他的继承者。梅特兰的优点是我们都想拥有的;他的工作方式也是当今所有研究者所采取的方式。

　　在最后,我们必须要问两个问题。为什么他没有继承者?以及为什么到了现代,也就是在他去世大约五六十年之后(本文写于1967 年),他的名声却在一个前所未有的规模上增长了呢?

就第一个问题,我们必须区分短期和长期的原因。从短期原因来看,他的大弟子特纳(G. J. Turner)不幸地被证明是这个世界上最为病入膏肓的拖延者之一。梅特兰的最后一封信谈到了特纳的拖延:"他知道,我也知道,你更清楚地知道,却不能在出版业辛迪加(The Press Syndicate)上提及。"特纳后来也证实了这一点,其作品在梅特兰的注视下准备了五十年,才最终(而且是在死后)出版。而另一个不幸是,基于各种原因,梅特兰在剑桥没有机会像斯塔布斯在牛津那样一个建立历史学派。但是这些都是造成梅特兰没能在历史写作上立即产生影响的暂时的和地方性的原因。更重要的是,法学的衰落与经济、行政和神学的兴起——按先后顺序——成为了历史灵感的来源。对梅特兰之后的一代人而言,以法律为进路探究历史,似乎就讨论过去社会的核心问题而言太过正式了。随着近年来中世纪研究中新的教会法学派兴起,这一状况有所改观,可即使这种变化也更顺理成章地源于我们这个时代对神学、行政和经济问题的探讨,而非梅特兰主攻的那种法律。

那为什么梅特兰在当下的声望和影响又增长了呢?这个答案 143 就是一个词:社会学。我们已经走过了历史写作的宪政、法律、行政和经济阶段。现在大多数历史学家在某种程度上都是社会学家。也就是说,他们对社会结构的兴趣要大于对宪政或制度发展的兴趣。虽然梅特兰本人对社会学知之甚少,却成为了一个先驱者。梅特兰的历史中几乎没有什么发展,甚至他的《宪政史》也是静止状态下的一系列研究。他最伟大的作品《爱德华一世之前的英格兰法律史》(*History of English Law Before the Time of Edward I*)事实上是一个单一时段的封建主义在 1150 年到 1272 年作为社会纽带的解释。梅特兰在准备为后一个阶段进行相似描述的时候去世了。他所最终企及的结果,是一部在时间较短且便于处理的时段中对于复杂社会的精妙阐释,此前无出其右者。虽然近来也有一些此类历史写作的作品,但是无人能在知识力量和知识之美上与梅特兰相匹敌。

梅特兰是斯塔布斯的对照物:梅特兰是形势(situation)的历史

学家，斯塔布斯则是发展（development）的历史学家。现在，贬低斯塔布斯而赞扬梅特兰成为了一种时尚，也很容易了解出现这种现象的原因。梅特兰精确的概念和清晰的表达符合现代科学的要求，斯塔布斯模糊的一般化和时代错误的概念则在两相对照之下使人恼火。但是，我们需要记住，梅特兰遗漏了那些能够逃脱定义的事物：人类的性格和深层的变化。在梅特兰的历史中，没有人物的肖像，也很少感触到社会的发展。在综合考虑所有这些之后，我相信斯塔布斯是一个更为伟大的历史学家，但梅特兰现在则教给了我们更多，这些信就是这方面的一个明证。斯塔布斯的信札不可避免地属于他自己的那个时代，而梅特兰的信则说着我们这代人的语言并处理着我们的问题。他的坦白、正直、毫无伪善使这些信成为了对上个世纪历史学家中最为闪耀的科学思想巨匠一个非常值得的纪念碑。

IX. 莫里斯·波威克爵士(1879—1963)

I

弗雷德里克·莫里斯·波威克(Frederick Maurice Powicke)爵士 144 出生于1879年6月16日,是可敬的弗雷德里克·约翰·波威克和玛莎(Martha)的长子,母亲玛莎是北安普顿郡布瑞格斯陶克(Brigstock)的威廉·科利尔最小的女儿。[①] 波威克的父亲是基德明斯特(Kidderminster)本地人,在伯明翰接受过成为公理会(Congregational Church)牧师的训练。作为一个年轻人,他必然有一些浪漫的冲动,导致他在古老的伍斯特郡(Worcestershire)的村庄波威克(Powick)——他家族姓氏的来源——后面加了一个"e"。1878年,弗雷德里克·约翰·波威克在阿尼克(Alnwick)开始了他的牧师生

[①] 波威克的一生中一直保持着与朋友、同事和学生们的积极通信,许多信件都保存了下来,其中包含了大量关于学术事务和高度个人化感触的信息。我非常感谢这些信件的保管者将这些信件借阅给我,并帮我提供各种细节、修正和建议,其中包括:波威克夫人、波威克家族的女士们、贝洛特教授(H. H. Bellot)、乔治·克拉克爵士(Sir George Clark)、切尼教授(C. R. Cheney)、加尔布雷斯教授(V. H. Galbraith)、亨特博士(R. W. Hunt)、休斯教授(E. Hughes)、伦纳德先生(R. V. Lennard)、玛格丽特·夏普博士(Margaret Sharp)、斯通斯博士(E. L. G. Stones)、泰森博士(M. Tyson)和华莱士—哈迪尔先生(J. M. Wallace-Hadrill)。奥利斯·格里高利(Alys Gregory)所珍藏的波威克自传文字极具价值,尤其是涉及波威克早年经历。我在本文中同时也使用了一些未曾发表的文章和讲演稿。

涯，次年就有了第一个孩子。他以 F. D. 莫里斯的名字来称呼这个小家伙，这位莫里斯的自由神学对老波威克的影响很大。② 但是，我们今天在这里所说的这位莫里斯中年之前，家庭成员之外的人都叫他"弗雷德里克"。阿尼克的历史协会一直对老波威克极具吸引力，而且他喜欢去想自己在托马斯·霍奇金（Thomas Hodgkin）和曼德尔·克莱顿（Mandell Creighton）的土地有一种相继关系的兴趣，如他曾说，这里是"一个不缺乏激起对教会史中奇怪运动之广阔探索灵感的地方"。

然而，这些协会却只存在回忆之中，因为在 1886 年，这个家庭搬迁到了距离斯托克波特（Stockport）三英里的哈斯罗（Hatherlow）。这次搬家决定了波威克一生的主要路径。他念的是斯托克波特语法学校，他非常感念当时校长瑙尔斯（Knowles）先生的帮助，他是"一个易怒、敏感、红头发的小个子，有的时候措辞严厉甚至残忍，但对于学问却有真实的尊重"，而且他"特别感念班主任彭伯顿（Pemberton）先生，并不是因为他的教学，这是荒诞的，而是因为他的善良和持久的尊重"。总体而言，波威克一定是这个艰苦的狄更斯式社会中奇怪的小东西。他把自己描述为一种候鸟，从家里经过一段森林小路之后到达学校，不玩游戏，被允许使用教师的房间从而得以独自工作。最为重要的是，他找到了通往当地公共图书馆的路，在一个侧室——"一个闷热、难闻的地方"——在午饭后的时间，他先去阅读一些月刊和季刊，并通过这些杂志慢慢熟悉政治、文学和广阔世界的存在。③

145

---

② 此处指英国安立甘宗神学家约翰·弗雷德里克·丹尼森·莫里斯（John Frederick Denison Maurice, 1805 - 1872），他深受 1848 年革命影响，但认为只有基督教才是社会重建的真正根基，因此提出了基督教社会主义（Christian Socialism），并与其他人共同创办了劳工促进会（Society for Promoting Working Men's Associations），是 19 世纪中期在英国影响深远的自由神学家和政治活动家。——译注。

③ 关于公共图书馆的回忆，参见 *Library Association Record*, September 1950。其他关于幼年和青年时期的回忆，来自于一份自传式的未完成之作，现在属奥利斯·格里高利博士所有。

1896 年,他获得了毕业奖学金,他的父亲"决定不让我去做生意,而是让我去大学了"。

　　我的父亲想过古典学,并见过欧文学院的拉丁语教授威尔金斯(Wilkins)。他认为我不够好(我自然是不够),并建议我学历史。所以,我就有了第一次重要的面试,是同陶特(Tout)教授,在老弗里曼图书馆主楼三层的一个房间……当我在走廊上等待的时候,我看见一个奇怪的人,痉挛式地点着头,拖沓着脚步独自走来。我开始以为他是个门房。他带着一种令人害怕的痉挛,嗓子里像是有哮喘一样的声音说:"是你在等着见我吗?"我说,"我在等着见陶特教授"。他说,"我就是陶特教授"。之后他掏出了一串钥匙,打开了弗里曼图书馆的房门,带我进去了。

进去之后,波威克非常慢热。在第二个学期开始的时候,陶特仍然不确定他是否足够好。然后,"我一定是非常突然地找到了我的位置,因为虽然我没有意识到我进行得如此之快,我已经在复活节的时候完成了所有的工作"。从这个时候开始,一切都进行得很顺利,虽然在最后曾遭遇了一个小小的挫折,也就是"作为外审的伯里(Bury)教授几乎要拒绝授予我一等学位,因为我那篇古代历史的论文太差了"。1896 年到 1899 年的三年中充斥着各种各样的活动,"阅读兰克、哈勒姆、麦考莱、加德纳、布克哈特、克莱顿、西斯蒙第、罗斯科,以及马基雅维利、圭恰迪尼、科米纳和克拉克文件(the Clarke papers)",同时还在写提交给沙特尔沃思(Shuttleworth)论文奖的关于平权主义者和约翰·李尔本的文章,并最终赢得了德比奖,这为他上牛津助了一臂之力。④ 他在三十年后写道:"我仍然靠那时候我从这些东西中所得到的印象为生。"他的视野很快地扩

---

④　这段时期的一些个人性回忆,参见 "The University of Manchester, 1851 - 1951," History Today, May 1951, pp. 48 - 55, at p. 55.

展了:

> 当我最先开始阅读的时候,我读的是艾默生和马修·阿诺德,之后我继续读莎士比亚(我全部都通读了)以及麦考莱和许多我父亲研究的东西。我曾一度知道每一本书放在哪里。有一次,我开始向他问到关于哲学家的时候——洛克说了什么,贝克莱说了什么等等——我发现他在这方面懂得并不多,但在我上床睡觉的时候就下定决心要去知道一切事。那时候觉得知道一切并不是什么难事。

然而,专业的历史研究作品长期以来都被敬而远之,远到几乎都没有什么东西能够幸存下来。因此,当他读到陶特发表在《曼彻斯特卫报》上的关于《末日审判书及其他》的书评时,就将这份报纸裁剪并珍藏起来,并"想着我是否应该去读读这本书"。这一定是发生在他本科二年级的时候。在他三年级的时候,他赢得了一张通往巴利奥尔学院的入场券,这里也曾是陶特的学院,他就在1899年去了那里。

虽然陶特对这一举动起到了鼓励作用,但背后最主要的动力却是欧内斯特·巴克(Ernest Barker)。巴克家族与波威克家族的居住地相去不远,那位年轻人常翻越一座山丘去和老波威克博士进行一番长谈。他无穷的活力和卓越的成就使人印象深刻,小波威克以眼前这个人物为理想的榜样去了牛津。在他牛津的第一夜里,正值奖学金考试期间,他去默顿学院拜访了巴克,如同立即中了魔咒一般:

> (他在若干年后写道)我仍然能感觉到,晚上进入那座美丽的四边形方院的初次印象。一直以来,对我来说,这就意味着牛津……我现在仍然能嗅到巴克覆盖在沙发和椅子上那些毯子的味道,台灯和壁炉将他的小隔间照亮。

1899 年 12 月,在他第一学期的末尾,波威克被推荐获得了布拉肯伯里(Brackenbury)奖学金,这是巴利奥尔的历史系学生所能得到的最高成就。但是,这却变成了三年相当失望岁月的前奏。波威克缺乏巴克的那种自信和身体活力,使他以一种热忱摆脱了卑微出身和乡下背景。他太过于敏感,而且在内心深处是一个异议者,无论是在社会还是在宗教方面,都难与斯特罗恩—戴文森式(Strachan-Davidson)的巴利奥尔那种令人眩晕的青春格格不入。然而,他对于自己优势的认识也足够清醒,使他厌恶那种漠视,同时也感觉到他的巴利奥尔导师在自己经历了曼彻斯特之后,没能再给他什么帮助。因此,他对巴利奥尔的回忆中充斥着一些轻微的伤害和小小的善意:专职牧师施加了前者;导师和赛艇队的队长则提供了后者,他们建议他放弃赛艇训练(他必然是一个无比机智的人)。他后来作为钦定教授的演讲,就是在巴利奥尔的大厅里做的,他以钦佩的语调谈到了史密斯(A. L. Smith)的讲座。⑤ 那一刻确实很动人,可我从未见过他在任何其他场合提及过。整体而言,曼彻斯特学院和曼斯菲尔德学院当时正如日中天,因为他们的讲道台上总是挤满了著名的讲道人,同巴利奥尔相比,那里更让他有家的感觉。这种不适同时也反映在他的学术表现上。他在 1902 年的大考(Greats)⑥中只获得了第二等,在此前一年的斯坦诺普(Stanhope)论文奖中也只获得了第二名。想想这一年的斯坦诺普奖由西顿—沃森(R. W. Seton-Watson)获得,第二名也并非什么丢脸的事。⑦ 但当时波威克不会

---

⑤ 此处所指是英国历史学家亚瑟・莱昂内尔・史密斯(Arthur Lionel Smith,1850
 -1924),他在 1869 年到 1874 年求学于牛津大学的巴利奥尔学院,并在 1916 年
 到 1924 年担任过巴利奥尔学院的院长,他在牛津大学的历史学教育方面做出
 了很大贡献。——译注

⑥ 包括希腊和罗马的古典文学、哲学和古代历史。

⑦ 此处指英国著名政治活动家、历史学家罗伯特・威廉・西顿-沃森(Robert
 William Seton-Watson,1879-1951),他在东欧历史方面有很深的造诣,对奥匈帝
 国的最终解体以及南斯拉夫的出现提供了历史理论基础,并在第一次世界大战
 结束之后创办了若干刊物,推动了东欧原先被压迫民族建立自己的独立国
 家。——译注

知道，也因此感到非常难受。1903 年取得的历史学一等学位在一定程度上缓和了这些挫折，但在申请万灵学院研究员职位的失败再次让他回到了那种不确定感当中。这些都是他卓越生涯中的小插曲，但它们也表明了波威克早期生涯的压力和挣扎。他的成功来之不易，而且他知道没有不费力气的优势。失望是强烈的，沮丧也从未远离，但是，如果他深切地感受到了这些，他便以一种天生的幽默感来对抗，这也为他的烦恼带来了一线光亮。

现在是陶特来拯救他的时候了，这些年来，陶特一直是他的支柱和后援。1902 年，波威克的第一部作品在陶特的庇护下出现在了《曼彻斯特欧文学院同仁历史论文集》（*Historical Essays by Members of Owen's College Manchester*）上。波威克的论文是关于皮埃尔·杜布瓦（Pierre Dubois）的。这不是一篇非常有力的论文，但表明了他已经开始对当时方兴未艾的中世纪思想研究产生了兴趣，而且相当令人惊讶的是，在这样一个开端之后的二十年中，他再也没有发表过任何相关领域的文章。

在 1902 年，陶特对波威克做出的另一个善举是使他获得了曼彻斯特大学的兰顿研究员职位。这是一个三年的研究岗位，这也说明，获取牛津研究职位的失败并非一个灾难。波威克开始充满活力地努力工作，在 1904 年夏天为《维多利亚郡县历史》（*Victoria County History*）完成了一份关于弗内斯修道院（Furness Abbey）的研究，这是他第一部严谨的历史作品——"我的长子，我的美人，我所钟爱的"——他在次年哀叹这部作品因陶特友善的批判而变得破碎不堪。到最后，这一切看起来发展得都不错。在 1904 年 6 月，他给最爱的姑姑写信说：

> 我已经完成了我在十年前所期望完成的一切——那时候的眼光是狭隘的，而十个短短的阶梯向我展示了花园高墙之外的广阔平原。

可事实上，他正处在最后一个学术灾难的边缘。这一事件的起因是，他在1905年成功申请到利物浦大学的一个助理讲师职位。拉姆塞·缪尔（Ramsay Muir）在他的《自传》中留下了关于这一事件相当生动但却不够准确的记录。⑧ 利物浦的那位教授是麦基（J. M. Mackay），被缪尔描述为"有着运动员身材和职业拳击手的肩膀，顶着一个我所见过的最为硕大的脑袋"。麦基对历史和历史教学的理解似乎更多地来自他拳击手式的肩膀，而不是他那颗聪明的脑袋，从一开始他根本想象不到还有像波威克这样如此不称职的讲师。用波威克的话来说，他"对我的出现表现出一种教养良好、礼貌和并非不友善的厌恶"。⑨ 无论出于什么原因，他决定在一年的试用期后不再续约，而在申请布里斯托大学的教职失败之后，未来显得前所未有的黑暗。"我几乎要准备从事商业生涯了"，当他说起那些年月时曾提及。陶特再一次施加援手，为波威克提供了一个在曼彻斯特大学的助理讲师职位。这是波威克生涯的转折点。在之后的几年中，他主讲了一门备受欢迎的课程，并迅速成长为一名真正的学者和教师。除曼彻斯特外，这位挣扎中的学者不曾得到过什么鼓励，现在却迅速赢得了一些尖锐批评家的认可，比如普尔（R. L. Poole）和朗德（J. H. Round）。这些人的鼓励对他尤为重要，因为这为他打开了《英国历史评论》（*English Historical Review*）的大门，并使他在一份著名刊物上获得了第一次严肃的训练。但如果没有陶特的话，这些也根本不会发生。陶特以父亲的眼光在这关键的十年中一直关注着他，在来往信件中以一种朴素的真挚予以赞扬和责备，这些信在六十年之后仍然能温暖读者的心。

148

　　1908年，当波威克准备尝试申请默顿学院的优异研究员职位时，陶特给他写信说：

---

⑧　波威克本人对这份回忆中的内容进行了一些订正，参见 *Oxford Magazine*，March 2，1944。

⑨　1905年7月8日给 T. F. 陶特的信。

我很确定,你的问题的根源在于,是去获得一个成功律师所具备的非凡天赋,能够直达关键点,并且要让所有的读者清楚你已经到达了同样的关键点。我提醒你注意,并不是说我认为你没有——如果,我不认为你从总体上来说是那些年中我曾接触过的所有人中最好的一个,我将不会去纠缠你。

默顿的研究职位竞争很激烈,但评审者们也看到了光亮——陶特小心地将光亮呈现在他们眼前——波威克有机会回到牛津一年,而且他从未停止以一种欣悦灼热来回望这一年。"默顿,安逸的家(*domus placida*),还有研究员的方院,以及最重要的里德(Rede)主教图书馆"都柔化了他早年间在牛津所经历的困苦。在他七年的研究员期间,他只在这里待了一年。在 1909 年,未能获得伯明翰职位的波威克被任命为贝尔法斯特现代史的讲席。在这年九月份去往贝尔法斯特之前,他同苏珊·林赛(Susan Lindsay)结婚了,新娘是他牛津老朋友亚历山大·林赛(A. D. Lindsay)的姊妹。从各个方面来看,他最终过上了安稳的生活。也许毫不过分地说,直到他去世的时候,他整个人都依赖于这场婚姻为他提供每日的支持和安全的补给。

我们或许应当在此处逗留一下,开始考虑他作为一个学者的早期工作。如同我曾经提到的,1902 年那篇关于皮埃尔·杜布瓦的论文蕴含了一种未来发展的前景,但并未立即展现出来。从很多方面来看,这部作品都是不成熟的,波威克可能也意识到他并没有足以应对中世纪哲学或政治思想中困难问题的训练。无论如何,他走上了盎格鲁—诺曼封建和政治历史这条已经开拓得更好的道路,并为之赋予了一种他所独有的魅力和特性——这些道路并不易于通向美。有些讽刺的是,当麦基正在准备给波威克的学术生涯带来致命一击的时候,他第一篇发表在《英国历史评论》上关于文德沃尔的罗杰(Roger of Wendover)和柯基谢尔编年史(Coggeshall Chronicle)文章正在付梓。他在公众面前第一次展现了为贫瘠的文献或单调乏味的政治文本赋予亲切性和光照感的特殊才能。

149

在此后的十年里，波威克每年都有重大的创建，正是这些贡献首次将他推向英国中世纪史学者的前列，而且，普尔作为《英国历史评论》的编辑是第一个确信他将是一位后起之秀的牛津历史学家。他给了波威克许多书去评论，主要是关于法国历史，波威克自身能力和权威性也在迅速增长。他发展出了一种特殊的能力，能够在冗长的书中迅速发现那些重要的细节，正因为如此，他的许多书评迄今仍值得阅读。关于这些书评的一个批评是，在评论所引起的期望之下去读那些书往往令人大失所望。波威克看到了重要的东西，而那些追随他脚踪的读者则常常发现最好的东西已被他摘选出来了，而把那些非常枯燥乏味的东西留在了自己手中。他的文章还显示出，他往往在地理和家族联盟方面抓住一些不起眼的细节，在通过对人们熟知时段的精彩重构，将这个细节置于中心地位。这种能力成为了波威克作品的核心特征，并在 1909 年关于布列塔尼的亚瑟（Arthur of Brittany）谋杀案的作品中得到了全面发展。在这种类型上，他再也没有写出过更好的作品。

波威克职业生涯的第一阶段的结果最终集成一卷在 1913 年出版，名为《诺曼底的沦陷（1189 - 1204）》（*The Loss of Normandy (1189 - 1204)*）。这一卷"基于我在若干年前于曼彻斯特大学担任兰顿研究员时的研究"，这更是一部研究论文的汇篇而非专著。其视野比题目引起人们所期待的更为广阔，并呈现出 12 世纪后期关于封建制度设置的一个非常生动的赏析。一些人认为这是波威克最好的书，就像是一个手工匠人以精巧的手艺对付那些复杂和棘手的材料。这是波威克最大的优势。甚至朗德也不得不承认，在这部对诺曼男爵及其领地如此详细的研究中，其"所占的分量远超过人们原先所能期待的"。这种高度赞扬事实上正是来自于封建历史研究的主要探索者们。

II

我没有找到多少有关波威克在贝尔法斯特工作的信息，我所知道的只有莫德·克拉克（Maude Clarke）女士是他在那里所教过的最好的学生，以及在学校之外，他积极地推动了工人教育协会（Workers Educational Association）的活动。1915 年，他加入了在伦敦的战时贸易情报机关（War Trade Intelligence Department）。在他返回贝尔法斯特之前，1919 年的曼彻斯特大学历史系因为詹姆斯·泰特（James Tait）的退休和陶特的半退休状态而需要重组。他们向波威克提供了中世纪史讲席职位，并聘任拉姆塞·缪尔担纲现代史讲席，而陶特则一直到 1925 年都担任着高等研究院和历史系的主任，也就是在那一年，波威克接替了陶特的所有这些职位。从 1919 年到 1928 年，在曼彻斯特的九年是他生命中成果最为丰富的时期，启发了若干不同的计划和成就。

这些年的核心事实是他自身在学术上和知识上的发展。在将近二十年里，他将自己沉浸在从 1170 年到 1220 年的世俗封建历史当中。在他已发表的作品中，极少涉足这个领域之外。[⑩] 但现在将要迎来一场转变，而这一变化则可能和两个事件相关。首先是罗伯特·付提尔（Robert Fawtier），他当时是约翰·瑞兰兹（John Rylands）图书馆抄本部的助理保管员，正是他引发了波威克对沃尔特·丹尼尔（Walter Daniel）一些神学作品的注意。这个人是 12 世纪里沃兹（Rievaulx）的修道士。这引起了波威克的兴趣，并最终使他发现了沃尔特·丹尼尔关于修道院长艾瑞德（Ailred）的传记。他出版了这部传记，并写了一篇很长的序言。长期以来他就很熟悉里沃兹及周边地区，而且，每一个认识他的人都知道，波威克和艾瑞德院长在性格上有惊人的相似性。这个研究题目也自然与他意气相投，他将自己在传记上的鉴别力——一种以短缺和碎片式的资料建构人物与事件的才能——全部投入到了这个研究当中。结

---

⑩ 一个有趣的例外是他在 1914 年于一个已经被遗忘的丛书系列（人民丛书：布装本（The People's Books：Jack））里出版过一本关于俾斯麦的小传记。波威克曾经对我说过，他对俾斯麦的母亲和他从小的宗教养育非常感兴趣。这个极具特色的点也引发了我的兴趣，但这本书可能早就从博德林图书馆中遗失了，我从未见过。

果就是产生了一篇如此适合他的才能和性情的作品，但对我来说百思不得其解的是，他从未在同一领域产出更多的作品。可能的原因是他对修道生活和思想的细节并不十分感兴趣。作为一个人，他热爱艾瑞德，他也热爱里沃兹，他同时也享受将散乱的拼图重新拼接在一起的过程。他很高兴能有机会在三十年后修订一个新版，但他认为他已经说完了他必须要说的话，也没有意愿去说更多的东西，甚至还对后来学者们加给艾瑞德的重要性感到小小的不耐烦。

另一个事件则更为重要，这件事也扩大了他的学术工作与默顿学院的联系。在 1920 年里，默顿学院的图书馆员艾伦（P. S. Allen）将一个目录和有关学院中世纪图书馆的有关文件整合到了一起，并请求波威克帮他一起去编订这些档案。波威克答应了，但（用他自己的话说）"在我研究这些档案时，最初的计划发生了变化"。这个计划不再仅仅是编订一份图书馆的书目，并鉴别现存的抄本，这些成为了这个学院在创始的最初两个世纪中共享知识的传记，而且是从中世纪图书编目记录和幸存抄本中重建起来的。这部作品出现于 1931 年，包括了学院黄金时代的大量传记和书目信息，当时的默顿学院在欧洲思想发展上已经占据了一个与众不同的地位。人们或许可以反驳说，这部书在很多方面来看都是一部未完成之作。其确实并非一份完整的书目，也没有完整的捐赠者或作者信息。对波威克来说，这仅仅意味着一个开始。在皇家霍洛威学院（Royal Holloway College）给学生做的一次讲演中，他对自己和这本书的局限性都给出了非常坦率的评价：

> 当我最早开始对这些书感兴趣的时候（大约在 1920 年），我发现我自己迷失了。对我来说，它们的意义不大甚至没有意义，当我去翻阅那些留存于世的书时，甚至感到比那些只在记录当中而现在已经没有了的书更为神秘难解。在十年之后，它们的意义更大了，当时仍然很小。我从未读过这些特别的抄本中的任何一部，而且我也只对其中十几本的内容比较熟悉。我

151

也绝对不会去阅读它们。我像是在一个巨大的山堆表面挠了几下，如同是一只好奇的禽鸟。然而，那个知识和经验的世界，新的和旧的，都已经晦暗而遥远地被展现了出来。[11]

一个著名学者肯定难以用比这更坦率的方式向一群学生谈论他最新出版的书。他触及到了这部书的弱点和力量所在。波威克从来没有，也从未声称自己有大量处理经院思想或抄本的能力。但是，他看到了像默顿学院藏书所能提供的机会，而且他也正确地意识到，自己可以做一些事以将这些机会开放给其他人。

在这项工作中，他所学到的主要教训就是如果想要工作成功，就需要更好的工具。在他的迫切必需品列表中，占有显要位置的是中世纪经院哲学研究起步（*incipits*）的一个全面编目。在 1924 年的布鲁塞尔国际历史大会上，他提到了这样一份编目的紧要性。这一计划得到了首肯，并涉及到若干领域的诸多博学之士。虽然波威克一直没有忘记这个计划，但是却没有什么产出。这是他首次介入一种广泛合作的计划，也是首次体会到这类计划所带来的挫败。

关于默顿学院抄本的工作仍在 1920 年代缓慢进行着，波威克研究兴趣的扩展开始在 1925 年显现出来，这就是他那篇关于法弗沙姆的西蒙（Simon of Faversham）导师和他对哈斯金斯（Haskins）以及林恩·桑代克（Lynn Thorndike）关于中世纪科学作品的评论上。在随后一年，他发表了一篇名为《中世纪基督教生活》（*Christian Life in the Middle Ages*）的论文。这是他晚年散漫论文中的第一篇。这是一种他曾经已经超越了的写作方式。他喜欢选择一个题目，如实地呈现他思想中的样子，并回应其中所带来的刺激，然后以情绪而非论证的逻辑来引领他。他一直相信——我并不知道这是不是真的——就是因为阅读了这篇文章才使鲍德温（Baldwin）在三年后将牛津的钦定教授席位给了他。

152

---

[11] 这篇未刊稿上有波威克断定时间的手迹："? 1930"。

在得到钦定教授席位之前,他曾有机会大规模地展现他新的兴趣方向。大约在 1925 年底,他被邀请在牛津做福特讲座。他选择了斯蒂芬·兰顿(Stephen Langton)大主教作为主题。很奇怪的是,他一开始并没有打算展现或发展他对经院思想的新兴趣。他想要简单地探究兰顿在大宪章斗争中的作用,并描绘他在后期作为一个教会行政者的活动。几乎完全出于偶然,他发现了兰顿在巴黎的讲演文本,随即改变了他思想的方向。这一发现使他产生了探究 13 世纪实践政治和学术思想关系的想法。在回溯的视角中,这种结合看似是波威克思想发展的必然结果。他所有的早期作品,无论以何种方式,都是在为将这些迄今为止都大相径庭的研究路线的最后合并做准备,而他所有的后期作品都是从福特讲座所开启的讨论之延续。如同我前面所提到过的,他对深入探究中世纪经院主义既缺少兴趣也缺乏足够的能力。然而,即使在他关于封建政治最早的研究中,确实也表现出了他跳出早期封建主义研究这一相当狭窄视野的努力。他从未忘记封建社会只能在理念和倾向的光照下加以理解,而这些都源出于修道院和学校当中。斯蒂芬·兰顿给了波威克一个机会,将理论和实践汇聚成一个单一的整体。这些讲座,开始的时候呈现为在《诺曼底的失去》中所展现之兴趣范围的退省精神,最终成为了向前更进一步的机会。讲座的绝大部分都是在 1926 年 12 月的一次灵感乍现中完成的,他在当年年底写信给陶特说:

> 这是最为分心和忙碌的一个学期,但是感谢上帝,我变得比过去几年里更好了。这个假期是我从 1906 年以来最为忙碌的,而且没有多大的压力感。从 11 月底已经写了五次福特讲座的稿子。当然,我从春天开始就在拨弄、酝酿这些东西了,我也知道我想说什么,但是一年之前我从未想到能这样提笔成书。我给苏珊读了,她说这些东西都非常简单和清楚,没有太多的细节,所以我就不再为这些烦忧了。第六次讲演——关于作为大主教的兰顿——对我来说是很新的,因为

我尚未思考过它,但是我认为我应该能够在1月去完成这个部分。

他总是以一种特别的欣喜来回望这些讲座,并将之视为他最好的作品。这些讲座文稿在1928年出版,自然是英国中世纪研究中的一件盛事。在此之前,从未有中世纪政治和学术思想的研究者习惯于使用波威克在这些讲座中的方法去给予彼此启发。

153

> (他写道)我尝试去描绘一个伟大的人,他有一种清晰、理性、深刻但并非原创性的思想,他的工作处于一个比中世纪教会历史上其他时段都更为重要、更为关键、更为充满机会的时代。尤其是,我试图将他带入到英格兰普通人和欧洲知识生活的关系中,在对他们所产生的影响之光照下,以打破那些阻碍我们将之作为一个整体加以考量的障篱,包括人以及政治和宗教的事务。

这一表述描绘了波威克晚期教学和影响的整个趋势。其有助于解释为什么这本书对其他人的作品产生了一种冲击,且迄今为止都未曾失去这种势头。然而(也得承认)兰顿自己——虽然他勤勉、认真、勇敢——很难被视为欧洲事务的中心参与者。结果就是,这部书虽然产生了很大的影响,也经受了与其目的难以契合的困难。

然而,这样说是基于在此后四十年在这些研究中所取得的持续进步。更重要的是考虑这部作品的直接影响。最重要的影响是这本书指明了一个新方向,并在波威克的合作研究计划中添加了新模式。我们已经看到,他在1924年提出的为早期经院作品做一个目录的计划没有任何结果。从这个时候开始,他开始指导他在曼彻斯特的学生开展关于凯尼尔沃思(Kenilworth)声明记录的研究。这项计划是希拉里·詹金森(Hilary Jenkinson)建议的,波威克大多数学生都参与了这项计划。借助研究斯蒂芬·兰顿,开启了一个具有重要维度的新领域，毋宁说两个新领域。一个是对兰顿经院主义作品的深入研究，另一个是对 1215—1216 年拉特朗大公会议后教会行政及其重组的研究。每个领域都有几组学者在波威克的总体指导下进行工作，由他的首创思想和视野所启发。第一组"经院主义小组"中包括贝丽尔·斯莫利（Beryl Smalley）和奥利斯·格里高利（Alys Gregory）两位女士，随后很快又加入了乔治·拉康姆（George Lacombe）蒙席，这一组关于兰顿作品的研究和索引出现于 1931 年。"行政组"的研究主要是吉布斯（Gibbs）女士和朗（Lang）女士的工作，还有玛乔丽女士对兰顿行记（*acta*）的校订本，最后的计划则是威尔金斯的《会议》（*Concilia*）新校订本。

在《斯蒂芬·兰顿》出版当年，波威克离开了曼彻斯特，去了牛津。在出发前夕，他写道："我最后几年的大多数精力用在了将对的人聚集在一起，并帮助他们自信地工作。"[12]他怀着极大的希望。他找到了合作研究的正确方式，亦即非正式的、友善的和亲密的，每一项工作都基于他的灵感，不需要委员会做什么。在陶特退休三年之内，他给曼彻斯特的历史研究传统带来了新的转向。在这些年里，他已经成为这个国家中世纪研究运动的核心人物，他也发现了自己作为一个教师的全部力量。这两种发展都相当自然地从其早年兴趣中生发出来。从皮埃尔·杜布瓦到诺曼封建主义，再到斯蒂芬·兰顿和中世纪的基督教生活，从约克郡和科茨沃尔德（Cotswolds）阅读小组，再到仰赖他的鼓舞和启发的研究团体：这些阶段代表了波威克个人天分的高度展现，并使他从一个起于微末的学者，成为了享有世界声誉和影响力的学者。理解这种发展就是理解波威克。

154

III

在来牛津的时候，波威克以为他被召唤到牛津来要做的，就是

---

[12] 1928 年 8 月 14 日给爱德华·休斯（Edward Hughes）的信。

他已经在曼彻斯特所做的那些事，他想象着他的新同事们也是因为同样的原因欢迎他加入。这就导致了一些误解。在他 1929 年 2 月 8 日的就职演讲中，他彬彬有礼且充满欣赏地讲到了他年轻时的牛津历史学派及其在过去三十年中的发展。之后的一个句子对他的一些听众来说，一定是一个不祥的预兆："在尝试一个粗略的梗概……我已经有了一个具体的目标。"这个目标就是提出"高级或研究生工作组织的议题"，波威克继续阐述他在这个问题上的观点。在其他事务之余，他强调了本科生和研究生学习之间的紧密关系，作为向着这种方向操作的标准，他希望牛津能效法曼彻斯特，将本科的课程分为两个部分。他并没有提到"曼彻斯特"这个词，但是他的听众立刻就会毫无热情地脑补上这个词。他描绘了一个本科生学习在第三年达到顶点的图景，"历史研究能够提供两种类型的经验，这是不应分离的，也就是说，对政治科学的历史探究和一般历史发展的课程，以及对一个具体历史题目进行的深入详尽研究"。在这里他提到了自己的经验：

> 我知道许多人逃离了这项工作，其本身相当无趣，甚至不知所终，而他们却意识到这些工作应该指向一个共同的目标……我们想要这个国家有更多的绅士和教士，更多的教会显贵，更多的男女教师，更多的律师，更多的公务人员，更多的闲暇之人都投身到历史工作中。因此，我希望看到一个开展高等研究的系统性组织……我大胆地建议，我们应该避免将那种从事高等研究的学生视为分离的研究生院。

155

这种倾向在现在看来是相当无害的，类似的东西几乎天天被提及。但是其中的许多内容会使波威克在 1929 年所面对的听众中相当一部分人被触怒，其中多数是大学的高层人员，而且他们的反对也随着这些语句背后的计划变得日益明显而更为强硬。他们认为，波威克哀叹于研究生阶段才有的专业主义其实早就在整个课程中存在了，他们不信任任何将本科教育转化为培养历史学家的目标,他们要的是通识教育,而且,他们也不相信研究生学位的优势。这一冲突最终在一件具体事务上爆发,亦即将本科生课程分为两个部分。波威克从未放弃推行这一变化的努力,并为之在委员会、董事会和教授会议上奋斗。他总怀着希望,但总是失败。这一失败为他在牛津的岁月里抹上了一层乌云,他几乎没有意识到他事实上已经取得了很大的成果。

和在其他地方一样,波威克在牛津花费了大量精力在组织方面,而且常常凭借他的坚持获得了他所想要的。但是他最大的影响只有在他处理与个人的关系,尤其是同他自己所挑选的小组之关系中才感受得到。在他面临大量听众时,这种感受没有那么强烈:他清澈颤动的嗓音并不易于听清,他论证的逻辑和在对话中充分的清晰度在讲演中都失去了。很奇怪的是,在这种场合下他常常没有意识到他的听众,如同他曾在一次讲演中出糗:

> 第一次,也是唯一一次,我做了一回赖兰兹(Rylands)讲座,关于威尔士的杰拉德。当古皮(Guppy)向我走来,并温柔地将我转了一圈后,我突然发现我无意识地将阅读桌转了一圈,一直是在背对着听众。[13]

大众对他并没有什么启发。但是"小组"(groups)——他最喜欢的词——和某些人才能唤起他的全部力量。他在牛津最早的创新中就有一个"中世纪小组",这是一个非正式的导师和研究生们的座谈,主要是阅读论文并讨论问题。可以大胆地说,这种做法并无异乎寻常之处,但波威克的创造性却非同凡响。某些人并不喜欢这种方式,但是如"波威克人"(Powickery)这个称呼,在当时是一个特权的圈子,我不认为任何人会觉得其他会议能和这种座谈相比拟。

在一门名为"爱德华一世时期的教会与国家"的课程中,波威

---

[13] 1948 年 4 月 13 日给 C. R. 切尼的信。

156 克在一片浓雾中带入一束光亮的才能展现得淋漓尽致,这是他在抵达牛津后不久引入的一个特别课题。班级的规模一直不大,但是在若干年后,他给大量的本科生带来了一种全新的历史研究理念。从形式上来说,其介于欧陆的研讨班和牛津的导读班之间,而且提供了一种让波威克感到惬意的氛围。这样的一种提升对他来说犹如量身定做,将正式性和亲密性相结合,他夹杂着礼貌和严格,在鼓励中时而又有严厉的批评,以及与那些陌生理念考究的结合,都给人留下了深刻印象,在这些课程中,他真正地完成了他想要去推行的理念,而不必在意那些给他带来如此多麻烦和挫折的规章。

这也适用于他与其研究生之间的关系。在波威克来到牛津的时候,研究学位才刚刚开始在这所大学中赢得他们现在所享有的位置。公平地说,他们常常被大多数学院导师以程度各异的怀疑、轻视或漠视来对待。这些都迥异于波威克的态度。他认为自己是所有近代历史研究生们的保护者。他对所有这些学生都进行过面试,并安排他们的管理,还亲自带了许多学生。在这个领域,他展现了非常强的个人规则。他继承了一个尚处于胚胎状态的院系图书馆,并将之变成了他自己的特殊领地。他选择书籍,决定入学条件并监管每一个细节。我始终记得三十年前那种进入另一个世界的感觉。那里就像是一座神殿,一定得小心翼翼地接近它,而这种感觉以一种卓越的方式表现了波威克对高等历史研究的理念。

虽然他对自己在牛津的被接受程度有些失望,虽然他在大多数规章法令建议上都失败了,但他还是对这所大学的历史研究做出了比斯塔布斯之后任何教授都更大的贡献。这部分是通过他对其学生的个人影响的渗透,也部分由于他的历史训练和研究理念的长期功效。他并没有像斯塔布斯那样影响到历史研究的框架和平衡,但是他成功地唤起了对于欧洲大陆学界更为鲜活的兴趣,尤其是当时正在迅速扩张中的中世纪思想研究领域。在他的时代,牛津取代了曼彻斯特曾经享有的盛誉,成为了中世纪研究的中心。像斯塔布斯一样,波威克失望于他最想成功之处所出现的失败,而他成功的程度却并没有被他看在眼中。

在他担当钦定教授期间，他在牛津之外整个历史研究世界中的影响也在增长。[14] 在他所参加的若干活动中，有两个值得特别提及，这既是由于这些活动的重要性，也因为这些活动照亮了波威克未来开展合作研究计划的发展。我已经含蓄指出，第一个重要活动是那场关于斯蒂芬·兰顿讲座的长期结果，其将波威克的思想引向了教会行政问题。当他在 1931 年被邀请进行罗利讲席的讲演时，他所选择的题目是亨利·斯佩尔曼爵士与"公会议"（Sir Henry Spelman and the "Concilia"）。如同他三年前的就职讲演一样，这次讲演既包括一个实践的目标，也包括一个学术的目标。他希望引起人们对英国教会会议材料最早收集者作品的注意，以引导出一个早在他脑海中形成的研究计划：

> 在很久之前，我们中的一些人希望在一起计划出一个威尔金斯（Wilkins）的新版本，以延续哈丹（Haddan）和斯塔布斯的工作，从（诺曼）征服到爱德华二世统治时期，可能甚至直到宗教改革时期。这是一项困难的工作，但是现在是时候着手去做了。

这次讲演发表于 1931 年的 3 月 18 日。九月份是"会议小组"的第一次集会，并一直到战争爆发之前每年都会有集会，战后则是不规律的间断碰头。在第一次会晤中，计划的视野进一步扩展，计划以五卷的篇幅囊括整个中世纪，关于出版的安排则是由克拉伦登出版社负责。这一工作分配给了八位学者，并计划出版一个周期性的通讯刊物，以使小组成员们在近期的研究发展上保持联系。

---

[14] 这一时期，公共和学术的荣誉接踵而来：他获得了巴利奥尔、默顿和奥利尔学院的荣誉研究员，以及来自剑桥、杜伦、圣安德鲁斯、格拉斯哥、曼彻斯特、利物浦、贝尔法斯特、牛津、哈佛和卡昂诸多大学的名誉博士学位，成为了铭文学会会员，以及美国中世纪研究会以及英国科学院的院士，并在 1946 年被封赐爵位。

在一开始的时候，他们认为这项计划可能需要长达二十年的时间
才能完成。这个估算被证明过于乐观了。但是，在32年之后新出
版的两卷将在这份回忆录发表之前出版，这两卷的内容涵盖了
1205年到1313年。⑮ 使波威克的最初计划得以成功实现的主要
功绩被波威克归于切尼（Cheney）教授，他从最开始就是"会议小
组"的成员。

这个计划比波威克所设想过的任何计划都要庞大。他受到了
17世纪那些离群索居的英国和法国学者群体例子的影响，像是博
兰德学派（Bollandists）或莫尔斯学派（Maurists）那样的雄伟计划很
难在现代的状况下重现，但是至少这些作品像是来自于威廉·卡
姆登（William Camden）圈子那样庞大和具有根基性意义，卡姆登的
《布列塔尼亚》（Britannia），斯佩尔曼的《公会议》、塞尔登的《十一
税》、达戈戴尔的《隐修院》（Monasticon）都仍然应当作为现代学者
们的资源。这就是波威克计划背后的思想，而且他将自己的行事
方式也纳入到这一思想当中。他在"会议小组"的第一次会晤中，
以如下的言辞结束了他的讲演：

> 只有一组人，像是朋友一样合作，且认为这一目的关系到
> 每个人声誉的考量。只有这样合作在一起才能从事这项工作。
> 这就是为什么，我斗胆邀请你们来到这次非正式的聚会，因此
> 我们聚集在一起，并非代表着各自的利益，而是作为朋友。

到1931年年底，教会会议计划已经相当顺利地展开了，而波
威克将他的注意力转向了更为宽广的合作。在1932年12月，他
在皇家历史学会发起了关于"中世纪研究的现代方法"的讨论，他
在这一期间的建议对学会发展产生了深远影响。他勾勒出了学会
的新政策，其中包括在编年史上采取合作研究，将资源集中在"主

158

---

⑮ Councils and Synods with Other Documents relating to the English Church 2 (1205
-1313), ed. F. M. Powicke and C. R. Cheney (2 vols., Oxford, 1964).

要研究工作"而非半社交的和其他杂项活动上，并提议建造一座图书馆，"不仅作为一个中心，而且成为当地档案出版的中心……一个使学者和档案组织与保管者相区分的中心"。这些都是非常雄心勃勃的计划，以复兴这个学会，其存在的意义已经因过去几年历史协会（Historical Association）和历史研究所（Institute for Historical Research）的建立而变得模糊了。一些人强烈地感受到，需要有人在一些事务上进行更为积极的引导，而另外一些人则对之表示拒绝。波威克的倡议使他成为了改革派的领袖，而在一场激烈的选举中——这是在这种罕见场合中最为罕见的事情——他在 1933 年被选举为学会的主席。现在，他有权力将他的建议付诸实践了。

他努力的主要结果可以简单地总结如下。从积极方面来说，学会逐渐走向模糊化的趋势被阻止了，图书馆也建立起来，并成为了装备精良的地方史工作博物馆。编年史最早计划完成于 1932 年，最终完成于 1939 年。这是一部有很多瑕疵的作品，其作者们也坦然承认这一点，但至少是出版了，这就比国际历史委员会（International Historical Committee）那部名字骇人的《列表编年史委员会》（Commission des listes chronologiques）要强得多。除此之外，在其他方面却不易裁断。无论多么期望，"主要从事研究工作"从未实现，最重要的"地方档案出版中心"也过于野心勃勃，也可能因为随着历史研究所和其他专门协会图书馆发展，而被认为是没有必要的。无论如何，波威克在这些年所培育起来的计划，激发了若干研究，除了他之外也没有其他人能激发出这些研究来。随着时间推移，他建议的高瞻远瞩也越发凸显，至少是在核心纲领方面。

自然，他自己的作品出版也越发受到这些事务的影响，各种各样的活动，从研究生的指导到大计划的团体协作都占据了他的时间。在二战前，波威克这十年中最主要的出版物就是新一版的拉什道尔的《中世纪欧洲大学史》（1936 年三卷本），他在其中负责欧陆大学，埃姆登（A. B. Emden）则负责牛津和剑桥的章节。这一工作大约从 1925 年开始，其中涉及到从 1895 年初版发行后又出现的大量文献，并有规模极大的细致研究。在那个时候，这个国家中可能只有波威克有能力从事这项工作，但他常常后悔进行了这项工作。他不善于拒绝。早在几年前，在他同意为维诺格拉多夫（Vinogradoff）在《英国历史评论》上写一篇推荐书评时，陶特曾经给他写信说："我钦佩泰特（Tait）那毫无人性的拒绝别人的天赋；但是你很聪明地按照天性所在去发展习性。"但这并非波威克的天性去养成这种习性。

在这些年里，除了上述作品之外，他还在霍姆（Home）大学图书馆完成了一部《中世纪英格兰》（*Medieval England*），以及一部大规模合作写就关于宗教改革时期英格兰的历史。前一部作品较为个人化，对这一主题的各方面描述非常成功，这也是他最感兴趣的。后一部中有一些感人的和具有丰沛想象力的章节，但作为一个整体，却未能对事件的展开提供持平之论。此外，他还撰写了一些论文和评论，其中一些能够跻身波威克的最佳作品之列。

直到他退休那年，他的另一部重要作品才出现。《亨利三世和爱德华》（*Henry III and the Lord Edward*）不仅仅是波威克部头最大的作品，这也是他作为一个历史学家的永恒声誉最终之所在。他作为其他人朋友和启发者的工作将会慢慢被淡忘，《斯蒂芬·兰顿》的重要性也会随着中世纪研究重点的转移而逐渐消失，这两点都象征着并推动着这种遗忘变为一个既成事实。《诺曼底的失去》将仍然会被视为对一个久经研究领域中坚实和持久的贡献，但是其仍未标志着一个时代。《亨利三世和爱德华》这部书的地位则非常不同。无论怎么看，其必然都会被视为一部卓越的、高度具有特色及个人化的作品。除此之外，其他的意见可能不相同。这部书中并没有"密谋"（plot）。读者穿越 1216 年到 1272 年的英国历史，就像是穿越一段英国乡间的小路，布满杂乱的脚印，由一个熙熙攘攘而来的伟大家族统治着，效率低下而常常忿忿不平的老绅士们在中心舞台上虚度时光。一个更大场景中则是一种恒常——法国、意大利、圣地、威尔士、普世教会——随着英国事件的展开而发生变化。这里有激动人心的事件——一位姐妹被强制出嫁、关于嫁妆的争执、为老绅士指定的护卫、一个令人沮丧的继承人,凡此种种。但所有事情最后都尘埃落定了,继承人经历了长久的冒险,一切又都归于和平。每一个麻烦在永久阳光的场景中,如同一幅挂毯。那些想要听到约翰·布尔(John Bull)敲响政治特权之门时嘹亮声音的人在本书中不会如愿。在这里,没有乡村工业的喧嚣、没有田园中的耕种、没有贸易的热闹,只有更为遥远之处的学校中呢喃和对修道士与托钵僧的惊鸿一瞥。取而代之的是一个小社会的日常生活,家庭的纷争、罪恶的困扰、个人独特性情的困扰以及悲剧的到访。所有的一切,都是一派天然。虽然这本书中充满了渊博的学识——也就是说那些来自于当时文献、需要严格脚注的细节,有些脚注非常长且极其复杂——这里并没有博学作品中有关表达的方法论,只有最小程度的制度背景,也只有偶然的对"问题"或"议题"的探讨。波威克希望书写一部能够为任何人阅读的书,无论是专家还是门外汉,也就是一部既不流行也不深奥的书,如同生活本身一样。我认为,他首先会希望人们能够理解他所描绘的那些人。如同他有时候曾经写到,他非常不喜欢"流水线式和精致碗橱式的历史"。虽然在他生命的中间期,曾将大部分精力都投入到了这样的历史方面——关于大学、神学和宗教生活的历史——所有这一切最终都融入到一个普通的坩埚当中。最终出现的,可能是普鲁斯特所曾经写过的那种历史——插曲式的,断断续续而又萦绕于怀。这是一种为学者和闲暇之人的历史,他们能够停下来、思考并感受。对于学生等类型的人来说,这却是最不合适的,因为他们总是匆匆忙忙。

《亨利三世和爱德华》一开始是作为《牛津英格兰史》的一部分。这一系列丛书的惯例是需要一部大约 17.5 万字的书稿。编辑给了波威克很大的自由裁量权,但《亨利三世和爱德华》的体量达到了要求字数的两倍,而且只涵盖了丛书所要求时代的三分之二。波威克似乎在很长一段时期都没有意识到这本书的精准定位。他在 1944 年的复活节写道:

160

　　我发现在不久之前,我已经写完了一本大书(也不是一本烂书)的三分之二,可我自己却没有意识到这一点。这本书无望地不成比例(或者说写成了一个错误的比例),所以我不得不再做第二个版本以符合正确的比例,并且还要完成这本稍后将会出版的大书——且不能让它们过于相似。⑯

　　事实上,"大书"《亨利三世和爱德华》率先在 1947 年出版了,而牛津史系列则到 1953 年才问世。虽然有各种加以压缩的努力,这本书却仍然和前一本几乎一样长,而且——可能从波威克本人在 1944 年的怀疑中就能看出来——将材料置于一个合适的形式的问题是一个他既不喜欢也不擅长的问题。真相就是他累了。他已经 73 岁了,虽然他有相当惊人的体力,但他已经不再有能力肩负起这样一本大书所需的强大想象力和知识上的重量了。结果就是,虽然在牛津史丛书中的一些章节仍能看到波威克的衰老了的激情,这本书在结构上的弱点(可能在"大书"中是情有可原)被关于政治和宪章背景的长篇累牍而具有原创性的讨论所加重。这是一部艰涩且有时令人感到混乱的书,但在其细节中却包含着大量在其他地方难以寻觅的文献,其中的大多数都只能源于波威克。

　　这部作品的出现,为他活跃的学者生涯画上了一个句点。波威克还在继续撰写书评和回忆录,并用了很大精力去准备《诺曼底的失去》的修订本(1961 年),但并没有再出现什么特别需要在这里提及的作品。在很多年里,他都珍藏着一个希望,就是写一部关于爱德华一世的作品,因为他对爱德华一世有一种难以解释的同情。但是最后,他向自己投降了,决定不再写这部书。在他 1947 年退休后,巴利奥尔学院分给他一间书房。在那里,他得以继续在那些他已经捐赠给自己母院的图书中工作。这些书中无论多么小的细节,总是能引发他的兴趣,但他慢慢地也放松了。1963 年 4 月,他为《英国历史评论》撰写了最后一篇书评,并适时地将之添加到自

⑯　1944 年 4 月 9 日给 C. R. 切尼的信。

己的出版列表中。一个月之后，在一场短暂的疾病后，他于 5 月 19 日夜与世长辞。

IV

关于波威克的个人性格还是得再说几句。

作为一个写作者，他的伟大力量在于唤起（evocation）的能力。他能以一种极为巧妙的贴切去描绘一个人，勾勒一个国家或者一种局面，并能恰到好处地将这三者融合。他最善于将一些分散的事实汇聚在一起，表面上只是一些偶然或局部的兴趣，却能在欧洲历史重大运动中，看到这些局部表现如何变得重要。他无论写什么，在脑海中总有一个更大的构架。任何人想要了解他如何处理那些碎片式的信息，只需要读一下他关于莱斯特女伯爵洛蕾塔（Loretta）的论文就够了：从少量无甚价值的资料中，他创造出来一个具有充沛活力的欧洲场景。他热爱历史的分岔更甚于宽广的大道。"我邀请我的读者跟随我走上这条小路，其终将通向广阔的远景。"这是他一篇论文中的经典之句，曾令我眼前一亮。他的作品中常常出现"偶然"（casual）这个词，尤其是当他要说一些重要和个人性的话时。他的技艺在很大程度上依赖于他将偶然与一般、个人感情和冲动所造成的无法预料的活动与重大事件一般模式之动力连接在一起的能力。他的技艺是一种魔术师的技艺，带来了出乎意料的结合，而不是系统建筑师那样的建构。

他有一种相当个人化的想象力。在历史学科当中，这个能力常常受到拘束，可他书写的最佳篇章却是这种个人想象力和外部环境的精妙结合。他成功的诀窍在于，资料不能太丰富，让他演绎反思和个性化视角的空间却得足够大。在他所看到的世界中，没有什么是司空见惯的。这也导致了相当一些幻想因素渗入到他对一些实践事务的判断，似乎他的想象能力必须得找到一个出口。他倾向于认为他周围的人所受到各种善意、忠诚和感激或者无情、背叛和忘恩负义的启发要比他们的实际情况要更大。他为这些人读

162

195

入了比他们自己所拥有的更为完整的真实。这使他承受了巨大的痛苦,也赋予了他的历史书写一种特殊品质。对于大多数人而言,这种对于他人个性的感知并没有如此发达,过去的那些个人则几乎是完全不存在的。对波威克来说,焦点恰恰是在这种遥远的观点:在过去之中,他是怡然自得且不受拘束,他像对待朋友一样对待那些 13 世纪的人物。如同利特尔在对一篇对波威克论文的评论中写道:

> 波威克博士对中世纪有一种亲切的热爱,甚至能够同它们嬉戏……这样一种亲密态度有其危险之处。与朋友的交谈有时会让外人感到困惑。[17]

与朋友的交谈对他来说确实非常重要。他是一位最为周到、慷慨的主人。在许多年里,他就像是一个管家一样管理着奥利尔学院的公共休息室,并常常要照顾到客人们的舒适。[18] 他在做这些事时,总带着一种优雅和高贵。他对于他人的需要非常警觉,并且以一种不拘礼节的方式展现出一种自然而无可置疑的权威。然而,因为他那具有欺骗性的脆弱外表,貌似他是需要保护的。这种组合是难以抗拒的,有一些在其他事上没有多少共同点的人——常常是那些在牛津受到漠视的人——能够坐在奥利尔,在波威克的注视下谈论一个晚上,如同他们在牛津所寻求的温暖与有尊严的舒缓之独特体验,而在其他地方则常常徒劳无功。但是,那种闹哄哄的社交生活而言,他既不喜欢也不擅长。同许多拥有洞见的人一样,他不喜欢争议。即使那些具有深植于习惯和偏见之人的自信也常常为他所压制,我实在想象不出这与他瘦小的身体形成了怎样的对比。他在与熟人之间的、引经据典而杂乱无章的谈话中,能够最

163

---

[17]　*EHR* 52(1937), p. 153.

[18]　这里可能需要解释一下,牛津的近代史钦定教授按惯例都兼任奥利尔学院的研究员。

为完整地展现自己。这样的谈话是他作为一个教师之影响力的真正源泉。这种谈话具有一种意外的、令人着迷的气质，使其变得具有特殊的魅力和刺激。偶然的情况下，他在谈话中开启了历史理解的前景，而这就像是对听者的咒语。这些对话是非常不连贯的，在对于人、地和作者的记忆之间游走，且没有多少学术化的程式。他不像某些学者那样，将自己丰富的学识倾倒而出，享受着将后学捆扎在麻袋中一般的乐趣。要记住刚刚才说过的东西并不容易，但在某种程度上促进了对知识的欲望。他有一种在正确的时间向别人推荐正确的书的本能。这些书不仅仅都是学术研究，甚至大多数都不是。我仍然能记得在若干年前我生病的时候他给我带来的几本书：《美丽的约定》(Le Grand Meaulnes)，亨利·詹姆斯的《过去的韶光》(Sense of the Past)，还有菲茨杰拉德的书信、一篇凯恩斯的论文以及一些关于 18 世纪伦敦的一些东西……这些都对我的思想储备形成了持久的影响。他对历史世界正在发生什么具有惊人的把握，即使他最为脆弱的评论对那些能够辨识出来的人来说都是路标。他对于任何事都带有敬畏，而不仅仅是对他自己，这就给他超过六十年的研究一种情感上的一致性。我找到了他在本科阶段写的关于诗人考珀（Cowper）的一段文字，这段文字在可能出现在他生命的任何时期：

> 这位害羞的退休老人，以他关于书籍的闲话及其关于野兔和鱼的闲聊，确认了我们最为高贵的偏见，并搅动了我们最为强大的热情。他曾以某种神秘的方式隐藏在帐幕之后，然后像是一个从陌生之地蹒跚出现的长老。在其内心深处，所有的一切都基于一种经验的意识，亦即对时空之无限的感受；正是从这个晦暗秘密的入口，我们开始了关于社会生活的伟大征程，将陌生的含义输入到日常生活的责任中，并在寻求我们的乡土

安宁之最普通的呼吁中感受到一种奇怪的狂喜。[19]

波威克可能就是在说他自己,也许吧! 无论如何,这些字句包含着他自身影响和他自己理解历史方式的线索。他也给人一种感觉,像是来自于一次奇妙的相遇。甚至他的实践计划也与别人不同,因为这些计划中保留了某些原初阶段的秘密经验。对某些人来说,这对他们产生了一种令人叹服的力量;而对另一些人来说,却使计划变得难以操作。对某些人来说,计划背后的幻梦正是计划的意义所在;而对另一些人,这只不过是使一切都笼罩在一片浓雾之中。从某种意义上来说,这两种感受都是正确的,人们因他们本能地反应而在这个问题上泾渭分明。但毫无疑问的是,视野的冲击力要完成的时候,清晰和谨慎就要为之让位了。波威克力量的秘密在于他能够设计庞大的计划并使之进展,这同时也是他能够启发初学者之力量的秘密来源。他让他们感觉到自己赞同他们,比他实际上的认同感更多,因为他能超越现在的不完美看到一些遥远的成就。毫无疑问,他过分高估了自己学生们的力量,但是借助这种方式却创造了他们,从而最终又证明了自己的判断。作为报答,他所收到的温情的个人性的热爱,又远超过大多数学者们所能期待的。

他还有一个显而易见的天赋,似乎与刚才所提到的那些有些不太协调:他也许会成为一个不错的乃至是伟大的图书管理员。他对图书馆有着非同寻常的着迷。这里像是一个逃离当下世界的秘密避难所,还是一座浪漫的智慧贮藏室,尤其是将其与他最为喜欢的学者,比如塞尔登相联系,又或者与他不那么喜欢的学者如弗里曼相连,他尽情地享受着这些欢乐。在他最后几年里,他最爱的午后散步带着他(穿过禁止一般人通过的大门和小径)来到默顿学院的老图书馆,他在那里嗅着几本或曾呼吸过的纸张的霉味儿。这

164

---

[19] 来自于一篇未刊稿,"在1896年到1899年的某个时候在欧文学院的文学协会演说"。

种对图书馆本能的着迷可以追溯回他的少年时代,当他还在上学的时候,就发现了斯托克波特的老公共图书馆。其后,在他于曼彻斯特读本科的时候写道：

> 当我正式开始研究历史的时候,大部分时间都在一间存有弗里曼的图书的房间里,这是在他去世之后被送到欧文学院的,也就是现在的曼彻斯特大学。一开始的时候,它们只是一堆摞在一间布满灰尘的屋子里的书。有一天,我开始阅读弗里曼所藏的弗鲁德(Froude)的《英格兰史》。弗里曼的惊人脚注虽然难以辨识,却启发了我,而且不仅如此,这些东西使我意识到……这些正是弗里曼的书。他曾经搜集这些书,并使用它们。这就是一个历史学家的作坊。[20]

很奇怪的是,巴利奥尔的盖伊主教藏书并没有使他产生类似的感觉,但默顿学院的里德主教藏书则大不相同：

> 我没见过其他地方能给我这种对于生活的过去之如此亲密感觉的地方。其长久不衰的美,从一个时代过渡到另一个时代的自我展现,将今天与无数的昨天相连。这些如此轻易地变成了一座陵墓。这是多么伟大的一种抵抗,以逃脱萧索的命运。

再往后,还是在曼彻斯特,还有"汉弗莱·查太姆图书馆的秘境"。最后就是皇家历史学会图书馆,他曾为之幻想过一个伟大的未来,而在牛津大学的系图书馆,他也留下了自己的密室,在巴利奥尔的图书馆,他曾是大扩张时代一位非常积极的馆长。这是他所享受的工作。这些都呼应了他的许多喜好——他对过去的享受、他在编订计划时想象的愉悦、他对于书籍的神圣感以及他对于拥

165

---

[20] 来自于一封 1944 年 6 月 20 日,写给博德林图书馆朋友的信。

有秘密通道进入满是回忆之地的热爱。他喜欢秘密的地方和特别的知识。我记得，他有一次表达了某种愤怒，是因为在一间巨大的火车办公室中，那里的办事员居然使用和大众一样的列车时刻表。他曾希望找到同四角方院规模相当的巨型参考书。不必说，他在这件事上并不是较真，但是他那种通往最佳权威的特权之路的感受，受到了对伟大机会之无动于衷的冒犯。他将书籍视为极为珍贵的物品，并对他自己的收藏极为小心，这就与他在借书给别人时的慷慨形成了对比，从而使借走他书的人常常感到一种负罪感。

他是一种脆弱和强健的奇怪合体，无论是在情感上还是在身体上。从身体上来说，他非常矮小——我猜想得远低于五英尺高——但是，对于那些受到他影响的人来说，根本感受不到他的矮小。他有一颗相当大的脑袋，脸上的表情随着他情绪的变动而发生飞速变化，还带着出乎意料的男孩儿式的微笑，一双小小、暗黑而有光泽的眼睛，以 1890 年代的方式留着纤细的唇髭，至少从我认识他的时候，他就已经秃顶了，只有很少的一些白色头发。他的声音虽然不是很大但有一种感情的质感，尤其当他高声朗读的时候，特别令人难以忘怀。他当时正是人在中年，演讲时战栗的手和颤抖的声音似乎成为了其将不会持续下去的标志。然而，他每天都会放空大脑出去步行 20 英里，在他漫长一生的最后阶段都保持着力量。与此相似的是，越小的失望或反对会消磨他的力量，而更大的考验则会使他的力量变大以应对这些事件。对于一般人而言，这一个性最明显地体现在他个人生活的不幸上，他唯一的儿子在 1936 年的一次车祸中丧生了。那时候，许多人都为他的刚毅精神震惊不已。但是，这是一份过深的伤痕，无法通过感情宣泄来愈合，而且他从那之后也从未完全恢复过来。

前面我已经提到，他是在一个有着自由传统的公理会环境中长大的。这个背景令他十分自豪。大体上来说，他喜欢这个背景所代表的内容，无论是精神方面还是社会方面，他从不怀疑这正是他的归属所在。但是，他也会因为这种背景的局限而烦恼，如同他在其他的传统中所看到的一样。在他结婚之后，他成为了长老会教

会的成员，并在其中非常积极，且在他生命的最后一段成为了一名
长老。他欣赏长老会中的安全感和秩序性，但其教条、教义和系统
却对他影响不大。他的性情更倾向于欣赏而非系统性的接受或拒
绝，他在关于历史、自由和宗教的讲座中就表达了这种态度。我得
承认，他在这些讲座中的观点相当不透明，但是他对于当代宗教问
题的观点则有准确和充满活力的表达。在 1928 年，祈祷书规范法
失败的那一年，他著名"自由的教民"写信给《曼彻斯特卫报》，其中
就表达了他对教会组织问题的态度：

> 贵报的通讯者们似乎认为教会"从上到下地分裂了"，因为
> 其所包含的都与不同学派的思想极端不同，而这种分散的聚合
> 则被称为自由的教会，其比英格兰教会更为统一，因为这些极
> 端不同的观念并不存在于其中。而在我看来，这是最为好奇的
> 一点，哪怕这是基于事实而非幻觉，英格兰教会赢得了许多自
> 由教会人士的同情和敬仰，仅仅由于其想要理解其中所包含之
> 意义的宏伟愿望，也因为他们在 1662 年所抛弃的不明智判
> 断。尽管有下议院中那次令人不快的投票，这个教会展现为一
> 个健康和胜利的整体，是一个越发变得民主而能够被理解的组
> 织，一个逐步摆脱社会蒙昧主义及其势力因素的鲜活体系，它
> 已经做好了与这个国家中的其他教会一起再迈进一步的准
> 备了。"[21]

除了他的作品和家庭之外，波威克对他在湖区的小别墅有着最
深也最为持久的满意。在他的早年岁月中，这个国家中与他个人
感情纽带最强的是北安普顿郡，尤其是他母亲家所在的布瑞格斯
陶克，他在 1902 年写道：

> 昨天，我离开了布瑞格斯陶克……一切事物看起来都像是

---

[21]　1928 年 1 月 10 日。

属于我的,而且,我觉得一切都因为我无处不在的先祖们都变得熟悉。这看起来很古怪,但是在这个平坦且丛林茂密的中部地区,我找到了家的感觉:同这里相比,牛津的魅力和湖区的可爱显得虚假。[22]

此后,他在曼彻斯特大学担任讲师的时候,他有一个习惯,就是带着阅读小组去科茨沃尔德和约克郡荒原中的不同地方,但他最终选择了坎伯兰郡。在他 1904 年为《维多利亚郡县历史》所写的弗内斯修道院的文章开头,就显示了他对这个邻近地区的熟悉和长期以来的投入。弗内斯羊道让他印象深刻,终生难忘。"在各个时代的牧羊人,都牧放着他们的羊群:为什么我这么激动? 因为我能追溯出弗内斯的隐修士们所用的每一条羊道",他曾在牛津的就职讲演中这样说,而在几乎二十年后在巴利奥尔大厅的告别讲演中又回到了相同的主题。

167 　　在我看来,没有什么比在荒野中孤独的石头羊栈这个人与自然融合之所更为令人感动和满意的了。我能够描绘出很多种,比如在一片陡峭的河岸上如同一个小小的堡垒,又或是另一个奠基在石楠覆盖的岩石上,或是在林间谷地的两河交汇之所,我最爱的就是那种外面一圈石头环绕,靠着高山上的湖岸。[23]

在大约 1927 年的时候,他从埃斯科戴尔(Eskdale)靠近布特(Boot)的克里斯克里夫(Christcliffe)租赁了一栋老式的农舍,后来又从当地农民手中将其买了下来。从那个时候开始,他和他家庭的大部分假期都是在这个地方度过的。他从不厌倦。他的眼睛和脑海都怡然自得地欣赏享受着哈德璐特(Hardknott)、巴特里克尔

㉒　1902 年 4 月 27 日写给母亲的信。
㉓　《三次讲演》(牛津,1947),第 85—86 页。

（Butterilkel）、比克尔·菲尔（Birker Fell）以及更远处的斯科菲峰（Scafell）和大山墙（Great Gable）。在他的眼中，整个场景都沐浴在历史之光中：房屋、田野、教堂和小路，已逝者曾经从远方的定居点来到这里，罗马军营和道路防御工事也在此建成，这些都为他提供了无数契机借以反思凭吊。在夜晚，伴着祖父辈钟表的滴答声，以及油灯、靴子、转动的齿轮，围在炉火旁，还排着一套老旧的狄更斯作品集。他惯于大声地朗诵，并沉浸在欢乐之中。这是他生命中的黄金时刻。

Ⅹ．维维安·亨特·加尔布雷斯
（1889—1976）

168 　　维维安·加尔布雷斯（Vivran Hunter Galbraith）出生于 1889 年 12 月 15 日，家中有四个儿子一个女儿，他是最小的儿子。[①]他的父亲大卫·加尔布雷斯（David Galbraith）和他的母亲伊丽莎白·麦金托什

---

① 许多人帮助我提供材料或修正错误，其中，我特别感谢罗斯凯尔（J. S. Roskell）教授为我复印了加尔布雷斯信件的相关内容，以及他其余写给詹姆斯·泰特和 T. F. 陶特的信，这些信件现在都保存在曼彻斯特大学图书馆。我同时还要感谢莱昂纳尔·斯通斯（Lionel Stones）、乔治·卡提诺（George Cuttino）、克里斯托弗·布鲁克（C. N. L. Brooke）和杰拉德·格拉哈姆（Gerald Graham）等诸位教授，他们将若干年前的信件寄送给我并为我提出了若干建议。关于加尔布雷斯在第一次世界大战中的经历，我要特别感谢邓肯（P. C. Duncan）上尉、雷金纳德·詹宁斯（Reginald Jennings）中尉以及温特尔（S. W. Vinter）中士等人的重要回忆（上述的头衔是他们在战争期间的职位）。关于他在公共档案局的岁月，我极大地受益于约翰逊（H. C. Johnson）女士的帮助，她将我引向了对加尔布雷斯办公日志的注意，同时还有玛丽·斯密尔顿（Mary Smieton）夫人，她对加尔布雷斯给当时同事们留下的印象做出了生动描述。克洛纳（H. A. Cronne）教授允许我大量引用了他在私下流传的关于他 1925 年到 1927 年就读巴利奥尔学院时的记叙。莱格（M. D. Legge）教授为我提供了加尔布雷斯在爱丁堡时期的一些回忆，米尔恩（A. T. Milne）先生则提供了关于他在历史研究所（Institute of Historical Research）时期的珍贵回忆。加尔布雷斯夫人以无尽的耐心和帮助，提供了若干关于其家庭的回忆，并匡正了我的错误。其他部分，我主要依赖于加尔布雷斯的出版作品，其中一份直到 1957 年的出版列表，见于 *Facsimiles of English Royal Writs to A. D. 1100*, ed. T. A. M. Bishop and P. Chaplais (Oxford, 1957)。当然，还有我自己的回忆。

（Eliza Mackintosh）来自贝尔法斯特，但是在 1889 年的时候，他们生活在谢菲尔德，大卫在那里的哈德菲尔德（Hadfield）钢铁厂担任秘书。两年之后，大卫成为这家公司驻伦敦的代表，于是他的家庭从 1891 年到 1906 年就一直生活在伦敦。从伦敦时期很早的阶段，加尔布雷斯就同詹姆斯·盖伊（James Gay）结下了终身友谊，盖伊后来成为了剑桥的动物学教授，他在我们后面的篇章中会多次出现。从 1902 年到 1906 年，加尔布雷斯就读于海格特（Highgate）学校，但后来他的父亲转到了不列颠威斯丁豪斯公司（British Westinghouse Company），在曼彻斯特工作，再次举家搬迁。那个时候，在另一个学校重新开始已经太晚了，于是维维安开始参与陶特教授在曼彻斯特大学历史系的讲座。他当时只有 16 岁，并在 1907 年正式成为了曼彻斯特大学的学生。当时，曼彻斯特历史学派在陶特的有力领导下，正处于声誉和影响的巅峰期，陶特也得到了詹姆斯·泰特（James Tait）的帮助，这位泰特不像陶特那样有个性，但在知识上令人印象深刻。[②] 这两位学者对加尔布雷斯的生活和工作产生了主要影响。除此之外，F. M. 波威克也在 1906 年到 1908 年在曼彻斯特大学担任助理讲师，虽然他对加尔布雷斯的影响从未像陶特和泰特的那样大，但他仍以一个训诫者的角色贯穿着加尔布雷斯的一生，他们两个人相互斗气却从未放弃对方。毫无疑问，这个

[②] 陶特指的是托马斯·弗雷德里克·陶特（Thomas Frederick Tout, 1855 - 1929），英国著名中世纪史学家，早年就读于巴利奥尔学院，先后任教于兰彼得大学学院（今天的威尔士大学兰彼得校区）和曼彻斯特的欧文学院（原先是维多利亚大学的组成部分，后在 1903 年更名为曼彻斯特大学）。其最重要的作品是六卷本的《中世纪英格兰行政史研究》（*Chapters in the Administrative History of Medieval England*, 1920 - 1929）。他在曼彻斯特主导了历史系本科生培养改革，主张本科毕业论文即要依据原始资料进行原创性研究。詹姆斯·泰特（James Tait, 1863 - 1944）也是当时英国著名的中世纪史学者，是仅次于陶特的"曼彻斯特历史学派"的二号人物。他早年分别在曼彻斯特的欧文学院和牛津大学的巴利奥尔学院就读，并在牛津期间加入了斯塔布斯学会。泰特的研究主要集中在地方史学方面，代表作包括《中世纪曼彻斯特和兰开夏郡的起源》（*Mediaeval Manchester and the Beginnings of Lancashire*，1904）以及被奉为经典的《中世纪英格兰自治城镇》（*The Medieval English Borough*，1936）。——译注

小组是当时英格兰最引人注目的历史天才的组合，而到了合适的时候，加尔布雷斯将要成为他们历史观点和教育模式的主要代表。

这群人聚首的时候，陶特刚刚五十多岁，用加尔布雷斯的话来说，他具有"惊人的个性"。就像他更早的时候对波威克所做的那样，陶特在加尔布雷斯身上认出了一种潜在的能力，亦即一种成为历史学家的最高天赋，并很快成为加尔布雷斯职业生涯中的主要保护者和每场危机中的主要建议者。除陶特之外，詹姆斯·泰特似乎具有一种遥远和内省的人格，但是就加尔布雷斯形成对历史的兴趣而言，泰特的影响可能更大。泰特是个正直的人，与他的沉默寡言相得益彰。还在念本科甚至更早的时候，他就悄悄地放弃了他父亲的信仰，且从未说过一句失望或高兴的话，并且在余生中都保持着冷峻和孤立的思想独立。他总能对呈现在他面前的问题作出正确的判断。如果我们可以信赖他们之间的通信，那么加尔布雷斯在学术上更依赖于泰特，而从陶特那里则是获得了更多的道义支持。他为这两位撰写了《国家人名辞典》中的词条。关于陶特，加尔布雷斯说，"陶特的最高天赋在于他与学生的私人关系中……他在平等的基础上与他们相遇，对他们的学业和学生本人及其未来同样感兴趣"。而关于泰特，他则说，"泰特生活的主题是他在历史研究中强烈的兴趣……他们两人之间的共同之处就在于对研究的投入，陶特和泰特为他们的学派赋予了崭新而精确的学术研究的质量，虽然进程缓慢，但必然为这一学派赢得超出其规模比例的影响力"。加尔布雷斯后来的整个生涯几乎都是对这些评价的注脚。

在曼彻斯特时，他两次参加了陶特的欧洲史一般讲座系列（可能第一次是他还在读预科的时候）。十年后，加尔布雷斯在巴勒斯坦的时候，他写道，正是依赖对这些讲座的回忆，使他能够为自己所见到的一切事物赋予历史背景。就他研究的专门主题，也就是他在晚年频频回顾的理查德二世，他就去找过泰特。很明显，陶特很早就将加尔布雷斯视为当年那几位杰出的学生之一。但在1910年的大考中，恩斯特·巴克尔（Ernest Barker）作为外审专家并不同意，并选择了普林斯（A. E. Prince，已故的加拿大安大略省金斯顿

169

大学教授）"作为这一年最有思想之人"。陶特为加尔布雷斯辩护并最终获胜。巴克尔有些愤愤不平，写信给陶特说："我不同意你关于加尔布雷斯之卓越的看法，（但是）加尔布雷斯不应该到场，并有一个机会来为我们的王子冠军赛决断来辩护么？"这一次，他们两个人都获得了头名，但加尔布雷斯曾是且仍然是陶特眼中的王子。在这年早些时候，加尔布雷斯成功地成为了巴利奥尔学院一项奖学金的候选人，这无疑也是陶特鼓动了他在牛津的老同事们，之后加尔布雷斯就以布来肯巴利（Brackenbury）学者的身份（如同在他之前的波威克那样）在1910年秋天来到了牛津。

　　在此后的四年中，牛津的经历成为了悲伤和成功相混合的记忆，并在加尔布雷斯未来的生涯中留下了深刻印记。当时的巴利奥尔学院展现了乔伊特（Jowett）所设计政策之成功所带来的全盛期，吸引了来自英格兰各个统治阶层家族的年轻人，以及从各地招聘来的学者。加尔布雷斯属于后一个阶层，他后来的回忆表明，由于他对自己和自身学术能力的不自信，使他自觉在这群出身显赫和天赋异禀的人中无足轻重。加尔布雷斯后来写道："在那些日子里，巴利奥尔由大量小型社交派系所组成，它们相互重叠却从不合一。以今天的观点去看，我认为当时的巴利奥尔相当势利眼，但同时，其中有才华的年轻人，比整个大学其他部分加起来还要多。"

170

　　在他所处的新环境中，最坏的未来是人们期望他去读一个人文学（*Literae Humaniores*）的学位，也就是常说的大课程（Greats）。而他在这个方面举步维艰，一方面是因为此前的积累，另一方面也由于他的思维习惯。在第一学年结束时，他给陶特写信说："现在，在牛津的第一年结束了，我觉得我应该给您写一封信，并告诉您我在这里度过了怎样的时光。我发现巴利奥尔比我曾经所期待的更为令人高兴。这里的人比我曾预想的年纪更大，而且在我们这一年中，还有许多研究生，他们都是意气相投的伙伴。在这一年里，我和导师们的接触不多，除了戴维斯（Davis）先生，他一直都非常友善，再就是林赛先生，他是我的导师。我在攻读大课程的过程中，感到了相当大的迷失感，我认为这主要是由于我自己那种非哲学性的头脑，我还认为，这部分也由于林赛先生。他是一个非常好的导师，但是，他非常喜欢超越别人理解的高谈阔论。他具有哲学家所有的晦涩难懂。"

除了不尽适合的学业之外，加尔布雷斯还面临着家庭命运持续衰落的问题。这方面，最好的信息来源是陶特在大约十年后的一封信中，在这封信中，他将加尔布雷斯推荐给一个明显不情愿的潜在的岳父。他在给 V. H. G 父亲的信中写道："加尔布雷斯先生是北爱尔兰人，是个相当安静、不善社交却很善良的绅士。他虽然以工程师为业，但更多地投入到这个职业的管理而非技术方面。他大约在 1906 年来到了曼彻斯特，并成为了不列颠威斯丁豪斯电气公司铸件部门的主管。他的薪资甚好，我认为大约有四位数。几年之后，威斯丁豪斯电气发现，他们从美国和德国人那里买到的铸件比他们自己做得更便宜，所以，以一种真正的美国精神，他们切割了自己的损失，关闭了这个部门，将加尔布雷斯独自留在冷风中徘徊。"由于这次遣散，加尔布雷斯全家在他于牛津就读一年级时回到了伦敦。在 1911 年 7 月，加尔布雷斯写信给陶特说："我的父亲、母亲和姐妹都回到了伦敦，我们又再次安顿下来了。我觉得，爸爸对于这次回来并不开心，觉得他自己的目前小生意不是非常景气，也无法充分地吸收他的所有精力。我也在长假中找了一份家庭教师的工作，以补贴一些家用。"这不太可能是一个非常愉快的长假，但除了家教以外，他还必须完成一篇斯坦霍普（Stanhope）论文，题目是《从 1300 年到大解体时期的圣阿尔班隐修院（The Abbey of St. Albans）》。这篇文章为他赢得了 1911 年的斯坦霍普奖，并成为了这些相当晦暗岁月里的主要成就。

171　　从长期来看，斯坦霍普论文奖对他具有相当重要的意义，因为这使他把注意力转到圣阿尔班的历史写作上，他在后来的研究中也多次回到这一主题。但从当时的情况来看，这个成功很快就被一个灾难所吞没，而这个灾难在当时的学术环境中具有不可思议的重要性——他在 1913 年只获得了大课程的三等学位，他用了好几年时间才从这场灾难中恢复过来。直到 1919 年，当他已成为巴利奥尔学院研究员候选人的时候，钦定教授菲尔斯（C. H. Firth）作为当时奥利尔学院的成员，在给陶特的信中说："加尔布雷斯和我待了几个晚上。我发现他很有趣，也很喜欢他。我带他去了巴利奥尔，他也给人们留下了很好的印象，但是这些人大多持有一种根深蒂固的看法，认为一个人在大课程上只取得了三等学位，表明他在智识上的缺陷，而一等学位在这个学院中是教授近代历史的主流标准。我认为他的候选人资格可能不会成功。"所以，他三等学位的灾难一直笼罩着此后很长一段时期。

作为补救的第一步，他决定去读一个历史学的第二学位。他用了一年时间就完成了，他在若干年后写道："我之所以做这件事，只是因为我在 1913 年只获得了大课程的三等学位。我记得当时的感觉几乎是想要自杀，尤其是在巴利奥尔那种崇拜'一等学位'的环境中，如果我切开了自己的喉咙，他们也不会感到意外。对我来说，从 1913 年到 1914 年确实是至暗时刻。"在这关键的一年中，他与安德鲁·布朗宁（Andrew Browning，已故的格拉斯哥大学教授）相伴，从事研究工作，并有史密斯（A. L. Smith）和戴维斯（H. W. C. Davis）作为他的导师。因为布朗宁的特点，既是一个学者也是一位高尔夫球手，加尔布雷斯对他产生了由衷的尊敬，这甚至一直持续到他生命的尽头。而关于他的导师们，他回忆说："在 1914 年的复活节假期，戴维斯带我去了黑斯廷斯，每天早上都将整个英国历史的完整概括填塞给我。"这些努力——值得作为导师制度在其巅峰状态的描绘加以回忆——并没有白费。在他 8 月 6 日写给陶特的信中说，"口试更像是娱乐，并不那么可怕。他们抱怨说，我的论文中缺乏细节，但显示出他们已经被我说服了。好几处提到维诺格拉多夫的时候，他们都大摇其头，而当我在引用帕蒂—杜塔利斯（Petit-Dutaillis）的时候，主考官表示了无尽的轻蔑：'我从来不读这些新奇人写的东西。'"这个主考官就是弗莱彻（C. R. L. Fletcher），他一直沉溺在他与鲁德亚德·吉卜林（Rudyard Kipling）合写的《为男孩所作的英格兰历史》（*History of England for Boys*）之成功当中，这是一部值得注意的作品。但在观点上远非新潮流的。尽管弗莱彻表达了"蔑视",加尔布雷斯最终得到了他急切需要的一等学位,甚至在结果公布之前,陶特就说服了曼彻斯特大学的元老们,任命加尔布雷斯为兰顿研究员,这是那里的文科院系中的主要研究奖项,而且还是三年的。因此,他眼下的学术生涯得以确保无虞,可最终却因1914年8月战争的突然爆发而被打断了。

　加尔布雷斯在8月6日写给陶特的信里甚至根本就没有提到这场战争。当他注意到的时候,他是反对的。但是,那些年长的教师们开始对任何不是全心全意抗战,而是"做着不足道工作"的年轻人感到一种病态的不安,他们中的好几个,都对加尔布雷斯表示忧虑。因为他看起来"犹豫不决"。9月27日,戴维斯就这一问题给陶特写了一封长信:

　　　加尔布雷斯是一个问题。我希望他能解决这个问题,但他是那种易怒的人,我敢说私人的担忧和公共的事件,使他这个夏天都非常沮丧……我希望,为了他灵魂的益处,您能劝导他去从事一些不是那么只考虑自己的事务,比如说,去照管大学里的俱乐部,或者在一个征兵机构帮忙,或者做任何不是和他自己利益直接相关的事情。现在看来,在他的宇宙中有太多的自我,但他在天性上有足够的同情心。他需要生活在一种公共精神的氛围中,然后他才能够从自己的壳中走出来。

　在这件事上,陶特并未介入其中。在此后的几个月里,加尔布雷斯在大英博物馆和公共档案局钻研隐修院土地契约和注册档案。他仍然敏锐地关注着他知识构成上的差异,而他在此前几年和安德鲁·布朗宁的交往中强化了他的自我怀疑:"回头来看,我被他那种统帅天分和视野拥有的力量所震撼,这赢得了我一生对他惊人早熟的确信,亦即从我和他一起从学于史密斯的时候。在那个时候,他的视野甚至写作风格都已经完全成型了,而我仍然还在试图寻找到自己的立足点,不仅要去学习我认为是关于过去的事,还要学习如何将我那些不成熟的想法落实到纸面上。"因为这些自我怀疑的问题一直没有得到解决,战争在这几个月中只能屈居次位。他对战争所持有的敌意,在很大程度上也是针对他自己的。但在圣诞假期的时候,施加于他身上的压力变得难以抵御。1915 年 1 月 8 日,他给陶特写信说:

> 我不能假装去解释这些是怎么发生的,但是一种持续增加的不安感让我去想,在过去的一两个月中,是否我是在强化我以这种或者那种方式加入军队的决心。我喜欢我的工作(在长期的苦差事之后这确实非常愉悦),它使我得以避免直面我自己脑海中的问题。我几乎无法想象我会成为一名士兵,但是在圣诞假期的时候,我就想到了这件事,我也下定了决心……我曾对少数几个人提及过这个想法,他们都觉得在我和战争之间找出任何的联系都是一个巨大的笑话。这对我而言绝不是一种奉承!

对泰特,他的思想更为自由开阔,而这些词句也显示了对林赛之教导的回应:

> 我已经决定去当兵了。这个解决方案是内部强制力和品味、倾向以及(几乎是)私人确信冲突的结果。我不想去追求军旅生涯的荣耀,而且认为制服十分可笑,但是我学会了如何去相信亚里士多德,他说每个人将个人的感受置于公共思潮之上,像是内阁或工党的普遍想法,那么国家必然要蒙受苦难。当我真正从国家而非个人的角度去看这个问题的时候,我确信我应当加入军队。我给波威克写信了,而当他来招募军士的时候,这个问题就解决了。

173

这件事直到完成之时才得到彻底的解决。加尔布雷斯在 1 月 19 日写信给陶特说:

非常幸运的是，我马上就可以加入国王的军队了，而今在等待公示。盖伊（他儿时以来的老朋友）向一位上校提及过我的名字——那里有空缺。我不得不去跟上校面谈，他接待了我。等到公示完了，我就得去温莎接受训练，我希望能够和盖伊一个军营，这样就能从他的经验中获得益处。与此同时，我也想和艺术家们或法学院的人们一起在镇里训练。

接下来，在军队中那两年的故事，就是常见的一系列不可预知和令人费解的调动：先是从温莎调到都坦布里奇韦尔斯（Tunbridge Wells），从那里又到切尔西，之后又回去，再然后去了拉姆斯盖特（Ramsgate）。像其他许多人一样，加尔布雷斯发现"训练几乎全部都是方阵训练，他们将之视为军队训练的核心"。在 1917 年 12 月，他的部队调往巴勒斯坦，在那里参加了艾伦比（Allenby）战役的最后阶段。在这里，他见证了自己的第一次军事行动，在 1918 年 3 月向陶特报告说：

小规模的行动一直在这里进行着，我这个小分队自从我加入之后，就一直都在前线上，生活变得有趣而充满活力。我不得不说，我已经发现了实际的战争（如同在这里所发生的）是最为引人入胜的研究，我几乎难以想象此后隐修院还能吸引我的兴趣。有一件事我想要知道的更多，就是关于十字军……我宁愿有一部（理查德一世的）《旅行记》（*Itinerarium*）而不是哈代和梅乐迪斯的全集……我所看到的那些地方——加沙、贝尔谢巴、希伯伦、耶路撒冷、杰利科、勒德（更不必说我在离开时所见到的开罗和卢克索）——都向我的"历史"征税压榨，一般都会空手而归。普林斯和我（当我们在开罗相遇的时候）几乎异口同声地同意，我们几乎都是依赖于'欧洲通史'讲座中内容的回忆，您可能记得，我曾足够幸运地听了两次……我们不禁想到，除了莫法特（Moffatt）之外，我们俩是那个曼彻斯特小圈子中仅有的男性幸存者了。

在这封信写完后不久，他的军队被运回了法国，以填充德国人春季攻势中所造成的缺口。在 1918 年 7 月的法国，他参加了苏瓦松附近的战役，并为他赢得了一枚英勇十字勋章（Croix de Guerre），还卷入了一场几乎造成灾难性后果的事故中。一位幸存者回忆到，加尔布雷斯"以他惯有的、难以置信的勇气带领他的伙伴们在枪林弹雨中前进"，他要求一位正和战友们躲在一处炮洞中的中士参与进攻，却被这位中士拒绝了。这位中士后来受到了军事法庭的审判，并因为在面对敌人时拒绝服从进攻的命令而被判处死刑。这个判决后来因约翰·布尔（John Bull）的宣传而改判了，但战争的结束很快抹掉了这次事件，只留下了记忆。加尔布雷斯在九月份负伤，并在战争结束时回到了英格兰。

战争结束后，他只有一个想法：如何尽可能快地回到中世纪历史当中。在 1918 年 12 月，他驻扎在牛津接受一些训练，"或者成为一个教官，或被送回法国去"。从军队中退出如同加入到军队一样，都是非常复杂的事务。但如以前一样，这些复杂性被私人关系解决掉了。在 1919 年 1 月 2 日，加尔布雷斯向陶特报告说："我昨天在战争办公室和盖伊一起吃的午餐，他告诉我因为我属于第四十三军，可以立即申请复员。我的手续就是简单地通知上校，大学已经为我申请了，援引了军队的条例。我能麻烦您给我一份官方说明，以表明因为我有大学的职位，大学已经开始为我申请复员了么？"陶特再一次推动了车轮。于是，加尔布雷斯在 1 月 13 日被任命为大学该学年剩余学期的临时助理讲师，而在 1 月 16 日，他的兰顿研究岗位又续聘了三年，也就是说一直到 1921 年中期。在 1 月 22 日，他向陶特汇报说："我现在已经是一个平民了。上个周二，军队在里彭遣散了我，让我退伍，就如同我在 1915 年应征入伍时那样随便。"

II

一切似乎都安顿好了。但是,加尔布雷斯现在已经三十岁了,在曼彻斯特的位置也不过是权宜之计。陶特建议他要抓紧时间,加尔布雷斯开始工作,希望"在接下来的六个月中能够收集写一本书的原始资料"。在整个 1919 年,他继续生活在伦敦,将大部分时间都花在大英博物馆中。他的第一步就是回到他在 1914 年秋天和冬天所从事的工作上。要理解这个工作的方向,就需要回顾一下戴维斯在 1914 年 9 月写给陶特的信。在这封信中,戴维斯描述了他给加尔布雷斯的建议,就是继续研究那些"他已经在大考中所获得的那些资料"。他继续说:"伯里·圣埃德蒙德斯(Bury St. Edmunds)的材料相当的多,且几乎从来没有被动过。去写日薄西山的隐修主义将是浪费时间,但是我希望,当他开始阅读 14 世纪的材料,能够发现一些对世俗历史有用的东西。"这种在世俗(有用)历史和奄奄一息的隐修院(无用的)历史之间的划分,并不是一时错乱或个人性的想法。这表明了当时一般学者们甚至包括斯塔布斯本人对于历史的看法,他们在很大程度上都分享着这个观点。没有迹象表明陶特与他们不同。在戴维斯的历史信条中,核心的观点是"历史就是过去的政治",从广义上来说,这一理念也为曼彻斯特学派所共享。这也是加尔布雷斯的出发点。

在加入军队之前,他已经对伯里·圣埃德蒙德斯的材料进行了相当深入的探究。在这个基础上,他完成了三篇文章,分别刊登在 1919 年 10 月、1920 年 7 月和 1922 年 1 月的《英国历史评论》上。第一篇文章是伯里·圣埃德蒙德斯一些地契节点的编辑,在 1371 年由两位托钵僧提交给议会,提议将隐修团体的地产充公,以缓解紧张的国家需要。第二篇是从温切斯特档案馆中搜罗的一批质量上乘的 11 世纪末到 12 世纪初的皇室特许状。第三篇是从伯里·圣埃德蒙德斯索引中找到的一份 1444 年参访威斯敏斯特修道院的文本。加尔布雷斯对这些文献的编辑非常专业化,并充满了活力和洞察力，这些作品一经发表，就立即使他被视为年轻一代中世纪学者中最有能力和最为活跃的人之一。在 1919 年到 1920 年间，他一直在为未来的计划满负荷工作于隐修院档案和注册表上，但这段工作的主要成果则是对约克的圣玛丽修道院编年史的校订，他的注意力于 1920 年被大英博物馆的罗宾·福劳尔（Robin Flower）吸引到这个方向上来。这部编年史作品在 1921 年时风头正劲，在 6 月时，他写信给陶特说："这份文本正在稳妥推进……我最终设法将之与法国的布鲁图（Brute）编年史结合在了一起，并十分幸运地找到了一份直到 1307 年的抄本。"这份校订本又经过了六年的时间才最终面世，其题目对于中世纪学者来说一定耳熟能详，亦即《佚名编年史》（*The Anonimalle Chronicle，1333 - 1381*）。这份文本的出现奠定了加尔布雷斯作为一位大学者的声誉。然而与此同时，他的生活也在许多方面变得复杂。

在 1921 年 6 月这封汇报他在研究上取得重大进展的信中，也提供了两个在他职业生涯中重要行动的证据。首先，这封信写于公共档案馆（Public Record Office），他在 1921 年 2 月加入这个机构。那个月的 10 号，副馆长亨利·马克斯韦尔—利特（Henry Maxwell-Lyte）爵士写信给陶特，通知他加尔布雷斯获得了新职位的消息，并请求他"在不对您自己造成重大不便的情况下尽快"将加尔布雷斯从曼彻斯特放出来。与此同时，普尔（R. L. Poole）也给陶特写信说，他确信加尔布雷斯对于档案馆来说是非常重要的引进人才。他是正确的。在那个相当沉静且仍旧带有维多利亚时代特征的机构中，加尔布雷斯在档案馆中的畅通无阻、他的智慧才能以及将重要档案托付于他手中则可无虞的力量成为了传奇。他能够自由出入整个中世纪皇家行政档案馆，这就使他对政府管理和行政技术性有了新的看法，而这是通过其他方式难以获得的。用他自己最爱的短语来说，我们可以将这些在"采煤工作面"（at the coalface）的生活，与梅特兰在律师办公室中起草财产让渡文案的岁月相比拟。两个人都需要与档案进行亲密接触，由此引发出他们最富成果也最具想象力的作品。当然，加尔布雷斯总是需要一份档案，以激发

176

他在一个问题上的兴趣。他所写的几乎所有作品,都始于一种阐明一份档案之复杂度的尝试。他最伟大的历史天赋在于,能够根据教士们为了精确描述一种法律或行政上行为而使用的枯燥繁琐、了无生趣的语言中,勾勒出一个鲜活且令人信服的复杂世界的图景。很幸运的是,由于他广泛的兴趣,他在进入公共档案馆之前就已经着手于那份佚名编年史,这份作品使他一直保持着对中世纪历史书写的兴趣,而他的日常工作则是处理政府的公共档案。这种对编年史和行政记录研究的结合在他后来所有的作品中都留下了印记。

他在公共档案馆中的日常工作通过他现存的工作日志鲜活地呈现在我们眼前。这些记录开始于 1921 年 3 月 12 日,他对于第一周工作的记录提供了他所研究之材料的极好说明。

> 3 月 12 日:加入档案馆。大法官法庭杂录 29,5(2)已复制。(*Indentura de rebus liberatis ... cancellario* Oct. 30 1302)。
>
> 3 月 14 日:内阁记录,1147,7+9。Roger Damory 的土地
>
> 3 月 15 日:登记账目杂录(L. T. R)14. 15. 16。1147 年登记册,2. 9
>
> 3 月 17 日:莱肯希斯法院卷宗 203,94. 95。法雷(Farley)契约(发现了隐修院所用的日历系统)
>
> 3 月 18 到 19 日:派普卷宗和备忘卷宗 49,亨利三世(K. R.)。在细节上的比较
>
> *Communia*:*nova oblata*:*Sheriffs com poti*.
>
> 备忘卷宗上的这个时期是非常"无差别的",同时,"当采取行动"在法庭上被口头宣告。

这份记录以这种看似散乱无章的方式持续了若干个月份:如果其中有一个计划,现在也无法看出。看起来,他似乎以自己的方式在法庭和国库档案中闲庭信步,而且他很好地利用了这个机会。

有些时候，一些侦探式作品也会出现。

我们发现，他在追索 1590 年到 1610 年舞台表演特许状，又或者探寻大法官对副档案管理者的授权，又或是博德林图书馆克莱斯特（H. H. E. Craster）所提供的参考补充。在 1921 年的 5 月 6 日和 7 日，有一条单独的记录，写着"D. K. 校稿"，而随着时间推移这个词条变得越发普遍。对此的解释可以在 1921 年 6 月 9 日写给陶特的信中看到，其中很好地说明了他如何度过自己的一天：

> 约翰逊（Johnson）和柯伦普（Crump）两个人都在为我的教育承受痛苦。事实上，副馆长（Deputy Keeper）现在也亲自介入了。现在，我的整个时间都被用来为他改订稿件，我只能说如果他继续这样坚持下去，直到他的杰作完成的话，在未来的十年里，D. K. 将不会空缺。

这里所说的 D. K. 就是亨利·马克斯韦尔-利特爵士，他在 1886 年成为了副馆长，从那个时候开始投入到对《英格兰国玺的使用注释》（*Notes on the Use of the Great Seal of England*）的研究中，这一研究对直到 17 世纪的每种档案的盖章之各个方面进行了极致精微的探讨。

作为在档案馆中静止不动的办公人员，他的合作在爵士的前言中没有得到像样的致谢，但他却痛苦地检查脚注中各个方面的细节。加尔布雷斯参与到这种"帮忙"中的直接结果就是一个精妙的（或者如他所坚持说的，是偶然的）发现，这一发现记录在 1921 年 6 月 3 日的笔记中：

> 杰维斯（Jerveys）发现（1547 年）并将之转交给枢密院大印 883，15667A ——枢密院的大印此前粘贴于此。

这一隐秘的发现是因为副馆长没有看到约翰·杰维斯的一封请愿信，其中要求改变在 1482 年将他任命为伦敦塔首席工匠的任期。这封信是描绘请愿书如何从枢密院送到国玺院的，这一遗失造成了巨大的困扰。而加尔布雷斯通过浏览大法院的库存，发现其被放错了位置，因此能够将之归回原位，并在副馆长的脚注中加以说明（参见《国玺》一书第99页的注释232到233，其中关于内部的冲突自然未置一词）。从此之后，加尔布雷斯就成为了副馆长最为青睐的助手。虽然没有什么报酬，但帮着这位办公室的大独裁者干活还是有一些补偿的。这使加尔布雷斯免于大量抄写工作，否则这些事务一定会有很多落在他头上，同时这也使他有机会在皇家政府的各个部门档案中来回穿梭。此外，这位老人不近人情的性格也对他很有吸引力。

178　　事实上，他对自己的同事们非常满意。公共档案馆办公室是一个贮藏室，其中不仅有文档，而且还有后来成为加尔布雷斯终身挚友的几个人。其中，柯伦普（C. G. Crump）和查尔斯·约翰生（Charles Johnson）都是极有天赋和学问的人，而且约翰生的名字在工作日志中出现得最为频繁。在加尔布雷斯晚年的研究中，查尔斯·约翰生和在加尔布雷斯离开前不久加入档案馆的另一个约翰生（H. C. Johnson）是他在档案信息方面最主要的求助者。我记得，当我还是一名二年级本科生的时候，加尔布雷斯是我的导师，他让我去见查尔斯·约翰生，他给我看了一份关于《亨利一世行实》（*Regesta Henrici Primi*）的打印稿，这是在这份档案出版前的十五年。而且，他还在位于汉普斯特德的家中，对我像平辈一样殷勤有加，使我备受款待。他那广博和令人愉悦的学识成为了那个时代公共档案馆的化身。加尔布雷斯的性情绝非那种从容不迫的人，也许从长久来看，他不会是一个理想的公共档案保管员，但是他在公共档案馆的那些年中对他发展成为一个历史学家的影响，要比曼彻斯特之后的任何时期都要大。作为回报，他为公共档案馆带来了比其他任何工作人员都更为鲜活的历史感，也就是在这些档案的堆叠当中，他发现了他作为历史学家的品质。

III

一条新记录出现在 1921 年 4 月 21 日：

> 4 月 21 日 大法院仓单存档。爱德华一世的罗马行程。婚假批准。司库印章的一个良好样板发现于大法院仓单的 I 卷 1551 年或到 1553 年（另一个是 1596 年）。

其他的相关记录也如期而至：

> 6 月 7 日 D. K. 校对。爱娜（Ena）在镇里：拿到了汉普斯特德的公寓
> 6 月 23 日 假期（婚假）
> 11 月 22 日（1922 年）十点半到。简出生：半天。

这些记录最早的解释出现在 6 月 9 日给陶特的信中：

> 我结婚的安排现在已经完成了。日子定在 7 月 1 日，我们将乘坐中午的船从南安普顿到瑟堡（Cherbourg），带着两辆自行车和两个耶路撒冷礼盒篮——再没有其他东西了。预计的行程将包括米歇尔山、维尔河、阿夫朗什、栋富朗特（domfront）和卡昂（Caen）……昨天，我在西汉普斯特德找到了一个小公寓，每周租金 2.2 英镑，除非有什么意外，我想我会定居于此。

结婚之后，他的后半生生活都以此为中心。他在 1919 年于曼彻斯特结识了科勒—贝克（Cole-Baker）小姐，当时她是利特尔（A. G. Little）指导的研究生，其学位论文后来发表，题为《多明我会宪章，1216 到 1360 年》（*The Constitution of the Dominican Order,*

179

1216-1360)。我们前面已经提到了 1920 年 5 月 19 日陶特的那封信,在信中他将这位新郎推荐给犹豫未决的老岳父,并说明了加尔布雷斯的家庭背景。这封信里还包括一些当时学术场景的回响,不应轻易错过:

> (陶特用他最为安心的语调写道)我因昨天晚上那个含糊不清的电话所困惑,但是我今天见到了加尔布雷斯,事情就变得清晰了。我非常高兴听到这个消息,因为只有为数不多的熟人给我一种特别的信念,并为您的千金考虑,而加尔布雷斯长期以来都是我最好的学生之一。我愿意向令爱致以我最为衷心的祝贺,但我觉得,在我正式地这样做之前,我必须满全我对加尔布雷斯的承诺,告诉您我所知道的他和他的家人。他也许已经将他的经济情况呈现在您的面前,但是他看起来以他的骑士风度,强调了他眼下的窘况而非他真正卓越的前景。这份职业生涯不会给立志从事者带来富裕,但是在他的情况来看,我感到很确定他会很快有一个稳定的职位,并在他的领域内获得一定声誉,从而有适度的但绝非匮乏的(经济)能力,这就是我所从事的历史学术教研所能给予其从业者的……他将会成为一个好老师,而且如果在六年之内他不能在某个地方找到一个不错的教职,我将非常惊讶,而这个职位至少每年可以给他 800 英镑的薪资。

有趣的是,作为加尔布雷斯生涯的伟大建筑师,陶特已经超越公共档案馆而看到了一个大学的职位:教书、成为教授而且年薪 800 英镑。这些语言中的第一个甚至不到六年的时间就已经成为了现实。这些变化的第一个痕迹可以在巴利奥尔学院管理部门的记录本中发现:

> 1926 年 3 月 16 日,学监授权邀请加尔布雷斯先生协助明年的历史教学……他将为这份工作获得 50 英镑的薪资,同时

也将支付他的旅行费用。

在同一份记录本中，10 英镑是从贝尔（K. N. Bell）的固定津贴中扣除的，他是这个学院的历史导师。这些吝啬行为的原因是贝尔从 1926 年 3 月已经成为了高级学监，因此立即需要一个人去顶替他在学院中的教学工作。结果就是，加尔布雷斯在此后的三个学期中，每个周二晚上去往牛津，并在此后的一天中指导本科生。我们把这些内容留给克洛纳教授，他当时并非一个轻浮的本科生，而是一个成年学生，他在 1925 年从贝尔法斯特毕业后，又来到了牛津重读历史。他这样描述了这次长途跋涉的影响： 180

> 我在巴利奥尔真正的转折点是 1926 年，当时肯尼思·贝尔成为了高级学监，因此需要一个代理人来承担他的大部分教学工作。这个人就是维维安·加尔布雷斯，当时他还是公共档案馆的助理馆员，他从镇上每周来一次并待一晚上。他的体型细长，但充满了强烈的活力。在一头过早花白的蓬乱头发和暗色眉毛之下，他的双眼闪耀着愉悦的光，因历史发现而散发光彩，又或因义愤而迸射，如同南非土著投枪手一样，直指出别人的想法，或阐释基本的真理，或抨击一些难以容忍的错误。他的面部狭长而特色鲜明，其生动地反映了他各种各样的情绪：常常讥讽、有时嘲笑、偶尔愤怒。但他的嘴角总潜藏着陶醉和闪耀的微笑，从而使他的整个脸庞都被点亮了。加尔布雷斯的第一堂指导课程对大多数本科生而言都是令人震惊的体验，因为没有其他教师能像他那样准备得如此充分：那种感觉就像是在杜松子酒中沐浴一样，从里面出来感到浑身轻松、清爽且非常刺激。事实上，我发现同加尔布雷斯在一起就像是在德洛伊特维奇（Droitwich）的盐水浴一样，具有某些类似的功效。一开始的时候，他对作为我论文基础的史料来源进行点评，随后很快我就意识到我对于这些材料的处理还缺乏感知力。这就使维维安以一种非正式、无拘无束却强有力的方式，

221

向我展现了档案研究的重要性和本质。他继续谈论那些还健在或已经过世的历史学家，对他们熟稔到如数家珍。他对其中的一些学者怀有深深的尊重，而对于另一些人或当时的"历史建制派"则带着一些顽皮的轻视。本科生们非常喜欢他的这种历史幕后观，但是也应当记得，这些幕后就是严肃作品生产的地方。学生们离开他的指导课时，并没有获取许多精确的事实信息，但是却获得了崭新而重要的洞见，以及更为清晰的理念以继续进行个人研究，尤其是服下了一剂维维安独有的良方：具有高度感染力的热情。

　　和许多其他人一样，我可以用我在四年后的个人经验来证实这份记录中所说的每一件事。加尔布雷斯的指导课极其令人陶醉。这些课总是比指定时间开始得要晚，而且结束得也要晚，甚至相当晚。在对他自己时间的慷慨上，他可能是导师中最为独特的，我也毫不怀疑我们剥削了他的这种慷慨。在他所有的讲课中都展现了他对档案研究炙热的爱，而他对那些并不基于此而书写历史的人，则投以同样热切的鄙视。他自豪于将公共档案馆中所谓的陈腐和一种几乎鲁莽的宽宏大量结合在了一切，并涂上了一层温暖人性的颜色。

181　　这也反映了陶特对曼彻斯特历史学派的贡献。加尔布雷斯将一切都投入到教学中，他常常说自己没有私生活，在相当程度上，这确实如此。他向几乎每一个足够年轻或足够意气相投的人暴露自己的弱点、偏见以及感受，这却延缓了人们对他的批判，而了解到他真挚的精神。他将自己完全投入到讲话当中，无论是在指导课上或只是偶遇，这种精力充沛的讲话必然常常使他疲惫不堪，但也唤醒了他的听众，使他们高度兴奋。当我第一次听到这些生动而别致的历史对话以如此让人惊讶的方式滔滔而出时，我急忙去写下我能记住的东西，而我也常常惊讶地发现，在一种冷静心神的审视下却是错误的。对这个发现的第一反应是失望，直到我发现，一个教师给予学生最伟大的礼物就是使自己暴露于批评和异议之中。他从不藏私,从不自大,从不自以为是,而且——除非触动了敏感神经——除了由于礼貌和谨慎的保留,他对别人每一项卓越成就和深思的才能都不吝赞词。

他一生中的一个特征是他从来没有任何自己的学生。这样说来,他与自己伟大的老师们形成了鲜明的对比,尤其是陶特和波威克,这两位似乎总是将他们的学生视为历史研究宏伟工程中的代理人。与之相对的是,加尔布雷斯离着"采煤面"太近了,而无法拥有任何更为广阔的视野,以超越单纯理解过去记录的尝试。可对他而言,历史的追求就是在个体学者和材料之间的一种个人性相遇。不多,也不少。

即使是在回忆这些经历,我仍然感到兴奋。代替贝尔的这一年教学在 1927 年 6 月完成了,而直到次年,他才采取了在十年前或十二年前看似完全没有可能的举动:加尔布雷斯回到了巴利奥尔,并成为了一名导师。一个直接的原因是他被任命为牛津外交系的副教授(Reader),接替了普尔的职位。在加尔布雷斯就职日期迫近之时,巴利奥尔学院为他又提供了一个学院讲师职位,和大学的教职双聘。在一番讨价还价之后,这个职务升格到了正式的研究员,年薪 400 英镑。1928 年 10 月 18 日,他在公共档案馆办公室的笔记本以"Res. From P. R. O.(从公共档案局辞职)"为终结,三天之后,他接受了研究员职位。他的家庭已经迁到了牛津,在噶富德(Garford)路的一座房子里,这里成为了此后若干代本科生暖心和欢闹社交生活的中心。

他在巴利奥尔的九年时间里,最重要的研究是从 1406 年到 1420 年的圣阿尔班编年史,出版于 1937 年。这部作品的重要性在于全面扫清了从 1259 年马修·巴里斯(Matthew Pairs)之死到 15 世纪早期历代圣阿尔班历史学家们所困惑的问题,并将这个时期复杂的历史书写抄本传统以一种清晰明了的方式展现了出来。加尔布雷斯的学术发展继续着一系列中世纪编年史的研究,在他还是本科生时就写了斯坦霍普论文,并重新编辑了《佚名编年史》。对新文本的研究早在 1930 年 4 月就开始了,他当时写信给泰特

182

说，他发现了最后一部伟大的中世纪阿尔班编年史家托马斯·沃尔辛厄姆（Thomas Walsingham）作品的"共同起源"，就是博德林图书馆的 MS. 460 抄本。在这里，我们又看到了一个例子，即一份手稿的发现对大量历史材料之根源和分支进行长期的努力探究，会产生何等的冲击力。这份作品一定是在他担任巴利奥尔的导师和大学副教授的复杂活动之中完成的，而在那个时期，他还要每周在伦敦的大学学院讲授古文书学和档案。他的研究只有在假期的消遣期和学期中罕见的休闲时间逐渐成型。毫不令人吃惊的是，将他的资料整理成型给他带来了很大的麻烦，而且他对结果也并不非常满意。他曾在前言中写道："我担心，最终呈现出来的导论并不非常令人满意。到目前为止，其可读性都源自加尔布雷斯（G. R. Galbraith）博士的耐心，容许我在此处提及她，因为她阅读了和这部编年史版本本身一样多的若干个校订版本。"文稿校对的次数引发了与牛津大学出版社秘书若干次有些刻薄的通信，但最终这部作品还是完成了。无论里面还有什么他后来发现的错误，他还是厘清了关于作者和抄本传承的主要问题，并使历史学家们得以接触到一份新材料，而这份材料正是出现于隐修院编年史传统逐渐消失的那些岁月里。

1937 年，他迁居爱丁堡，继承了巴希尔·威廉姆斯（Basil Williams）的历史学教授席位。这次迁移给他带来了一些好处，使他有了新动力和许多新想法。但是，他现在似乎觉得这些变得太容易了，故而不能留下深刻印象。在迁居到一个将过去给予神职人员的尊敬都给了教授的社会中，他既享受着这种尊重的荒诞，也欢悦于他的妙语连珠能为他的学生们所接受。他对历史问题如诗如画的构想陈述，是他若干好故事的贮藏之一，许多故事仍流传在那些当时在爱丁堡读书的人当中。他的一位同事写道："他在学生当中的受欢迎程度可以从如下事实中看出，一场法学考试不得不改换地点，以远离他的课堂，因为在讲课时从他教室中不时传来拍桌子和大笑的声音。"但是，不要因为这些噱头就认为他没有在准备自己的讲座时投入大量思考。他在 1941 年写道："我需要保存全部的精力，以应付每周三次对着150个粗野但善良的苏格兰人讲授从布狄卡（Bodicea）到张伯伦（Chamberlain）先生之间的英国史，那是战争时期，每天都让我精疲力竭。"与他在巴利奥尔的指导课相比，在这里所讲述的内容更为广泛，而且填充进入的内容也更为自由。但是，教学效果即使在如此众多的学生身上也是相通的。我们从当时的一位学生那里引述下面的话："我怎么才能解释这位教授对我生命的影响……他就像是演奏乐器一样对待他的一年级学生，使我们随意地被冲击或拖曳着我们。"或者像另一个人写的："在我小小的荒郊世界中，他是第一个也是最伟大的思想开路人。在我听过他讲课之后，一阵眩晕的光似乎照亮了我的生命。"爱丁堡人的表述方式迥异于牛津人的，但其所传达的信息却始终如一。

除了最初两年之外，他在爱丁堡剩余的全部时光都是在战争状态下度过的，虽然他不太愿意承认，但这件事确实更多地占据了他的思想。在1942年4月他写道：

> 当你拿起笔的时候，有一种麻痹感升起，对于每一个思想健全的人来说，事实上，都在想着——去赢得这场战争。从表面上来看，一切都如往常。我甚至还在做"研究"和发表文章：但是每天最重要的时刻（无论多么勉强的承认）都是（晚上）九点钟的新闻……大学里表面上看也是一如既往。我们人文学系的人数每年都在稍稍地递减——但是，当然，也没有人毕业。因此，历史教学就由第一年基础课的永恒循环所组成。一小部分二年级的荣誉学位学生，和几个三年级的学生（都是女生），更少的几个人是在最后一年。继续下去，成了一个问题。

无论如何，正是在这些年中，他后来两个最为雄心勃勃的计划开始形成。第一个就是对《末日审判书》崭新且具有根本性反思的持续研究，第二个就是一系列中世纪拉丁文本的编订和英文翻译计划。

IV

其中第一个计划起源于早在1930年代的一次发现。当时，他在巴利奥尔学院的图书馆中发现了一部12世纪抄本，其中包括了一份《末日审判书》中关于赫里福德郡的条目。这份卷宗的主要兴趣在于，其代表了一些亨利二世统治时期的王室教士将相关信息一直延续到他们时代的努力，而这些收集工作在大约一百年前就开始了。然而，更有趣的是，这种尝试似乎与托马斯·布朗（Thomas Brown）相关，他是当时在国库工作的著名教士，且曾在西西里有过一段充当行政管理者的生涯。各种因素的叠加表明，存在着一种可能性，会对《末日审判书》在整个中世纪时期真正使用方式产生新的理解。当他还在公共档案馆时，加尔布雷斯必然时常会看到那两卷原始的调查，带着它们那种令人窘迫的洁净之美。它们看上去在被作为展品放在公共档案馆的博物馆中之前没少被翻阅，但却从未激起对之进行主动探究的想象。甚至直到1934年，当他在《公共档案使用导论》（*Introduction to the Use of the Public Records*）里总结他在公共档案馆中的经验时，他仍然未曾多言《末日审判书》，除了提到其1783年的版本"完成得如此之好以至于从未被超越"。正是那份巴利奥尔抄本激发了他的《末日审判书》研究，但直到他离开牛津后，才真正开始了严肃的工作。那是在1939年7月，在战争爆发之前的一次诺曼底档案馆巡游的前夕，他这才开始誊写巴利奥尔的抄本，在11月的时候，他从爱丁堡向泰特汇报说："我已经以笔记和旁注的形式（从抄本上）誊抄了所有的内容……这对我来说充满兴趣，虽然我很快就觉得完全迷失于其中了。"他开始感到巴利奥尔抄本中大量谱系学细节的重压，然后很快就大致同意由泰特负责研究其谱系学，而加尔布雷斯则专注于抄本及其编订的行政管理背景。到1939年底，他和泰特筹划一篇联合署名的文章，以引起人们对这份抄本的兴趣，然后——如果有任何"然后"的话（这一点在那个时候并不全然明朗）则是对整个抄

184

本的全面评注和编订。

加尔布雷斯仍然按照这样的思路给泰特写信，直到 1940 年 11 月，他意外地收到了一份请柬，邀请他在次年夏天到牛津大学举行福特讲座。这是一次非常紧急的邀请，但他在 12 月 1 日写给泰特的信中说：

> 我要去明年夏季学期的福特讲座。罗宾·福劳尔突然生病了。这造成了一种困扰，我在这么短的时间里能拼凑出什么去讲呢？但是乞讨者是没得选的，而且给我的钱刚刚够用于重新安置我的弟弟达德利，他在克里登的家刚刚被炸毁了。我将会采用某种形式躲藏到"我们的公共档案馆"中。长期以来，我都想要写一部他们保管档案的历史，而且为了这个目的也收集了一些资料。所以，我想我应该能做到。

然而，事实上关于档案保管的题目很快就被忘记了，福特讲座的主要贡献是它催化了加尔布雷斯更深入地探讨《末日审判书》的思考。因此，我们必须审视他在巴利奥尔抄本的影响下发展出来的这些理念。第一个需要注意的是，从 1886 年纪念《末日审判书》编纂八百周年以来，对其编撰目的的严肃研究就成为了一个一直困扰着学者们的迷思。这些纪念活动推动了朗德（J. H. Round）对《末日审判书》的重要研究。他关于"丹麦金和末日审判书财政"的论文，是此后所有关于这一调查目的探究的源头。[3] 简要来说，《末日审判书》中包含的信息远比任何明确目的所必须的主题要多得多，而且几乎每一个主题的信息都存在着许多缺漏，这就使它难以符合任何目的，无论将这个目的界定得多么狭小。简单地说，这些信息混沌不堪，可能从开始时就没有什么用处。但是这并非任何人，尤其是那些处于行政历史研究全盛期的学者们所能轻易接受

---

③ In *Domesday Commemoration*, 1 (*Domesday Studies*), ed. P. E. Dove (London, 1888).

的结论。如同我们将要看到的,朗德在 1895 年时就发展出一个非常清晰的观点,以阐明《末日审判书》的目的,并以对其编纂方法的令人信服的阐述支撑了这一观点。加尔布雷斯受到了公共档案馆办公室中对朗德在道德上合理敌意的影响,对发现朗德是错的这一点上并没有什么遗憾,但他直到后来才逐渐认识到,他们二人结论的偏差究竟有多大。

正是巴利奥尔抄本提出了处理这一问题的新方法。在这份抄本的帮助下,他希望发现这份 1086 年统计手册的目的,亦即通过研究这份抄本在中世纪时期究竟是怎么使用的,来解开这个谜题。巴利奥尔抄本表明,它曾在亨利二世时期被使用过。而在公共档案馆中,还有另一部《末日审判书》的缩写本,是在亨利三世统治时期的国库中书写的,表明了其在一个世纪之后的使用。从这些来看,再加上《罗尔斯丛书》的帮助,加尔布雷斯希望勾勒出一幅《末日审判书》持续使用的图景,并从此向后追溯到 1086 年,以找寻出设计者的意图。

这是一个很好的计划,却遭遇了一系列困难。最主要的是,如果《末日审判书》的目的本身就是模糊不清的,那么后来的缩写和注释将变得更加难解,如果这些本身确实有一个明确指向的话。有些证据表明,赫特福德郡《末日审判书》中的注释和添加确实有财政上的目的,但这个目的的精确本质及其实际效果则很不清晰。至于公共档案馆那部更后期的缩写本,加尔布雷斯写道:"它是如此干净且没有留下指纹,我们可以肯定,它从未被使用过。"在面临这些困难时,这种探究路线很快就淡出了,虽然在 1950 年巴利奥尔抄本最终出版时仍被给予了重要地位:

> 这份巴利奥尔抄本和《末日审判书》的缩写本无疑为我们探寻《末日审判书》背后的广阔推动力提供了最佳指南。这一调查毕竟是一项非常严格的财政事务,是由国库所承担的。它的核心目的可以通过后来的《派普·罗尔斯》(Pipe Rolls)的记录中得到最好的解答,事实上其就是在这份抄本上加以评注。

这段话中包含了主导着加尔布雷斯《末日审判书》研究第一阶段观点的最为极端的表达。但是到这些文字最终出版的时候，他已经进展到一个更富成效的探究路线上去了。这下一个探究阶段的目的也是探究这些调查的目的，但并不是通过其后来的运用（只有作为辅助时才会采用），而主要是通过探究其构成方法和阶段。 186

这一新方法的第一个行动就是 1942 年发表在《英国历史评论》上的一篇文章——《〈末日审判书〉的形成》，这篇文章中所采取的论证路线在未来三十年中越发成为加尔布雷斯研究的核心路径。从形式上来看，这篇文章在很大程度上是对朗德关于《末日审判书》之编纂阶段与目的的反驳。朗德曾经想象《末日审判书》调查的主要原因是为重新厘定丹麦金提供基础，这是诺曼统治者从他们盎格鲁—萨克逊先辈那里继承来的税收。他同样相信，他已经发现了《末日审判书》究竟是怎么出现的。长期以来，人们都认为《末日审判书》是几队王室特派员沿着不同线路在英格兰巡行调查而来的结果。朗德的贡献在于，他给出了他们是如何共同工作，以及如何安排这些原始材料的第一份详细报告。在他看来，他们在每个地方巡游，所到之处数以百计，从当地委员会中获得资料，并以严格的地理划分图来安排他们的材料。之后，他们再将结果送到温切斯特，在那里的王室文书则按照每个郡内的一个个采邑再度重新编排这些材料。正是在这个方面，加尔布雷斯证明了一个观点。这个问题虽然已经为朗德所注意，却并未得到完全解决，因为丹麦金是按照地理单位而非采邑评估的，将材料重新按照采邑加以编排，就取消了《末日审判书》作为重新估算丹麦金之工具的价值了。这个问题的突破在于，强调这些材料的"封建性"重组，以及《末日审判书》现在编撰成型的样子，这些都发生在调查完成之后的几年内，也就是说那个时候的初始目标应该已经完成了，或者被忘却了。这是朗德之后这一领域的许多学者所采取的研究路径。但是，加尔布雷斯找到证据表明，这种解释并不奏效，因为对材料的封建性重组早在特派员们将他们的资料送往温切斯特之前就已经开始了。他相信这一观点的证据就存在于那些档案当中〔尤其是"埃克森"（*Exon*）《末日审判书》《伊利调查》（*Inquisitio Eliensis*）和小《末日审判书》〕，这些材料在朗德关于这一调查的重建中并没有清晰的定位。从加尔布雷斯的观点来看，这些材料最应当被视为对调查原始资料的整理，是在送往温切斯特之前的半成品阶段。从这个角度来说，《末日审判书》的封建性编排就并非事后添加，而是最初搜集整理材料的一个组成部分；结果就是，对丹麦金的重新厘定不可能是这次活动的主要目的，甚至连次要目的都不是。

187　　加尔布雷斯后期工作中，一个很大的部分就是对1941年福特讲座和1942年文章论点的进一步论证。有迹象表明，这个问题的复杂程度，即使在另一篇1950年的文章和坚固的三卷本（分别在1950年、1961年和1974年）出版以后，也不过是勉强完成了加尔布雷斯全部想论述的内容。这些讨论的终结还没有出现，所以对他在解决《末日审判书》问题上贡献的最后裁断还要寄托于未来。我们所能说的是，他开启了解决《末日审判书》问题的新视角，并发展了一种新的且颇有前途的探究路径。除了朗德之外，没有人像他那样曾经把令人困惑的材料汇聚在一起，利用各种证据寻求空白和困惑的解释，他建议以一种新方式去看待我们公共档案中的第一部也是最重要一部的内容。他并没有使这个课题变得更加清晰，但却为其重新赋予了生机。

V

　　他在爱丁堡开启的第二项事业持续地吸收了他余生的精力，亦即开启了一系列被称为尼尔森中世纪经典（Nelson's Medieval Classics）的编撰，也就是现在的牛津中世纪文本（Oxford Medieval Texts）系列。这个系列的诞生源于加尔布雷斯和莫里森（H. P. Morrison）的谈话，在1941到1942年间，莫里森是爱丁堡著名的托马斯·尼尔森及其儿子们（Thomas Nelson & Sons）出版公司的总经理。他们两人初识于 1941 年 11 月，见面后立即就成为好友。他们两人都相当豪爽，且有鼓舞他人展现豪爽一面的能力，于是一见倾心。加尔布雷斯在 1941 年 11 月 12 日写道："我昨天认识了一个非常有趣且令人愉快的人，他叫莫里森，在谈话中他告诉我，他急于——非常急于——出版一部书……以取代韦克曼（Wakeman）已经落伍的英格兰教会的论述。"在战争的至暗时刻，一个非常乐观或者说非常富有远见的出版商"急于且非常急于"出版这样一部作品。战争使几乎所有的出版计划都停滞了，但莫里森已经准备好在宗教和教育领域大大拓展尼尔森出版公司的生意。这一视野的成果开始在 1946 年显现，主要是修订版英文《新约》和施米特尊者（Dom Schmitt）关于圣安瑟伦作品集的陆续出版。又过了三年，第一部中世纪经典文献才最终出现，但这些工作早在 1942 年就开始了。这个系列深深地刻有加尔布雷斯的个人印记。这呼应了他的信念，即使在最基础的层面上，原始文本是所有历史研究的基础，同时也表明了他的信念，即使那些对原文语言所知不多的人，也能够有机会去对照翻译查看作者的原文。他以巨大的热情投入到这个计划中，在此后的三十年间，对于文本和编辑者的搜寻从未远离过他的脑海。

　　在最开始的时候，加尔布雷斯寻求迈纳斯（R. A. B. Mynors）的帮助，因此两位主编的名字出现在加尔布雷斯生前所出版的所有作品中。加尔布雷斯的主要职责是选择文本和相应的编校者，迈纳斯则负责检查抄本传统，还在其中的几卷中负责拉丁文本的整理和翻译。早期的几卷强烈地反映了加尔布雷斯的个人兴趣，尤其是由他在公共档案馆中的老同事查尔斯·约翰生所编撰的三卷当中。随着时间推移，尤其是 1959 年之后，克里斯托弗·布鲁克（C. N. L. Brooke）成为这个系列的主编之一后，其变得更为多样性，但最终仍然是由加尔布雷斯拍板。他在每场危机中都为这套丛书而战："这并非尼尔森的主意，也不是莫里森的——而是我的——这是我老年所得之子，而我并不打算让它

188

231

离开我。"

在 1949 年到 1963 年间，这套丛书一共出版了 20 卷，之后尼尔森出版公司换成了汤姆森集团。新的出版商缺乏莫里森那种对宗教和教育类图书的优势与盈利能力的乐观看法，因此在两年的时间里没有签署新书协议，虽然已经有三册书等待付梓了，其中就包括哈尔（G. D. G. Hall）版的《格兰维尔》（Glanvill），这整个系列中最重要的几卷之一。一直到 1965 年，经过长时间的讨价还价之后，这个系列正式转交到牛津大学出版社，它的未来也变得清晰起来。这一系列的流通量再次在前所未有的研究兴趣领域达到巅峰（至少在加尔布雷斯担任主编期间），尤其是玛乔丽·锜卜诺尔（Marjorie Chibnall）博士所编撰的《奥德里克·维塔利斯教会史》（Historia Ecclesiastica of Ordericus Vitalis）这个伟大版本。虽然这卷书直到 1969 年才出版，但却早在尼尔森时期就已经签了委托书，而这也是加尔布雷斯和他的出版人莫里森之间合作的最佳丰碑。整体而言，这套丛书可以成为从 1897 年罗尔斯丛书停刊以来，在本世纪中最重要的中世纪历史文献出版物。

在《末日审判书》研究和中世纪文本出版的过程中，加尔布雷斯搬了两次家，第一次是迁往伦敦，第二次是迁往牛津。迁往伦敦是在 1944 年完成的，他在那个艰难时刻成为了历史研究所的主任。这个研究所是一个个人的独特造物，这个人就是波拉德（A. F. Pollard）。用乔治·克拉克（George Clark）爵士的话来说，这个人"几乎赤手空拳地劈开了伦敦学术政治的混乱状态"，并最终在 1921 年建立了这所历史研究所。从 1921 年到 1931 年，波拉德担任这个研究所的主任，使这个研究所变成了他所理解的历史研究应当如何开展的可见而制度化的强烈表达。这个研究所成为了历史学世界一个显而易见的地标，成为当时唯一能与曼彻斯特在历史研究上相提并论的机构竞争者。但是在 1931 年，波拉德从他的大学讲席上退休了，而从那一天起，他也就不过是这个研究所的名誉主任，每两周出现一次，来主持他的研究班。这种安排导致委员

189

会中的分歧日益增长，最终导致波拉德在 1939 年饮恨辞职。雪上加霜的是，研究所在 1938 年时从马利特（Malet）大街搬出去了，其从建立伊始就以此为根据地。此后，直到 1947 年间，研究所数次搬迁到不同的临时所在。除被剥夺了主任和永久居所外，战争又剥夺了研究所的学生，使形势更加残酷。在战争的最初四年当中，其一直以一种停滞的状态存在着。然而，到 1943 年时，战争明显要接近尾声了，虽然战争的最终的结束要比许多人在当时所预想的更晚一些。现在需要为未来打算了。加尔布雷斯受到了邀请，在几番迟疑之后，他最终接受了这个朦胧但具有潜在影响力的位置。于是，他在 1944 年 4 月 1 日辞去了他在爱丁堡的教职，全家迁往距离研究所仅几分钟步行路程的沃本广场。他早年在公共档案馆的经验使他懂得了住在商店上面的好处，每个人都从他的这种便利之处受益。他从十月份开设了第一个研究生研讨班：“（他写道）我将在这里开始我的第一个关于文书学和文献的小型研讨班……事实上，我感到相当紧张，因为是三位如此卓越的学者来我这里上课。”

随着战争的结束，研究所恢复了勃勃生机，这个“小研讨班”迅速填满了学生。加尔布雷斯恰恰为这些刚刚从战场上返回课堂的学生们提供了他们所需的兴奋剂，他也将之视为自己的主要任务。这份工作对他具有吸引力，而他自己在 1919 年困境的回忆，也必定常常出现在他的脑海之中。他的存在一直具有魔术般的强烈吸引力。一位他战后的学生写道：“和他在一起待一个小时就像是一种迷醉的药剂，能让人的知识冲动持续一个星期。”在战后的五年时间里，知识脉搏的重建活动是一项非常艰巨的任务，可能没有人像他完成得那样好：“当我感到沮丧的时候，我常常习惯于去想，也许我只需要回去跟加尔布雷斯待上一个小时，一切就都会好起来了。”一个当时的学生写道。另一个学生说：“他在文书学和外交文件上的课程相当使人振奋。他具有一种异乎寻常的天赋，将那些看起来无聊的主题，变成了一种相当有趣的研究。所有这一切都变得如此简单，让我们感觉那些外交文件就像是莫里哀的乔丹先生对散文所说的一样，像是我们一生都知道且在实践，却对之一无所知。"这些都是那些坚强不屈的绅士们的证词，他们经历过战争，此后也在学术生涯中取得了优异的成就。但是，当说到"劈开伦敦学术政治混乱状态"上，则又是另一个故事了。

如同加尔布雷斯在 1949 年写给查尔斯·克莱（Charles Clay）爵士的信中所说：

> 我（对于研究所）的贡献是个人性的，几乎是一种社交性的。没有人像您那样理解我有多么恨这些委员会、估算、费用、录取之类的巨型负担——在这些事上，我在天性上就与之水火不容。毕竟，我们委员会中的专业行政人员也不会放过我，而我作为一个行政主导者和生意人的不足也相当粗鲁地月复一月地呈现在我面前……我以我存在的每一根纤维恨着行政事务，对学术人而言，伦敦变成了一个痛苦的机器，无缘无故地发明了这些机制以浪费时间，这些时间本来应当用于我们这些教授应该去做的事儿，我们工资的真正来源，比如说去教书或做研究。

到 1947 年，他感到他在伦敦应当要做的事务已经完成了：完成研究所的重建，使其成为年轻研究者乐于去进行交流的地方，在这里，那些于战争中磨损了四五年光阴的人能够找到足够的热情，足以使他们重新捡起知识生活所必要的热情。所以，当他在 1947 年 6 月收到牛津大学钦定教授席位聘书的时候，他没有多作犹豫就接受了，并在 1948 年 1 月回到了牛津。

如果说在伦敦接替波拉德的职位是一项严峻的考验，那么接替波威克在牛津的职位则可以说是相当轻松了。他在就职演讲中的主题并非没有讽刺性幽默的弦外之音，题目就是"继续冲啊，加尔布雷斯中士"（Carry on Sergeant Galbraith）。他和他的前任因亲密的忠诚纽带和共同的经历联系在了一起。他们都分享着对曼彻斯特学派的基本看法，亦即历史学应当如何被教授。曼彻斯特体系的特别之处在于一种结合：本科生的前两年中集中讲授欧洲历史大纲，而第三年则在强化且仔细的指导下进行专题研究和论文写作。波威克曾经以为（后来他沮丧地发现并非如此）他被招到牛津就是为了让他将曼彻斯特的体系引入到牛津，而且他竭尽所能地将一年的专业化训练移植到牛津的学习课程当中。加尔布雷斯担任了很长一段时间的导师，他不相信任何类似改革能够奏效，于是他将教学大纲束之高阁。在他的牛津教学生涯中，曼彻斯特风味体现在他给本科生开设的概论讲座上。他那把老火仍旧燃烧着，他也仍能吸引成群结队的热情仰慕他的本科生。他在学期末写道："我感到惊讶，事实上有些窘迫地发现，我居然有超过三百、接近四百的听众，而且我还能在最后一堂讲课时留住其中的三分之二。"

191

但是，如果说他逃离了伦敦的行政责任重负，但他又被那个时期的其他重担压在了肩头。他是哈尔福德委员会的会员，职责在于挑选历史保护建筑，他同时还是皇家历史遗迹的会员，此外还被遴选入许多这样那样的学术团体，日常任务中还包括大量的一般通信。这些活动的大部分一直持续到他 1957 年正式退休之后。在这些年中，无论在退休前后，他自己都更像是一个机构，而非他作为机构的一部分，他给各个时期的学生们写信，学生们也来拜访他或向他咨询，他们都热切地听取他在各种人物、专业和学术问题上的观点。直到他七十多岁的时候，他的步伐才明显地慢下来，直到他八十五岁时，他才将自己的全部藏书都卖给了新建立的阿尔斯特大学（University of Ulster）——回到了他所由出的源头——到了这个时候，他一生的事业才走向了终结。1976 年 11 月 25 日，他无疾无痛而终。

在外形上，加尔布雷斯矮小、纤瘦且充满活力。除了他过早出现的驼背和白发之外，他给人一种永远充满机敏和活力的印象。他的脑袋硕大，脸庞高低有致，非常容易记住。他在穿着上并不讲究，缺少任何一种浮华或正式的高贵之感。他讲演中的口语化和口头语——是他在军队时日的遗迹——如果没被束缚在一个写就的文本上，则会丰富地出现在任何场合。他富于色彩的表达和无拘无束的点评，则成为了听众们的心头所好。

作为一个学者，他最为人们所长久记忆的是他对编年史的校订和他对《末日审判书》的研究。这些是他工作的重要部分，而且将影响常存。但是，我个人更偏爱他那些篇幅更小的零散论文。在这些研究中，他以不大的篇幅揭示了档案的重要性，并在这些文件的思想、环境和难题等缘起上投射了启迪之光。对我而言，这些是他批判艺术和历史想象的杰作。正是在这些小型研究中，他独到的眼光和敏锐的历史场景意识得到了最为令人满意的体现。我认为，尤其是在 1934 年出版的《隐修院建立宪章》（*Monastic Foundation Charters*）中，他从这里发展出了对夸尔（Quarr）修道院奠基宪章的发现，并产生了对档案外交形式的精细研究，以及一个男爵家族为其精神福乐所做准备的详细论述。又比如说《中世纪英国国王的读写能力》（*Literacy of the Medieval English King*，1935），从中产生出了对王室政府令状与特许状的研究，并发展成对在那些国王名下发布的令状等国王们读写装备的描述。又或者一篇讨论《组织议会方法》（*Modus Tenendi Parliamentum*，1953）的文章，在这篇文章中，他能够将一部历史小说与爱德华二世时期王室文员的日常运作联系在一起。同时，我也想提及他许多关于13—14世纪编年史家手稿和编撰方法的研究，这些研究横贯了他整个六十年的工作生涯。当他投入到任何这些研究工作当中时，他都是全身心地浸淫在这个题目当中，并会在每个可能的场合去讲述这些问题。我常常会想，一个对行政工作如此没有耐心的人，却对沉思过去的行政运作如此饶有兴味，实在是一件很奇怪的事。他享受生活中的喧闹，而在他们生命中的喧闹里，他似乎能够忘记，其实这些人在其同时代人眼中，或许也是相当正式和无聊的人。他们在那些档案中为他复活了，这也符合公共档案馆的宗旨，加尔布雷斯在那里学会了这门手艺，对他而言，这仍然是让他最感幸福的狩猎场。在他关于这些档案的研究中，他的写作也是最为生动的。然而，最后一定要说的是，他所写的任何东西都没有他本

192

人那么生动,如同他站在火堆旁向着各个方向散发着他的聪明智慧、真理和错误,对他自己而言,这是一项令人着迷的研究,而对于他人而言,则是能量的源泉。

XI. 理查德·威廉·亨特
（1908－1979）

I

193   任何关于理查德·亨特（Richard William Hunt）和他在当代英国学术界地位的评价，都因现存资料、他的个人性情以及他一生中大部分时间所从事的职业而呈现出特别的形态。[①] 他一直避免抛头露面，并在一个职位上待了超过四十年——先是在利物浦大学做讲师，之后成为博德林图书馆西方抄本部的保管员——体现了他从聚光灯下逃脱本能的全貌。此外，他的作品都相对简要，人们可能说像是学术生涯中的副产品，基本上都是一些纪念文集或者学会会议上偶尔为之的成果。他主要的影响力体现在与世界各地学者的私人接触中。无论是公开还是私下来说，他都并非著作等身之

[①] 这份记录得以完成仰仗了许多理查德·亨特朋友们的帮助。我在这里要特别感谢克尔（N. R. Ker）博士、罗杰·麦诺思（Roger Mynors）爵士、琼·瓦利（Joan Varly）女士，他们允许我使用了大量他们收藏的书信，这些书信照亮了本文所描述的不同阶段。他们以及贝利尔·斯莫利博士、理查德·劳斯（Richard Rouse）、霍尔夫人（G. D. G. Hall）、梅耶斯（J. N. L. Myres）博士、布鲁斯·巴克尔—本菲尔德博士、拉马来（A. C. de la Mare）博士和其他博德林图书馆的工作人员，都使我填补了我回忆中的许多空白，并纠正了我的许多错误，并为我提供了关于博德林图书馆复杂运作的知识。

人。他将书写的文字视为尽可能简要地传递信息的工具，而且他几乎从来不让他的私人感情，包括痛苦、失望、沮丧又或欢乐，呈现在讲演当中，在文字中就更少了。在别人对他个人悲伤的痛苦表达同情时，他只是回以简短的感谢，之后就毫不停顿地转身投入到对中世纪抄本的描述当中——他刚刚结婚一年，就失去了他的第一位妻子和尚未出世的孩子。他并非冷酷无情，绝非如此。但是，当没有什么能说的时候，他就什么也不说。

在这样的背景下，去书写一个几十年中似乎没有波澜的回忆录，几乎是一个不可能的任务。其中的大部分，必然是他对学问不屈不挠的追求，甚至在这些领域中，也有许多障碍需要克服。如果我们粗暴地将学者们分成两类，前一类人寻求知识以解决问题，后一类人则是在尽可能广阔的领域中探寻知识、只是顺带去解决问题的话，理查德·亨特则几乎是后者中当之无愧且最为纯粹的典范。他在学术上解决了许多问题，但只是通过写文章或者讲座的方式：这些东西对他而言都是学术的副产品。将他的作品围绕着任何一个主题加以安排都并非易事。他的学问，必须回到他生活的那个时代，从当时学术发展的广阔图景中加以理解，尤其是（但不只是）中世纪研究领域。在这样的语境中，他所写的一切都是重要的，无论他是否曾将之发表，又或者他是否曾经希望有除了他之外的人看过。

也正是在这一点上，他的传记作者从其遗物中获得了一笔无可比拟的资产。虽然理查德·亨特只出版了其作品中的一小部分，而且只写了他所知道的学问中的一小部分，却很少丢弃这些作品。他是对书写文字最为谨慎的保管者。他有时候也会销毁一些文章，但并不很多。当他去世时，他留下一大堆杂乱无章的手稿、笔记、关于抄本的描述、学术通信、演讲稿和各种论文。这些作品组成了一座重要的学术档案馆。其中包括了若干博学作品的资料，其中的两三部事实上已经在准备当中。在这些海量手稿背后，隐藏着许多可能为后来进一步研究提供起点的线索和洞见。布鲁斯·巴克尔—本菲尔德（Bruce Barker-Benfield）博士的辛勤劳动已为这种混乱带来

194

了秩序，我们希望在合适的时候，这些作品可以在博德林图书馆为其他学者所用。然而，对一个传记书写者来说，核心的工作并非按照内容对这些作品进行分类，也不是预先发表对后来的探究，而是要理顺出照亮了理查德·亨特学术兴趣的路径和理念，这些也在过去的五十年中，引导着这个国家中世纪研究的发展。

我将记录的事件很少，甚至毫不起眼。但是，在这些文章中能追溯的学问路线才是最应当注意的。有时候，为了对它们进行阐明，需要长篇的论述。简要而言，1930年之后的半个世纪对英国的中世纪研究而言是一个重大变化时期，而理查德·亨特则是这种变化的核心人物。在这个时段的开端，英国的中世纪研究除了方言文学领域之外，仍然坚固地限定在由斯塔布斯和他的继承者们自1850年以来所圈定的世俗和制度界限之内。当然，一直也都有一些例外的学者会逾越这些界限之外——仅举几个最为重要的人物，比如艾德蒙·毕肖普（Edmund Bishop）、亨利·布拉德肖（Henry Bradshaw）、蒙塔古·詹姆斯（M. R. James）。但是，这些人对英国大学中的主流研究影响甚微。他们没有能够占主导地位的任免权（庇护权），结果就是，他们没有什么力量去鼓励年轻学者去从事那时候被广泛视为诡异路径的研究。这种强力渠道化所造成的结果就是，英国学者在中世纪研究中的一些新的重要领域几乎无所作为。英国孤立的最为显著的例子就是在中世纪经院思想领域，这一领域经历了一个巨大的拓展，在很大程度上是借助教宗利奥十三世在1878年那份通谕的庇护。这位教宗的政策是延伸到中世纪哲学、神学和教会法以及中世纪学派中各个学科的每个方面的每个角落进行深入研究的诸多影响因素之一。在1930年之前，这一通谕的影响几乎完全没有渗透进英国学术界。在1920年代，作为万灵学院青年研究员的哈里斯（C. R. S. Harris）主要研究邓·司各脱（Duns Scotus），他的命运在这里就可以作为当时牛津完全孤立于中世纪经院思想研究的写照：在牛津，他找不到导师，甚至在关于中世纪辩论及其传播之最简单的文献上也得不到指导。虽然他自己能力卓著，但是他1927年出版的关于司各脱的两

195

卷本作品，却因为忽视了中世纪经院思想中的基本学科而存在致命缺陷。

对英国的中世纪学者而言，1930 年代的重要性就在于，区分"严肃"历史和古怪趣味的严格界限开始解冻了。造成这一变化的一个非常重要影响来自于牛津大学的近代史钦定教授波威克，但同时也有更多一般性的影响，在相同的方向上工作，在此处我们先不必细说。在这里，只要提到波威克关注着理查德·亨特的未来就足够了。这种关注的部分原因在于，在那个时期，以亨特的研究兴趣而言很难找到一份工作。同时也因为，波威克在亨特身上看到了一个年轻学者在当时英国学界还被隔离在外的学科中，取代自己之地位的潜力。

Ⅱ

在这些前缀之后，现在让我转向亨特职业生涯的一些细节。他在 1908 年出生于德比郡的斯庞顿（Spondon）村，他的父亲是当地的一名普通医生。他的母亲梅布尔·玛丽·惠特利（Mabel Mary Whitely）来自诺丁汉的一个蕾丝制作厂家庭。这个家中有三个儿子和一个女儿，理查德是第二个儿子。作为一个家庭，除了偶尔去萨福克郡度假，或者全家去拜访住在菲利克斯托的祖母，他们几乎从不离开斯庞顿。他们并非伟大的旅行者。在这种稳定的静止中，我们可能体察到一些后来自然地进入到理查德未来生活中的东西。他的家庭如同他们所属的职业那样，家庭中充满了那种斯巴达式（意即朴素的）的舒适和兴趣。他们从小的环境是热爱狄更斯和司各脱的，怀着极小的竞争心态，去参与高尔夫和网球的家庭比赛，直到后来，理查德仍然出人意料地热爱这些活动。在经济上，他们也只是相对宽裕，仍然需要奖学金才能送他们的儿子去公立学校。可能也正因为这种需要，最后为理查德所选择的是海雷布瑞（Haileybury）。在他后来的生活中，理查德从未提及他的学校生活，似乎他曾受到寄宿学校中野蛮人轻蔑的霸凌。然而，他在那里

196

也结识了一些朋友，维持了长久的友谊，其中包括夸尔隐修院已故的院长阿尔雷德·斯雷姆（Aelred Sillem），以及里德尔（J. R. Liddell），后者同样对中世纪感兴趣，甚至可能就是他最早激发了理查德对中世纪的兴趣。

如果说海雷布瑞缺乏一般性的知识刺激，但也确实为理查德提供了相当良好的古典教育。那里的古典教师是曾在巴利奥尔学院念本科，后来成为了默顿学院研究员的列文斯（R. G. C. Levens），或许正是在他的鼓励下，理查德尝试去申请了巴利奥尔学院的奖学金。他未能如愿以偿，但从一个家族奖学金得到资助后，他得以作为一个自费生于1927年进入了巴利奥尔学院。在那里，他很快就受到了麦诺思（R. A. B. Mynors，已故的罗杰爵士）的影响，这个名字将在后文中反复出现。就当时在牛津的希腊和拉丁研究里占主导地位的写作技艺而言，亨特只能说一般般，但从他本科时所存留的笔记、论文中，我们能够发现他后来兴趣和思想习惯的重要预兆。在那个时候，所有在巴利奥尔的本科生在他们的前两个学期中，每周都要写一篇一般性的论文，题目由导师选定。这些亨特保留下来的早期论文，都留下了那些阅读这些文章的导师们仔细的批注，以及他们对这篇文章的评论。

以后见之明来看，这些论文展现了一些不同寻常的智识能力，可与此同时，这种东西对寻求聪敏的导师系统而言并不十分认可，因此亨特也只得到了中等程度的表扬。他在第二个学期写的关于刘易斯·卡罗尔（Lewis Carroll）的文章已经展现了他在选取参考文献细节上的非凡能力，这些细节能够说明重要的议题。此外，刘易斯·卡罗尔作品中逻辑的重要性在当时并不像现在这样得到普遍接受，亨特已经看出，这是卡罗尔一生的重要源泉之一，并且在他的作品中具有持久的影响：

> （亨特继续写道）这也使他非常的精确和细致。我们知道，从1861年1月到他去世前，他坚持记录下自己写的每一封信。这些信件的总量是98721封，而且都以他自己设计的巧妙的

交叉引用系统做了一份索引……他的诗不像是爱德华·李尔（Edward Lear）那样仅仅是想象的无意义，其中的大部分都是模仿或者按照科学原则所做的。拿一首出现在《从镜中》（*Through the Looking Class*）中的四行诗来说……这首诗创作于1855年，远早于我们认为该书的编订时间，其最初是对一首盎格鲁—萨克逊诗歌的模仿，并且还配有一份词汇表……这些书完全是我们传统温床的一部分，其本身可能也是在各种语言中最伟大的作品。

我不知道在那个时候，他对于英语之外的温床传统有多大的发言权，但类似措辞在他成熟期作品中仍有印记。任何一个后来认识他的人在读到这些句子的时候，都会想到他后来所写的关于罗伯特·格罗泰斯特的索引象征和12世纪逻辑语法学家的内容。

对未来具有更直接重要性的是，这些年里也见证了他一生习惯的开端，这就是以一丝不苟的精确性抄录中世纪手稿抄本中未发表的内容。在这些最早期的誊录文稿中，有一份是对三一学院手稿（34号）诗歌的誊录。亨特标注了其年代（与他后来的格式非常相似）："s. xii ex."并且记录了他的誊抄时间："在J. R. H. Weaver Esq.'s room in Coll. Trin. 1930年11月。"

现存的若干笔记本表明了他在本科时期的阅读广度——不仅仅是海伦·沃德尔（Helen Waddell）的《游吟学者》（*Wandering Scholars*）和哈斯金斯的《12世纪文艺复兴》，同时还包括（很少有本科生会留意的）由阿尔方斯·西卡（Alfons Hilka）和奥托·舒曼（Otto Schumann）在1930年出版的《罗兰之歌》（*Carmina Burana*）的校订本。他关于后一本作品的笔记表明，当时亨特已经全面掌握了详尽的德国编辑方法之原则。

这都是些琐碎的事，但在此处可将之视为他后来一生事业的最早表征。然而，从现实角度来说，他在这些年里最大的需求就是确保获得一等学位，如果他对学术生涯怀有很大期待的话。这给了他很大的压力，但是，在古典学荣誉考试中他只获得了二等，却在

197

人文学的大课程（Greats）中获得了一等学位。之后，他在 1931 年
10 月被授予了基督教堂学院两年的高等奖学金。在当时的环境
下，加之亨特拒绝将自己置于聚光灯下，这的确是一个有想象力的
选择。

　　亨特毫不拖延地前往慕尼黑，那里是古文学研究的现代源泉，
在保罗·莱曼（Paul Lehmann）的领导下工作，并有着明确的目的。
在慕尼黑的莱曼和在牛津的勒韦（E. A. Lowe）是路德维格·特劳
伯（Ludwig Traube）最为著名的两位弟子。在 20 世纪初期，特劳伯
曾展示过抄本的科学研究如何用作文学和思想史的工具。莱曼对
于中世纪研究的贡献和特劳伯一样，远非仅限于古文书学方面。
他在中世纪文学形式和中世纪德国图书馆的研究方面做出了先驱
式的贡献。可以猜想，正是后一个研究兴趣强有力地将亨特吸引
到了莱曼那里。早在 1907 年，莱曼就在特劳伯的影响下开始编撰
瑞士和德国的图书馆目录。到 1918 年，他出版了第一部，在 1928
年出版了第二部，这个巨大的系列在各卷中包含了这些目录和文
本，而且还有很多（直到现在）仍在出版，分别在 1932 年、1933 年、
1939 年、1962 年、1977 年和 1979 年。

　　使亨特的注意力转移到这个方向的主要灵感来自麦诺思，他在
这个时期建议亨特对英国图书馆的编目进行整理，或与德国学者
合作。亨特的第一反应相当冷淡。莱曼在作品中对其观点冰冷的
坚持尽管有许多学术价值，但有着许多电话簿的特质，这足以使最
热情的仰慕者冷静下来。亨特曾对莱曼说起过这些，而莱曼不为
所动，他正确地意识到，这些工作是不能作为一个业余时间的消遣
来做的。莱曼的学问给亨特留下了深刻印象。许多年后回望来路
之时，亨特回顾自己的发展说："我一直感激莱曼让我去研究一部
15 世纪的大型作品集锦（*florilegium*），这迫使我到处寻求资料来
源。"这项工作虽然非常枯燥，但是让亨特彻底明白，除此之外，没
有任何其他工作可以理解中世纪思想的脉络。亨特在莱曼的讲习
班上非常刻苦地研读，还在他的陪同下参访了布拉格的抄本收藏，
并且大致学会了从根本上成为一个中世纪学者的手段。

与此同时,对他的另一种刺激来自于波威克,他想让亨特写一篇以亚历山大·内奎姆(Alexander Nequam)为主题的博士论文。亨特对这一提议的反应也很冷淡。如果说中世纪图书馆编目的工作看起来过于可怕,那么亚历山大这个题目则似乎没有满足他广博的兴趣。然而,波威克无疑是对的。亚历山大·内奎姆是写一篇博士论文的绝佳选题:他是一位重要学者,他的作品广泛涉及语法、科学和神学学问。他的作品保存了很多,但又不是特别大量的保存良好的抄本。这其中的许多(迄今仍是)尚未被刊印和研究过。这些作品是中世纪核心时刻里,广泛思想领域的一面镜子。将这个题目"接受"为博士论文主题的论证很强,但研究的激情却很弱。

这个令人心神不安的选择使亨特1932年夏天在慕尼黑的最后几个月蒙上了阴影,而且在他周围,一些更为令人恐慌的选择到了致命的转折点。在此前很久,莱曼就已经在他的讲演之前敬纳粹礼了。尽管如此,亨特仍然受益于莱曼在技术上的专门知识。当他回到英格兰的时候,从技术上来说,他可能是当时这个国家中通过抄本研究中世纪文学和思想史最好的学者了。

他在慕尼黑的那些年岁里完成了他在技术上的教育,但未来的问题变得愈加紧迫。稳定的奖学金只剩下一年了,他需要做出一些东西来。他非常明智地(也许带着一种破釜沉舟的心态)选择了亚历山大·内奎姆,并在波威克的指导下注册为牛津大学的博士生。到1933年,他的高级奖学金又延到了第三年,以使他能够完成论文。在1934年,他继承了特威姆洛(J. A. Twemlow)的位置,申请到了利物浦大学的古文书学讲师职位。在1935年,他仍然认为亚历山大·内奎姆十分枯燥无味,但他还是在1936年完成了博士论文。到那个时候,他的心思已经很明显不在亚历山大·内奎姆上了。

论文完成之后,因为各种具体原因,亨特立即将其弃置一旁。从那个时候开始一直到后来,他的朋友们请求他将之付梓,一种普遍的审慎也催生了出版的需要。直到1961年,他才最终被说服,将那篇论文修改为最新版本,而他在这个方向上的行动总是半信半疑。现在,几乎在相隔五十年之后,这篇论文仍然还在等待出版,并且仍然具有出版的价值。玛格丽特·吉普森(Margaret Gibson)博士正在准备这份论文的出版。[②] 这是一座宝藏,其中包含有许多关于抄本的细节,以及亚历山大作品涵盖领域中渊博学问的细节。即使在一种未出版的状态下,这份论文也比牛津大学历史系的大多数论文得到了更多的参考引用。为什么亨特对这份论文的出版如此无动于衷迄今仍是一个谜。当然,每个人都容易在写完了某个课题之后对之失去兴趣,而且总有比费尽心思、筋疲力尽地改写原作以用于出版更为重要的事。但是,亨特对他篇幅最大的学术作品的冷漠还有更深层的原因。即使他在进行这项研究时,他的心思也还在其他课题上,在那些关于中世纪英格兰图书馆的课题上。这些他在 1932 年还没能看清前路的东西,才是最为重要的。这将成为他学术生涯中最大的单一兴趣所在,这些都将与他在牛津大学作为本科生时的早期工作相连,正是在那个时候,他首次发现了中世纪抄本的迷人之处。这同时也与他在慕尼黑的经历相关,在那里,他在整个欧洲的背景下审视了这个主题。为了理解这些工作的发展路径,在此处也需要一定程度上的背景解释。

III

在英格兰,对于中世纪图书馆中目录的兴趣并非新生事物。这种兴趣有一段漫长绵延的历史,至少可以追溯到 13 世纪。但在现代学术中,一个谨慎和科学探究的新时代开始于法国,代表性作品是德国出版的《古代书籍目录》(*Catalogi Bibliothecarum Antiqui*,1885),以及之后利奥波德·德利勒(Léopold Delisle)的《帝国图书馆抄本编目》(*Cabinet des Manuscrits de la Bibliothèque Impériale*,

---

② R. W. Hunt, *The Schools and the Cloister*: *The Life and Writings of Alexander Nequam* (Oxford, 1984).

3 vols.，1868－1881）。再往后，就是戈特利布（Gottlieb）和莱曼在 200
1895 年后出版的关于德国和奥地利的大型编目系列。在英格兰，
唯一在重要性上可以与之相比的学术作品就是蒙塔古・詹姆斯的
研究，尤其是他在 1903 年出版的坎特伯雷和多佛的目录。对我们
当下这个主题来说最重要的，是他在 1922 年出版的短篇分析，其
中将书目和 15 世纪的一个图书编目者结合起来，詹姆斯认为这个
人是加佩王朝时期的伯里・圣艾德蒙斯的约翰・波士顿（John
Boston of Bury St. Edmunds）。③ 詹姆斯在伊顿的时候，麦诺思学
习了如何研究中世纪抄本，也正是从麦诺思那里，亨特对中世纪抄
本的兴趣第一次受到了与众不同的冲击力。麦诺思将亨特视为一
个能够继承詹姆斯工作、并在学识和方法上带有欧陆学者研究特
征的学者。如同我们所看到的，亨特在一开始是拒绝的，但是在他
全力投入亚历山大・内奎姆的研究之后，中世纪英格兰的图书馆
就成为了他思想和精力的主要投入对象。关于这种日益增长的兴
趣的证据，能够在从 1933 年以来的无数笔记中找到。他在这方面
最早的谋划可以追溯到一篇题为《英格兰隐修院图书馆》（*English
Monastic Library*）的未刊论文，1934 年春天，他在基布尔学院的本
科生历史学会上曾宣读过。如同他的博士论文一样，从那篇论文
起又出现了一次轻率的转移，这篇文章即使在经过了如此漫长的
时间后，也仍然值得发表，因为其中包含了抄工和作者们在面对着
冷风和天气、忽视、不完美的信息以及他们长期的不满意等情况
下，仍继续去完成他们任务时的身体和精神状况，这些从来没有被
如此精到地描述过。其中有一段话值得在这里征引，因为其中所
包含的内容对亨特后来的职业生涯具有关键意义：

---

③ 劳斯（R. H. Rouse）博士曾论证（"*Bostonus Buriensis* and the Author of the
　Catalogus Scriptorum Ecclesiae，" *Speculum* 41(1966)，pp. 471－499)这个目录
　的编辑者并非"约翰・波士顿"而是某位科克斯泰德的亨利（Henry of
　Kirkstede,这个地方可能在诺福克郡），他是伯里的一位隐修士和图书管理员，
　大约在 1380 年去世。但是，因为亨特和他的同事们在他们全部的讨论中都称
　为"伯里的波士顿"，所以我在本文中就一直采用这个名字。

最后，我想谈一下，一个隐修院的图书在多大程度上可以为其他隐修院所用这个问题。这个问题上的研究还非常少。我认为，我们可以放心地说，图书在一间一间的隐修院中借阅，为了抄写的目的，虽然我不能想起任何在 9 世纪之后的例子……一些学者，如同马姆斯伯里的约翰，到处旅行以寻找这些资料。但是，如果一本书并不在某个隐修院的图书馆中，有什么方式可以不用到处写信查询而得到一份副本吗？也许会让许多人觉得惊讶的是，确实有这种方式。最早的例子来自法国。17 世纪的时候（有两位本笃会的学者见到过）一份萨维尼（Savigny）的图书编目，同圣米歇尔山、卡昂、贝克和朱弥埃日（Jumièges）的目录编订在一起。其中不同的时期大约在 1210 年或者 1240 年之间。关于这份目录，德利勒（*Cabinet des Manuscrits*，i，527）说："我不知道其他任何文献如此清晰地展现出中世纪隐修院对他们的藏书目录给予了如此真实的公共性，以及隐修士学者们怎么知道去哪里找那些在他们会院中所没有的书"。同时，他还在巴黎的隐修院中发现了一份总目录的一件残片（ib. ii，42，196，513），以供索邦的学生们使用。

201　　在英国，我们有更为野心勃勃的计划。现存不止一份作品中包含着所有评注者的名字和作品（多数是神学的）在中世纪时期的运用。其中的数量（在不同的版本中）从 70 部到 92 部不等。在每部作品的后面都有一个编号或一系列编号。每个编号都代表着一座隐修院，如果我们去看亚历山大·内奎姆，他的第一部作品就是对《雅歌》的评注；之后的数字是 142、105、15、XII 和 46。这些数字分别代表着下列隐修院：里沃兹（Rievaulx）、圣彼得的格罗斯特（St. Peter's Gloucester）、圣阿尔班（St. Albans）、比尔德沃思（Buildwas）和圣瑙斯（St. Neots）。几乎可以确定，这些目录是由方济各会士编撰的，因为他们将英格兰分为七个监牧区，在其中还出现了索尔兹伯里，这个监牧区在 1331 年之前就停止使用了。此外，其中也提到了几处罕见的托钵僧图书馆，那些几乎可以确定是在后来添加的。因此,这些看起来像是托钵僧们在收集大型图书馆编目之前就已经写好了的。其与另一项编撰工作紧密相连,亦即教父对圣经的指引性评注参考,这些汇集在一起称为《七大监牧区记录》(*Tabula Septem Custodiarum*)。所以,在《箴言》第21章第10节中给出了若干教父的评注,包括安波罗斯对《路加福音》的评注、奥古斯丁的第35篇讲道、比德对路加的评注以及圣伯纳德关于"派遣天使"的第二篇讲道。其表明,无论这些参考是寓意的、寓言的还是象征的,都给出了精确参考来源,精确到某书的某个章节,每个都按照 a 到 g 和这段信息开始的那个词来排序。这些辑录在一起都是为了给神学家和讲道者提供一种帮助。

在 15 世纪,这些由一位伯里的名叫约翰・波士顿(John Boston)的僧侣所大为扩展了。他的列表中包含了 672 位作者,并给出了他们生平的简要记述,成为了一个易于获得的资源。其中的许多作品,他并不知道其存在(或者某部抄本),当然,其中也包含一些错误,但就我们现在所知道的,在欧洲的其他地方并不存在类似的东西。

这些段落的重要性在于,这是将这些目的在于推动神学研究的一系列重要文献,置于一个更大背景下的首次尝试,詹姆斯在 1934 年曾呼吁对之加以关注。这些段落也体现出,至少到 1934 年的春天,亨特已经在这些清单上做了大量详细的工作了。到 1935 年年中,在他博士论文还没有完成的情况下,亨特已经开始为这一系列文本最早的一部分准备誊写稿了,这些保存在博德林图书馆中(Bodleian MS. Tanner 165)。亨特在 3 月 28 日将这些进展汇报给了麦诺思,并说他在理解编辑方法以及后来给编辑者造成巨大混乱的原因还不甚理解。他已经发现,这些复合目录是根据在所列举的图书馆中实际看到的抄本。因此,在这个方面来说,其包含了当时存有抄本的第一手证据,尽管这令人放心,但仍然应当警醒,"编辑者必须完全任凭作者所呈交上来的面貌"。麦诺思对这个消 202

息的反应非常及时,他在 4 月 5 日写道:"你已经誊写了大量坦纳的抄本,实在十分英勇……它显然应当成为第一个在不列颠科学院主持下的'目录大全'(*Corpus Catalogorum*)。"在研究完这些誊录稿后,麦诺思又在 5 月 30 日写信说:"这标志着中世纪研究的一个新时代。"几乎可以肯定地说,亨特在这时已经完成了鉴别这些清单中所提及的作品和抄本的重要工作,这些可以在他的笔记中看到。两年之后,麦诺思自己也贡献了一份力,对一份时代更后、体量更大甚至更为困难重重的目录进行了带有详细注释的誊写,这份目录也与波士顿的约翰相联。因此,到 1937 年时,这项对目录收集及鉴定其中所提及作品乃至抄本的研究工作,已经有了很大的进展。那么,为什么却没有面世呢? 为什么一直到现在,都没有一个不列颠科学院所接受的研究计划,以用于未来的出版呢?④

　　这个问题的主要答案在于,随着研究的深入,这个计划的复杂性也在日益加强。要将光秃秃的图书和图书馆清单转化成一份可靠且包罗万象的研究,使工作量越来越大,其中要包含真正的人物、真实的图书馆和实际的抄本之细节性研究。就亨特所关心的来说,这些探究的范围迅速扩展为对现存于不列颠、源出于中世纪的抄本进行全面调查才能得以建立。这很快就成为了一个独特的计划,如同"伯里的波士顿"计划一样,也有随着进展而越发变大的趋势。在亨特的文字中,这个计划最早存在的证据源于他在 1932 年 4 月 9 日写给麦诺思的信,其中提到他已经开始"写一页关于已经知道出处的抄本的目录,这很快就超过了 800 页"。更多的参与者,尤其是亨特和里德尔也很快就被吸引进来,这些积累由若干不同的来源继续着。在亨特的文档中,有一个当时存在剑桥大学图书馆来自于隐修院的手稿清单,其中有他手写的一个备注:"由

————————

④　现在,这项工作已经取得了长足的进步,大家期待已久的这些目录将会很快出版,是由理查德·亨特和玛丽·劳斯所编撰的。【*Registrum Anglie de libris doctorum et auctorum veterum*(London, 1991)】

Pink 复制，由 J. R. L（里德尔）给我，1936 年"。在这份清单中，这一活动的持续性显而易见。最初的清单中包含了大约 100 份抄本，但其中有许多经亨特之手添加的订正。因此，从 1932 年以来，这个收集的过程在数年中已经有了巨大进步，并且此后在切尼（C. R. Cheney）的推动下有了进一步的冲劲。在 1937 年 11 月，他建议通过集体合作完成一份全不列颠现存的、已知出于隐修院的抄本目录。从那个时候开始，这项工作（很快就将世俗图书馆和隐修院图书馆结合在了一起）就以越来越强的活力继续发展，形成了一个统一的描述卡片系统，一个单一的收集中心。克尔开始充当编辑、主要收集者和执行官，而亨特则越发成为这个小组的领导者，其中每个人都致力于批判、信息交换和对一些疑点做出权威性裁决。在给大家带来和谐和互相信任方面，这个团队非常出色，四五个人有着不同的天赋，但都向着同一个目标。在 1940 年之前，他们最重要的工作是为未来的中世纪英格兰知识生活研究奠定物质基础：以一种独特的方式，将学问与物理物品以及可得资源的冷酷现实联系在了一起。很难相信任何其他的学者组合能够在如此短的时期内完成这样的一项工作。但这也付出了代价："伯里的波士顿"计划非常突然地让位于"不列颠图书馆"，而仅占次要地位。亨特认识到，后者是完成"波士顿"计划的必要准备。他写道，这将通过确定抄本的出产地来"拯救这项无尽的工作"，并且这是"使我们顺便所找到的一切都变得有用的方式"。⑤ 结果就是"不列颠图书馆"系列在他的时代中成比例地增长。他与克尔的通信（在双方那

203

---

⑤ 关于这两项工作之优先性的问题可能从未真正明白地解决掉，部分是因为蒙塔古·詹姆斯认为，出版"波士顿"的目录是"任何对古代英格兰图书馆进行真正全面探究"的先决条件，这个判断被毫无争议地接受了，而亨特的反对意见则是若干年工作的结果，其表明"波士顿"带来了大量的问题，只能通过对相关图书馆现存抄本的细致研究才能够得到解决。关于詹姆斯最早的判断，参见他关于伯里·圣艾德蒙斯图书馆的研究，发表于 *Cambridge Antiquarian Society Octavo Publications* 28（1895），p. 34；关于这一发展的概述，参见 R. W. Pfaff, *M. R. James*（London，1980），p. 201。

里都非常完整地保存着)给予了我们一幅值得生活在更好时代的
学术合作的图景。在这里,我要援引一封亨特写给克尔的长信中
的一部分,这并非离题,而是给了我们这一合作静悄悄开始的例
证,同时,这也是一份重要的历史学术篇章。这封信在 1940 年 9
月 25 日写于利物浦:

> 我正怀着极大的愉悦,检看 MBL(中世纪不列颠图书馆),
> 同时也伴随着对 MS 安全性的轻微恐慌。我所做的笔记只为
> 它们辩护,虽然我担心其中的一些笔记可能会给您带来麻烦,
> 因为我并不总是能够核实我的疑问:其中的一些可能最终证
> 明是混乱无章的。

> 我仅仅彻底检看了那些房间,也就是放着 MSS 的地方,或
> 者我曾进入几次查看编目。我想要做得更多,但却没有时间。
> 图书馆的规章是任何人"没有任何例外或缘由"可以离开这座
> 建筑,或进入到最底层的堆积库房,那里并没有多少书。

> 你会去查阅 1805 年和 1904 年的柏林编目吗?我们这里
> 没有柏林的编目,我的笔记也不足以表明它们的出产地是否可
> 以被确定下来。根据我的笔记,剑桥大学基督圣体学院的 28
> 号和 182 号抄本都有被擦除的印记,但在我和里德尔进去看的
> 时候,MSS 在 CCC,我们并没有尝试用紫外线。

> 如果在我的笔记中有任何不能理解的东西,请你以激烈的
> 评论来回复我,我将尽量地使它们清晰。

这封信几乎是在《大不列颠的中世纪图书馆》出版前,亨特和
克尔之间的最后一封通信。在 1940 年 8 月 1 日,切尼在"相当长
204 的政府工作之后"于"凌晨三点"写给亨特的信说:"这里有一页我
们中世纪不列颠图书馆的样本请您评论和批评。如果我们能够早
日完成,我们就可以将之排印,并由皇家历史学会立即出版——印
刷商恰好现在有足够的纸张,而学会也乐意为之。"这卷书事实上
也"早日完成"了,并在 1941 年 6 月出版。

　　"中世纪图书馆"的这一部分成功地完成了，对更早期的"伯里的波士顿"计划最后一波推动的努力也非常明显了。但是，战争比此前更加胶着。而对亨特个人而言，他在 1942 年的第二次婚姻和他不断变大的家庭，更由于他在利物浦大学日渐增多的职责都合在了一起（中世纪史教授科普兰在 1940 年退休了，但直到 1945 年都没有指定他的继任者，在这期间有大量原属于科普兰的工作都是亨特在做），使"波士顿"计划不可能立即执行。

　　"波士顿"的命运继续被其他计划推到一边，而这个计划看起来像是必要的，可以作为某种基础，或者作为溢出品。正是在这样一种"伪装"之下，另一个计划在 1937 年的最后几个月中开始浮现出来。这个计划是创建一个新的刊物，以汇聚所有的新发现。1937 年 11 月 29 日，亨特写道："我最近刚刚和一个朋友，也就是瑞蒙德·科里班斯基（Roymond Klibansky）博士讨论过创办一个新刊物的可能性，以关注中世纪的思想和学问。我们极度需要这样一份刊物。没有英国的刊物发表中世纪思想的资料：这类文章不得不寄到国外去。"这个在当时已经启动的讨论在 1938 年得以继续扩大视野。到这一年年中，新刊物的最早几期大纲已经确定下来。剩下的就是寻找出版商、印刷厂、订阅者，以及发表一份发刊词。在很大程度上，科里班斯基以不屈不挠的精力投入到了宣传和解决这些问题上，在 1938 年的最后几天里，一篇新刊物的发刊词出现了，让人感到熟悉而（在当时的那种环境下）又有些讽刺。这就是《中世纪和文艺复兴研究》（MARS）：发刊词中说，《中世纪和文艺复兴研究》将从 1939 年 10 月开始每年出版两期，并列出了令人胃口大开的最先几期的三十位撰稿人的名单。第一期的刊物在夏天就准备好了，被送到比利时印刷。然而，这些稿件却在次年战乱中丢失了，只能在英格兰重新排印，最终在 1941 年出版，并预定在 1943 年再出一期。在临近战争威胁的时候开始计划，在战争期间将之完成，这代表着那个时代对中世纪研究新精神之激动人心的全神贯注。战后，这个刊物在 1950 年到 1968 年间又挣扎着出版了四期。高标准的编辑和要求都没有消失，但这个刊物却在多种

干扰中失去了活力。它值得在这里被提及，因为它是战前那些年
对希望和努力的一种表达。

IV

²⁰⁵ 战争结束时，"伯里的波士顿"计划迅速恢复了。但是，现在又
出现了两个新的障碍。第一个是一个有关表述的国际事件，无论其
实际上的重要性有多小，却揭示了对这个计划感兴趣的欧陆学者和
英国学者在志趣上的差异。为了理解大陆学者的观点，我们就得回
到詹姆斯在 1922 年的一篇文章。他在那篇文章中首次指明了图书
馆编目中"伯里的波士顿"群体的重要性。最早把握这一发现重要
性的是比利时学者、耶稣会士约瑟夫·德·盖林科（Joseph de
Ghellinck）神父。他在 1923 年的图书馆员大会上，简要谈到了这篇
论文中的发现，并在 1924 年以更大的篇幅在一篇精妙文章中对
"除中世纪图书馆编目外"的内容加以继续发掘。⑥ 我们可以从这
篇文章中简要地征引几句话，就能为我们理解这位极有天赋的学
者之观点和个性提供鲜明的理解。在枯燥的中世纪图书馆编目论
述后，他写道：

> 这些当然并不仅仅是古代的和原始的目录学化石。在这
> 些背后，是人类精神历史整个篇章的资料。这些匿名的笔记在
> 文本传播和理念流传的历史过程中扮演了见证者的角色。它
> 们为我们提供了一幅文化传播的画面，常常非常清晰，其中包
> 含了传播的方式和速度，以及不同元素的比例；它们告诉了我
> 们在何等程度上这些作品是成功的，在不同的国家和时代，不
> 同的作者和作者群体，都在中世纪思想的形成中扮演了重要角
> 色。（原文为法文）

---

⑥ *Miscellanea Francesco Ehrle*, vol. 5, *Studi e Testi*, 41(1924), pp. 331－363.

对于任何单一的证明而言，很难比上文所说的更好。在盖林科神父的论文中，这些由一系列闪光的例证所支持，其中包括"伯里的波士顿"编目群体。平心而论，他们虽然在多样性方面烁烁放光，但却很少提供上一段中所承诺的"理念传播"的启发。然而，盖林科神父——与将这个问题引起他注意的詹姆斯一起——当然是最早欣赏"波士顿"编目更为广泛重要性的学者，而英国学者总有些堂吉诃德式的想法，接受他有任何后续发表的优先权。因此，他们不愿意在没有盖林科首肯的情况下，采取进一步通往发表的行动。

战后，当与外国学者的联系重新建立起来，亨特和麦诺思在战前所做的工作并不是盖林科神父所想要的。盖林科神父对这些目录中提及的手稿的精确界定毫无兴趣，对它们所属图书馆的历史也意兴阑珊。他只关注这些编目中提到的各种作品的使用或不被使用。也就是说，他只关注那些能对一般的基督教思想史提供启发的部分，如同他在 1924 年所奠定的路线一样。在他看来，单纯出版一份列表就能够满足他的需要。有了在他们面前的原始文献，这就可以将工作留给盖林科神父，而其他来自各个学科的学者则可以得出他们自己的结论。

这一观点与盖林科神父更早时期关于这一问题的论文思路完全一致，但却影响到了亨特和麦诺思进行细致工作的基础。为了使他们的观点被听到，他们寻求了潘廷（W. A. Pantin）的帮助，后者给盖林科神父写了一封信，阐述了英国学者们的观点。盖林科神父的回信是智慧和渊博之好辩者的杰作。他首先分析了英国学者和欧陆学者观点的差异。他写道，他和他的欧陆同行们只关注可以作为文学作品散布和传播之证据的材料，也就是那些有助于写作思想史和教义史的文本。而除此之外，无论什么都是浅薄的，"虽不至于全无价值，但整体上看是次要的"。相反，英国学者则关注于图书馆的历史，或者被他称为"编订图书馆历史以作为制度之文献"。后者由英格兰良好的图书馆史传统组成，比如巴特菲尔德、爱德华、布拉德肖以及詹姆斯等等。英国学者所从事的是一种

206

深入到细节各个点的研究,而他和他的朋友们则对此意兴阑珊。尽管他更早知道了这些资料,他却并不想剥夺英国学者实现他们自身追求的机会,"因为从本质上来说,英文才是他们的目标和资料"。但他同时也指出,这些英国同行们的研究将持续许多年,而经过如此长的时间段,学术世界将被剥夺在这些资料以简单和朴实无华的状态下呈现时使用这些东西的权力,将会阻碍这些资料为文学史和思想史所用时能够起到的"若干辅助"作用。因此,他和他的委员会建议,英国学者应该先准备一份可用于立即出版的档案,只有简要介绍,并且不需要包含任何界定每一部抄本或描绘单个图书馆状况的尝试。等这个文献出版之后,他们就可以从容地进行自己的研究,也不会剥夺学术世界对这份档案的需要。他宣称,这种过程和方式是早已建立起来的模式。这样就允许这些文献以一种"值得注意的中世纪文学传统以及受其启发之思想的文学传统的汇编"形式出版,同时也能给英国学者足够的时间进行后续探究。

这封信的内容一定给收信人带来了一段"不好的时光"。如果盖林科神父是正确的,那么他就是将这个位置给予了那些在矿面上劳苦工作的卑微矿工,挖掘原煤以助燃欧洲知识的发动机,让他们从容地在旧书堆中闲逛,闲庭信步地找出这些书籍曾经为谁所拥有,而将更为严肃的追溯基督教欧洲思想史的任务交给其他人。对这些材料的此种看法需要奠基于盖林科假设的正确性,也就是说,这些材料可以在不需更多精细化的基础上,就可以适用于他的宏大目标。因此从本质上来说,若坚持相反的观点,就需要证明如果没有对每份抄本最为详细的审查,不将这些中世纪图书馆材料的所有疑点澄清,其他的工作都无从谈起。他们必须证明,如果忽视了这些事实,只能导致对欧洲知识传统的肤浅见解。

这时候轮到亨特给盖林科神父准备一封回信了。他的草稿是体现他判断力的一座丰碑。其同时也表达了在思想史中一个重要的原则——这个原则就是,没有对思想作品的材料环境进行最为精确的研究,思想史研究也无法严肃地开展。这封回信后来虽然经过他同事的润色，但整体来说还是出自亨特的手笔。

亲爱的盖林科神父，

　　我们真诚地感谢您的来信，在这封信中，您如此明白地表明出版《盎格鲁图书编目》（*Cathalogus librorum Angliae*）和伯里的波士顿之"过渡性"版本的理由。[⑦] 我们对于您在达成我们共同的目标，也就是使学者们获得这份长期以来翘首以待之文本，以及您在方法论上坦诚和开放的意见交流表示诚挚的欢迎，如您所言，这些文本对中世纪的文学史来说如此珍贵。

　　从一个更广阔的计划视角来看，也就是英国中世纪图书馆编目文库，有一份出版的 CLA 和波士顿文本有很大的益处，但我们并不完全放心一个只有最简要介绍和简单批判工具的文本，甚至没有任何去界定各种作者的尝试，这样的文本对学者们能够有多大的价值呢？从文本的编撰方式来看，上述提及的界定工作可能是必须的，而且就同您所主持的系列而言，也是合适的，这个系列也因其卓越的校勘而知名。您所提到的一种"过渡性"文本的样本，也就是德罗西（De Rossi）和杜申（Duchesne）的《哲罗姆殉道记》（*Martyrologium Hieronomianum*）以及弗里德贝格（Friedberg）的《教会法令集》（*Corpus Juris Canonici*），则是在一个非常不同的基础上。这些作品已经有许多校订本存在了，而且弗里德贝格并未参考最原始的文献。

　　在这里，我们想要纠正我们此前信件所造成的一种错误的印象。您说，"你们的工作计划可以立即被视为以将图书馆的历史作为一个机构的文献编订"，而您的《搜罗》（*Spicilegium*）系列之兴趣在于"文学史上可以使用的文献"。在 CLA 和波士

208

[⑦] 这些文本中的第一份（一般简写为"CLA"）是一份 13 世纪方济各会托钵僧所编撰的目录，现存于博德林图书馆，亨特在 1935 年曾对这份抄本进行过誊录。"伯里的波士顿"正是从这份目录中衍生出来的，现存于剑桥大学图书馆，麦诺思曾在 1937 年誊录过这个抄本。

顿能够真正地为研究中世纪文学史的学者所用方面，我们和您一样急切。我们希望强调的一点是，在不知道这些文本的编撰者所用的方式以及他们所赖以形成的文献情况下，将之用于这样的探究是非常危险的。这些是无法在导论中的一般性观察中所体现出来的。

我们认为，说清这一点的最好方式就是给您寄送一两份我们建议采取的鉴定方法的样本。一个是对于教父的作品，一个是中世纪的作者。关于教父的作品，我们应该只参照印刷版（一般来说，就是米涅版的《拉丁教父文献大全》），而不再去讨论每一部作品的真实作者。对于中世纪的作者，我们应当更进一步，并尽我们所能以概要地指出每部特殊作品的真实作者。因为 CLA 和波士顿中的证据对教父和中世纪作者的重要性并不一致。对于教父作者而言，他们仅仅反映了抄本的传统，而对于中世纪作者，他们能提供更多信息。在这两种情况下，我们都只有在不得不参阅抄本时才予以提及，比如，当特殊的作品（或一组作品）被认为是某个作者的作品，不加以说明的话，可能会使人无法理解，比如附录中关于阿塔纳修的例子，又或者证据来源于现存手稿，否则这样的界定只能是猜测，如同附件中奥古斯丁的例子。

总而言之，我们应当准备好去尝试构建一个 CLA 和波士顿的"过渡性"版本，但是我们很不愿意看到这样的一个版本在出版时并未包括对其中作品的鉴别。

209 　　如果您能考虑这些看法的话，并将《搜罗》指导委员会的意见转给我们，我们将非常欣喜。

据我我所知，盖林科神父的回复并未保存下来，但从实际结果来看，英国编辑者的观点取得了胜利。

我之所以在这里用这样长的篇幅来描述这场争议有两个原因。首先，面对盖林科神父这样的批评，以及一些更有共鸣感的观察者脑中生发的想法来看，亨特的一生志业于描绘大量个别抄本中的细枝末节，这种工作需要一种正名，上面就是亨特用自己的话为自己做的正名。我曾说过，亨特一般不会觉得有必要去为自己辩解。但在这次的情况下，他却这么做了。与此同时，这也表明了他的同事们对亨特判断力的巨大信任，以至于他们面对盖林科神父如此令人生畏的评论时，将其留给亨特起草回复。他的信稿也表明，对他的信任是值得的。除了他之外，可能没有任何人能应对如此具有摧毁性的简洁、有力而露骨的批评。

反复申说这一点的第二个原因在于，一篇对亨特的回忆录只有在澄清他一生学术志业中所从事的许多细节探寻的一般意义上才具有价值，而他自己却在出版的作品中从未觉得这是必须表达的。这场争论将他及其同事们的作品带入了 1930 年代到 1980 年代中世纪学术一般发展的语境中。这半个世纪见证了中世纪学术中两个巨大努力的兴盛和衰落：也就是对中世纪的英国宪政式解释和大陆的经院式解释。前者的缺陷在于褊狭的地方视角，而后者的缺陷在于缺乏地方视角。前者强于把握时间和地点，但受限于理念；后者长于把握教义，但弱在将这些教义同具体的环境联系起来。前者得以奠基的理念是，中世纪教义中最重要的发展都保留在政府制度当中。而后者则受到另一种信念的驱使，亦即中世纪传统经院思想是欧洲文明绵延不绝的核心主题。在这样一种信念的影响下，大量具有历史和思想重要性的作品产生了出来。然而，其弱点在于仅仅轻触了推动经院思想的环境及使其做出反应的压力。盖林科及其同侪与亨特等人之间的冲突，与一种对抗相连，也就是说，盖林科等人希望将思想潮流作为自身就有独立存在价值的对象，而那些坚持物质环境及限制的学者则不然，他们将这些条件视为任何实证的思想史中真正本质的部分。正是这种对比，在中世纪研究中留下了若干争议，同时也对中世纪研究的历史发展产生了持续的重要影响。

无论盖林科神父认为仅仅是书目和图书馆的列表就足以对中世纪思想史研究做出极大贡献的观点是否正确，至少在一点上他是正确的——就是指出整个学术界要等很长时间才能拥有英国学

210

者所坚持的那种形式的文本。而英国学者们坚持认为，只有这种形式的文本才能够真正地发挥作用。其中的一个原因就是随着战争的结束，所有的参与者们都有了新的责任和一些让人分心的事务。结果就是，这个计划在随后的十五年中几乎纹丝未动，直到理查德和玛丽·劳斯接手并为这项工作带来了新理念。在这里，我并不打算去评估编辑这些文本、断定其中内容以及探索这些文本所源出的规划、执行环境等等，也不去讨论这些工作还有哪些要做。这将是一个在其他地方讲述的故事。

V

1945 年 10 月，亨特离开利物浦回到牛津，成为了博德林图书馆西方抄本部保管员。在更早的时候，他在利物浦被拒绝考虑给予重要的图书馆职位，原因是他缺乏行政管理的经验和能力。但是，他对博德林图书馆的职位非常热情："在博德林能做如此多的事情。"他在 1944 年 11 月 15 日写道："而且在那里必然应当有机会去成为那种可以帮助抄本研究者的人，虽然我对于这个保管员职务的具体工作还很模糊。"随着他知道的更多，他的热情也与日俱增："这个工作有广阔的前景，克拉斯特（当时博德林的图书馆管理员）将帮助读者并为之提供咨询放在首位，对此我非常满意。"

他到达那里的第一观感印证了这些极高期待："图书馆的工作是令人愉快的。"他在哈姆斯沃斯（Harmsworth）基金会的抄本拍卖会中如此描述："我将我的注意力集中到几份描绘非常不充分的抄本上。"这是他第一次有机会来到拍卖室去挑选抄本，这些抄本都并不昂贵，但却成为了博德林图书馆收藏品中的重要补充。战后的十年是获取那些不引人注目但却有趣抄本的黄金时代。若干重要的收藏流入到市场上——不仅仅是菲利普斯（Phillipps）图书馆的大量残存——还有一些志同道合的群体，他们在战前一起合作研究英国中世纪图书馆藏书以及伯里的波士顿，这些人在很大程度上也成了为博德林图书馆选择抄本的重要帮手。直到 1950 年代中期，这些抄本的价格仍然很低,然而博德林图书馆在新搜罗过程中的花费从战前的平均每年 400 英镑上升到了 1952 到 1953 年的每年大约 3450 英镑,而在 1962 到 1963 年的时候,则高达 13362 英镑。在 1975 到 1976 年(亨特在那个学年退休了),其花费达到了相当罕见的 58472 英镑。这并非豪奢或无鉴别购买的症状,反而体现了持续的敏锐性。亨特在找寻重要细节上的能力,也同样积极地用在了寻求财政资源支持以购买一件新文物和值得购买的抄本方面。

除了这些买卖之外,他的权威和说服力量也鼓励了各种赠送和寄存。在 1958 年,亨特收到了 185 箱托马斯・菲利普斯爵士的私人文件。他写道:"这需要一些时间消化。"紧接着堆在那里的英国地形学抄本接踵而至,亨特在 6 月 15 日星期日写道:"这些文档刚刚在周四下午运抵,一共 15 个茶箱。我们还没有打开这些箱子,也没有清点,但是这些大概有 500 卷,因此我们手头上的工作很多。"他还写道,那个时候"大学刚刚决定我们应当在学期中将整个图书馆维持开放到晚上十点,但没有给我们更多的经费聘请更多的工作人员"。

他新工作的另一个部分就是,他除了要负责现代和中世纪的抄本手稿,同时也包括行政上和学术上的档案,在这个方面他很快就熟悉并着手开始工作。他在这个岗位上三十年的工作中,没有什么比他对这些文档的每一个日期和每一个样式之关注更为显而易见的了。宫廷卷宗和现代教区记录是他最早投入精力的领域。1946 年 4 月 28 日,他写道:"我正在完成一份关于采邑档案登记的宫廷卷宗列表,我在一个助手的协作下整理书架标记的概观……这是一个让人感到非常烦躁的工作。"几乎整整一年之后,一个新的麻烦也显露了出来。1947 年 4 月 27 日,他写道:"我正在整理相当大量的后期教区记录……一个老的水磨坊支流在洪涝期间水位上涨,并流进了这些记录所在的教会大厅的地下室……我找到了一队志愿者,我们将所有湿了的纸张和羊皮纸隔离开,并将每一个教区的档案装进一个包裹,把他们全部都运到了我们的新大楼。"这些教区记录在随后的几年中,一直源源不断地借由教会托管的方式流入牛津。这些资料或许比较棘手，但同时也证明，对于亨特来说，这些都是无尽趣味之来源。无论他的直接意图多么平凡，他看任何档案都会深入到它们存在的原因，并将之作为记录的生命形式。当威尔伯福斯（Wilberforce）主教的文件分类做完之后，他写道："我们已经能够从这些资料中学习到，我们关于教会记录之精确本质的知识是多么缺乏。"与众不同的是，这个不断增长的教区档案收藏在他的处理下，引发了他修正若干长期以来对 18 到 19 世纪教士状况的判断，同时也帮助他处理了一些现实问题，因为当时他正在牛津的圣巴纳巴斯（Barnabas）教堂担任教务委员。

在他工作的任何地方，我们都能看到编目、描述、理解和形成对人物及其事务新判断的相互作用。他为博德林图书馆明智审慎的抄本采买，也为一种对这些收藏本质及其缺陷的深刻理解所塑造，使这些收藏都处于他的照管之下。他对那些与这些收藏相关的记忆有一种特殊的温情，如同我们在他关于大主教劳德之藏书研究中所看到的，这也能在他对谢利的同情中体现出来，后者的信成为了博德林图书馆的当代主要收购品中的重要组成部分。谢利的一些书信被认为是伪造的，而亨特认为这些判断是错误的，他也在处理其他事务的过程中仍然坚定地从事这项研究。他在 1945 年 3 月 18 日写道：

> 上个周一我去了伦敦，部分是为了去看苏富比拍卖行拍卖的 MS.（一些颇为有趣的 15 世纪神学论文汇编，我们以 34 英镑的适中价格购得）；另一部分原因是去看大英图书馆中的一些人，讨论极具争议性的关于谢利写给玛丽的书信之真实性问题。其原先属于臭名昭著的怀斯（T. J. Wise），但我相信它是真实的。让我高兴的是，其中抹去的若干与谢利写给玛丽的一系列书信相关的内容，当时他正在躲避警察，这些信是从他们留在马洛的一个桌子里获得的，而那时候他们去了意大利（至少我这么认为）。这些信被玛丽从一个声名狼藉的人手中取了回来，那个人声称拜伦是他生物学上的父亲。他伪造了其中的

212

几封信，从而造成了这个麻烦。但是，如果人们能够去费心看看原件的话，大多数人想必就能够免于这种麻烦。

这封信就是他日常工作中同情和敏锐相互结合的绝佳证明。这种结合在他与来自世界各地的日益增多的研究者们进行交往时最为需要，也展现得最为明显。这些研究者们想要寻求建议、信息和帮助，正是这支日益壮大的研究者队伍的出现，彻底改变了博德林图书馆，将之从一个安静的学术机构、职员和薪资都很少以及根深蒂固的让人不得不提防的读者，转变成了一桩大生意。其每年的预算高达 1600 万英镑，职员队伍不断增长，迅速扩张的读者数量也使之进一步复杂化。这是亨特在 1945 年被说服回到牛津时所没有考虑过的问题。另一件他们没有完全认识到的事情是，他对各种类型及年龄的读者与学生都有非凡的热情。在 1945 年时，他就欣悦于图书馆馆长保证，保管员的首要职责就是去帮助读者并提供参考建议，而他正是以一种热情来履行这份职责，甚至有些吓人——他是伪劣作品令人生畏且直言不讳的批评者，而他有一种天赋能够知道读者们需要什么。对于所有那些来找他的人，无论是偶然的读者，或者其他员工，又或是他的同事，他如同一个泉源，能够在非常广阔的研究课题范围中提供丰富的帮助。有的时候根本就不必向他提问：他能够意识到并满足这种需要。据记载，有一次他碰巧注意到一位读者申请了两部抄本，他根据这些内容推断出第三部在某学院图书馆收藏的抄本中，可能也包含着一些相关的内容。他迅速地告知那个读者，并且还给了他一份长长的相关学者的名单，这位学者非常感激亨特适时的建议，而这是从别人那里无法得来的。正是他这方面的工作引起了世界各地学者们的无尽赞叹：也许，在这个国家中，除了一百年前剑桥大学图书馆的亨利·布拉德肖（Henry Bradshaw）之外，没有人曾在一座图书馆中做出有类似影响的事情。

有些人可能认为，他的精力在每一个需求者和每一个占用他时间的需求中被耗散掉了。这就是他的本性。这是他在某一刻从事

213

一项工作时全情投入的一个方面。在早年间,他是几个朋友在各个学术领域的咨询中心,当他们需要一个稳健的判断和一个由良好记忆力所支撑的独具慧眼时,朋友们总是去找他。而在他1945年后的第二个且更长的职业生涯中,他对所有那些在博德林图书馆西方抄本部从事研究的学者展现出了这种能力。他最后三十五年的学术工作必须在其他人所出版的著作和文章中加以衡量,还有就是——大多数是匿名的——对那些在他照管下抄本的编目。在无数学术作品的前言和脚注中,对他所给予帮助的感谢难以计数,即使这些能够加以量化,也无法让我们感知他对文献知识的深刻理解。最为重要的是,他对其他学者所从事的研究具有一种本能的理解力,这些都曾深刻改变了许多在他帮助下最终产出的作品。他自己满足于这种角色。他并没有对自己学问的独占性。他知道自己并非一个流畅的书写者,而且他可能已经意识到他缺乏某些东西——无论是私心或野心,或一种创作本能——而这些东西才能催生极大的产出量。他没有那种植根于内心以创造一些新东西的不安感。他每天都在和世界上最伟大的学术作品收藏打交道,而他也享受这种接触。他知道并且负责其中的很大一部分。他将个人注意力都给了编订新到书目和重订主要收藏的原有编目的工作中。他对于这些收藏的历史记录,记载于《目录汇编》(*Summary Catalogue*)的第一卷中,除了明晰和精确之外,还带着那种轻轻的笔触,表明他理解前人们所面临的问题。一切与书相关的内容,他的判断力都是坚实且富于洞察力的。他并没有一般热情所带来的不稳定性,但却能在一些突然的发现中,展现出爆发式的愉悦,无论这种发现是他自己的还是别人的。一个同事曾回忆说,"那天当他走入我的书房时,我正打算归还一部埃克塞特学院的手稿,这部抄本被借过来以用于影印。他打开这部抄本,几乎叫了起来:'这是彼特拉克的真迹!'"正是这样一些事情,让对他的回忆存活于博德林图书馆中。从1945年以来,他的生命就被奉献于一种理念。在博德林图书馆工作了若干年之后,他写道:"我越在一个巨大的'研究型'图书馆中反思图书馆事业,我就越发确信

214

图书管理员应当是一位学者——这不是说他会有大量时间从事学术研究，除非他有着像德利勒那样的精力。但是如果没有这些，这个地方就会变得衰落，职员们也就沦为了图书馆办事员之流了。"

虽然对这种理念的追求占用了他大部分的时间，并使他"没有多少时间从事学术研究"，但如果将他只理解为其他学者的参考系统则是完全错误的。虽然他在原创性研究书写中没有得到多少乐趣，却在将启迪别人和将各个时代学者们的作品变得为人所用上，获得了极大的满足。他在早期就形成了抄录文本的习惯，并且将这种实践一直保持了下来。誊录一份文本的难度不仅在于其主题内容，也在于誊录本身并非机械的过程，而是一个需要深度理解和解释力量的过程。这个过程在施展多种技能中给了他许多愉悦。在他最后的那些年里，他所誊录的作品多数是中世纪语法的文本。之所以从事这项工作，部分原因无疑是因为他所要处理的作者都不得不辛苦地学习拉丁语，他自己也曾经历过这样的学习，所以那些人的问题也就曾是他的问题。但后来，12 世纪的语法学家将他引领到了这个题目更高的一层。远在语法成为现代哲学的一个时髦分支之前，他就发现语法成为了所有中世纪思想的基础，并且对他们研究哲学和其他任何东西都产生了深深的影响。他在这一课题上的第一部严肃作品，是由于他需要为新的《中世纪与文艺复兴研究》写点东西。在 1938 年 7 月，他查阅了杜伦研究 12 世纪的抄本，在那里他发现了 11 世纪后期到 12 世纪早期若干位导师关于语法的附注。此后，他又前往巴黎去参阅了另外两个相关抄本。这些就塑造了他在 1943 年发表于《中世纪与文艺复兴研究》上最早一篇语法研究的文章，此后又在 1950 年刊发了续篇，而他关于这一领域的最后一篇文章则发表于 1975 年。⑧ 在他留下来的文件中，有五个盒子是关于语法文本和语法抄本之相关描述的，其中一

---

⑧　这些文章已经被收集到一起并重新刊印于一卷，但并不都非常令人满意。[*The History of Grammar in the Middle Ages*, ed. G. L. Bursill-Hall (Amsterdam, 1980)]

些摘要将出现在哥本哈根大学中世纪研究所著名的《卡耶尔》（*Cahiers*）中：这是一个非常有趣的例证，证明亨特在 1938 年认为这个国家缺乏适宜此类研究期刊的状况还在延续着。

215　　　记录他生命最后三十年中在合作研究和学术团体中所做的许多贡献或许会使读者倦怠，也无法为这篇关于他学术特点和成就的描述提供实质性的补充。在这里，只提及一部作品和两个委员会就足够了。

　　这部作品指的是由利文斯通（E. A. Livingstone）女士主编的《牛津基督教会辞典》，出版于 1974 年。亨特对于这部作品的贡献恐怕仅次于主编本人。他审阅并修订了几乎全部涉及中世纪的词条，并且几乎重写了其中的若干篇，尤其是斯蒂芬·兰顿、戈特沙尔克（Gottschalk）、里昂的弗洛鲁斯（Florus of Lyons）、奥赛尔的海里克（Heiric of Auxerre）、普瓦捷的热尔贝（Gilbert de la Porrée）和大阿尔伯特（Albertus Magnus）。这是他最为拿手的写作方式，亦即秘密地改正错误、匿名地增添新信息，并加入大量最新的研究，往往都能在这些条目中占半张纸。

　　关于委员会，其中他最为享受的一个就是兰贝斯宫（Lambeth）图书馆委员会，他在其中服务多年。他之所以喜欢这个委员会是因为这是一个意气相投的同事们聚在一起的小型非正式组织，而且确实能做事——像是在战后对被破坏的这座伟大的历史博物馆进行重建和重组。另一个“能做事”的委员会就是全国大学图书馆协会的手稿分会，他在 1957 年到 1975 年担任了该分会的主席。这听起来像是一个行政工作的噩梦，但是在这样一个干巴巴的位置上，他发挥了非常有效的领导作用，推动了学术出版，并将使之成为未来中世纪研究者永恒的装备。他在这方面取得了成功，并不是凭借自己的行政能力或支配性人格，而仅仅是知道哪些工作必须去做，也知道哪些人能够做这些事，而他的选择明显是正确的。克尔的两卷本《不列颠图书馆中的中世纪抄本》（*Medieval Manuscripts in British Libraries*，还有两卷待出版）和安德鲁·沃特森（Andrew Watson）对不列颠图书馆中可识别年代的拉丁抄本的断代,都证明了这种谦虚的领导方式所能发挥的效力。他能不设界限、没有拘束地去推动和鼓励相关研究,因为他以一种导师和朋友的眼光关注着整个领域。

他和人合作天分的最后一幕是他在 1961 年被本院（不列颠学院）选举为院士。这也使他成为了"中世纪拉丁辞典"和"不列颠拉丁文本"委员会的成员,后来还担任了主席。和许多其他人一样,与这些委员会有联系的所有研究计划的参与者,都大量地仰赖于他充溢的知识。

VI

鉴于亨特生平和工作的特殊环境——他出版作品的简介和大量未出版的材料,再加上他通过简短便条和口头交流对当代学者广泛而深刻的影响——这份回忆录或可视为他一生合作事业的一份记录,即使他的名字很少被公开提及与这些计划相关,但他的确占据了重要位置。我已经尝试根据手头的材料对他的工作提供一份概览,在他卷帙浩繁的文档中则将会有更多的发现。想要更进一步去描述这个人的话,比如他在那些来到博德林图书馆工作之诸多学者眼中的影响,以及在他位于沃尔顿（Walton）街家中放松的友人面前的形象,则超出了我在本文中所试图描绘的界限。每个人都会发现,他的帮助达到了令人惊讶的程度,无论是他富有原创性的观察,还是他与每个人自由交流的意愿上。每个人都会发现,他的家庭生活有一种温馨和极为好客的氛围,这在很大程度上是由他的第二任夫人基特·罗兰德（Kit Rowland）之极为良善的天性和热情洋溢所塑造和渲染。每个认识他的人,都会记住他在家中的鲜明态度,在他那令人印象深刻的长眉毛下,噗噗地抽着烟斗,常常在他人谈话时沉默,时不时地以深沉的窃笑或全身颤动的大笑打断对话。没有多少人见过他义怒的爆发,或者他倔强地坚持捍卫某些学术上的真理,又或者他对某些简单规定坚决的遵循,类似于禁止在禁烟区吸烟之类。虽然他欣赏所有的同事,但他作为一个批评者也是非常可怕，甚至是无情的。

　　如果他在这方面的性格被遗漏了，这个故事将是非常不完整的。但是他在学术问题或者生活简单准则上的绝对严格，可以从一个事例中窥见全貌。这个故事是迈尔斯博士告诉我的，他曾是博德林图书馆的馆员，我下面就用他的话来叙述：

　　　　我跟你讲过理查德遇到老瑞典国王的故事吗？他也是一位博学之士。在国王造访博德林图书馆的时候，理查德已经准备好去检看一些 MSS，在塞尔登角那边发挥他的想象力，其中包括一个将诺亚方舟描绘为维京长船的绘本。国王对此非常高兴，并对这份抄本的断代提供了一个时间段。"不，不，不是！"理查德大叫起来，愤怒地敲打着桌子，说这是另一个世纪的。但是，国王却坚持他的看法，指出其中船舶结构和索具的一些细节。理查德回应以同样具有决定性的文书学判断依据。很快，他们俩就杠上了，就像是一对斗牛犬。而我和王室随从们一起站在那里，他们的眼睛盯着钟表，忍受着最难熬的一次置身事外。当他俩最终被说服放下各自论争的焦点时，两人都对这场博学的争执很高兴，而且都忘掉了那些陈旧和不相干的礼节。

217

　　这就是我们所知道的这位学者的单纯。当他妻子在 1977 年 12 月去世之后，那种活泼的快乐从他的家庭生活中消失了，但他仍然继续着他的工作，直到死亡突然在 1979 年 11 月 13 日晚上降临。

XII. 作为历史学家的玛乔丽·里夫斯

玛乔丽·里夫斯 1969 年出版的《中世纪晚期预言的影响》是
开启欧洲历史上一个被大为忽略主题的里程碑。这一主题必定很
有前景,从 1969 年以来,里夫斯博士一直在这一前景的塑造中发
挥着自己的作用。这篇文章的目的在于通过里夫斯书中所评论的
作品,来追溯这一主题的缘起。约翰生博士说:"看到伟大的作品
在其初生的状态令人喜悦,其孕育着卓越的潜在可能性;没有什么
比追溯它们逐渐生长和扩展的过程,观察他们有时突然因为一些
意外的提示而有所进展,或有时通过持续的冥思而缓慢提升,更令
人欢欣的娱乐了。"对于这样一篇简短的文章来说,这个计划实在
是过于雄心勃勃了。但是,本书的读者可能会对试图区分这部作
品演进中的一些阶段有兴趣。这个故事也有个人的兴味,能让我
回想起一个年轻的历史学家,在打破 1920 年代的学术历史所限定
的狭窄通道的挣扎。同时,其更广阔的兴趣点在于,以之探究过去
五十年中历史书写侧重点的变化。这种侧重点变化的一个最为重
要的特征,就是将思想和体验置于中心地位的运动,而它们曾被历
史学家放逐到幽暗的角落中,并认为这些都是对伟大的欧洲核心
传统不堪入目的背离。没有一个人像菲奥里的约阿希姆(Joachim
of Fiore)那样被坚决地弃置在角落中,也没有人像玛乔丽·里夫斯
那样努力去恢复他应得的历史地位。

玛乔丽·里夫斯于 1923 年到 1926 年间在牛津学习历史的时
候,学界所盛行的研究仍旧是钦定教授戴维斯(H. W. C. Davis)所
充分表达的:"历史是过去的政治。"即使现在这个传统已经销声匿

迹，其优点也仍然值得肯定。虽然这种传统是压缩化的，也不可能成为历史学术的一种理想范式，但为那个时候本科生培养方案赋予了一种力量和统一性。这种传统设定了清晰的边界，其中包含着经过筛选的证据、反复演练过的论断、权衡过的政治价值，以及能够用于一般主题的常识。这是一种适合于帝国统治者们的历史。当时分发给所有本科生的《考试规程》(*Examination Regulations*)中的第一个句子就清晰地表达了这一目的："近代历史学院的考试将一直囊括到延续至今的英格兰史(包括英属印度和其他不列颠殖民地及附庸国)"，而且"每个候选考生都被要求具有一定的宪政法律和政治以及描述地理学的知识"。这种美丽的简单也体现在"专门历史课题"(Special Historical Subjects)的研究方法中，其要求学生"仔细地研究并引用原始的权威作品"。这些专门课题的侧重点完全是政治的，甚至选择像但丁这样的原始权威，主要研究的也是诗人的政治背景而非他的诗歌或世界观念。

虽然这一切乍看上去轮廓清晰，但也有模糊性和含混的边界，从 1926 年的牛津来看，历史学尤为明显。为课程提供了如此多前置条件的帝国，在当时已经明显摇摇欲坠了。一部奇怪的约阿希姆式作品，斯宾格勒的《西方的没落》当时刚刚被翻译为英文，①虽然这部书本身没有什么重要影响，其表达了一种新的心态，并以一种微小的方式协助打开了历史结构中的裂缝。在圣休(St. Hugh)学院读书时的年轻的里夫斯女士，似乎比她的老师们更明确地感受到了这种颤动。我不认为她在任何意义上来说是一个体制反叛者，但她从未将自己局限在体制之内。她在 1926 年按期拿到了一等学位。之后，她所做的却在那个时代显得不同寻常——她先取得了一张新的教育学文凭，之后在一所语法学校中教了两年书。之后，她的思想就转向了以但丁为主题的研究。怀着在埃丽诺·洛奇(Eleanor Lodge)指导下研究伦巴德团体的想法，她申请了韦斯特

---

① Oswald Spengler, *The Decline of the West* 1: *Form and Actuality*, authorized translation with notes by Charles Francis Atkinson (London, 1926).

菲尔德(Westfield)学院的研究奖学金。这一课题迄今还在研究,但我不知道其现在是否受到了其所应得的重视。不过,这个课题没能维系里夫斯的兴趣,在几周之内她的思想就转向了更为但丁式的主题——菲奥里的约阿希姆。这是她历史发展的转折点,一个"孕育着潜在卓越可能性"的时刻。一个奇怪但并非毫无关联的巧合是,当时正处在一战后欧洲历史的转折点,亦即华尔街破产、纳粹出现并成为德国最强大的政党之时。从那个时候开始,世界上所发生的一切危机都像是早已经被注定好的一系列简单转化。这确实是一个启示录式人物出场的恰当时机。

　　这个思想转变的直接诱因是一本当时在大学图书馆中特别流 220 行的书,埃米尔·格巴尔(Emile Gebhart)的《意大利神秘主义》(*L'Italie Mystique*)。② 这部书中包括了对约阿希姆全面且极具雄辩性的介绍,讨论了他在 13 世纪灵修主义和但丁思想中的位置。虽然这本书中一些奇怪的依赖直觉的处理方式削弱了他的分析,但却一劳永逸地确定了玛乔丽·里夫斯的主题和她作为历史学家的一生。这如同在黑暗中的一跃,可从一个审慎的观点来看,这种转变在各个方面都面临着阻碍。除了一些肤浅的知识外,英格兰没有人对约阿希姆有过什么研究[可能唯一的例外就是博学的隐士(A. G. Little)先生]。③ 最后,她选择了意大利研究的教授艾德蒙·加德纳(Edmund Gardner)为导师。他是一个对意大利的一切都了如指掌的伟大人文主义学者,但却从未深入研究过约阿希姆那些奇怪的教义。但在那个时候的认知中,导师的主要任务

---

② 法文原版出版于 1890 年。英译本见 Edward Maslin Hume, *Mystics and Heretics in Italy at the End of the Middle Ages* (London, 1922)。

③ 此处说的是英国中世纪史学家安德鲁·乔治·利特尔(Andrew George Little, 1863—1945)。他曾担任卡迪夫大学的历史学教授,并且是英国方济各会研究会的主席,还在 1926 年到 1929 年担任过英国皇家历史协会的主席。其主要作品包括《牛津的灰衣托钵僧》(*Grey Friars in Oxford*, 1892)、《中世纪的威尔士:以 12—13 世纪为主》(*Mediæval Wales Chiefly in the Twelfth and Thirteenth Centuries*, 1902)等。——译注

是提供温和的鼓励和（理解之）同情，而加德纳在这方面能够确保无虞。

我们在这里应该再次看到那个已经消失了的体制的优点。许多在世的学者们很乐于反思，在那些没有得到充分指导的时日里，他们得以逃脱更为明确和专业的监督者的压力，而仅仅享受着博学长者的陪伴，即使这种陪伴可能是间歇性的且不定期的。也许玛乔丽·里夫斯也有理由加入这些感恩者的行列。除了漫无方向地投身到大英博物馆外，她别无选择。那里有参差不齐、大小不一的文献，其中包含了约阿希姆各种真真假假的作品，无论是非常混沌的最早版本还是 1516 年到 1527 年的威尼斯版。这些奇怪到吓人的作品——这种奇异性在于这些理念由哥特体和膨胀的木刻所印刷，昭显了这些国家的厄运——却揭示了一种新的历史观。多么不同凡响啊！这与健全、理性和舒适的自由图景大相径庭，而这正是逐渐从前辈扩展到现在的牛津导师们所旨在推广和发扬的。对于年轻的里夫斯女士来说，这是非常大胆的一步，将自己投身于其中（有人可能会说，所有这些胡说八道当中）。几乎不可能有人为她推荐一份学术工作！尽管如此，她开始工作了，并在三年后的 1932 年提交了她的论文：《关于菲奥里的约阿希姆院长声誉和影响的研究，以 15—16 世纪为主》（*Studies in the Reputation and Influence of the Abbot Joachim of Fiore*，*chiefly in the Fifteenth and Sixteenth centuries*）。

这部作品从未发表，但仍然存在。当我们审阅这部作品时，我们自然会问，其中究竟包含了多少后来观点的萌芽？这篇论文在何种意义上不同于其三十七年后出版的这部书？这篇论文能告诉我们多少关于那个时代氛围，以及此后历史书写所发生的变化？首先，我们注意到，里夫斯女士在 1932 年的时候认为，需要为她选择这个课题进行一种辩护，或至少是一种说明。她为了对之进行解释所写下的文字值得我们阅读，因为其中包含了那个时代和学者的相关问题的答案：

将这些奇思妙想作为历史进行研究很可能需要一些解释。　
我们习惯于将政治生活中可感知的和严肃的行为置于和当代
思想同样清醒的背景下。本研究中所建基于其上的预言式材
料则呈现出一种整体上不同的面相：它是奇异的，古怪的，看
起来并没有什么价值。但是，这些材料构成了历史背景中的一
个重要因素，人们无法在缺乏这些材料的情况下真实地评价那
些历史背景的本质。人们不禁必须在这些奇思妙想中寻求对
那些奇怪、反常的造物之理解，这些创造物时常推动了政治世
界的发展——比如黎恩济（Rienzi）、萨沃纳罗拉（Savonarola）、
查理八世（Charles Ⅷ）——而且必须承认其构成了正常政治
生活的基础，一个比预言信仰本身远为普遍的底层土壤，其在
很久以前就破碎成了迷信，比理性主义者拒绝承认的还要久。
因此，最为合适的政治行为有时会展现出一个远在有意识的动
力之下的根源。更为经常的是，它将唤起一种明显是迷信结果
的普遍解释。

对于预言的研究能够为腓特烈三世（Frederick Ⅲ）的头衔
提供满意的解释，也能够解释为什么尼古拉五世（Nicholas Ⅴ）
在 1453 年哈布斯堡王朝进入罗马前听到那些关于毁灭的谣言
时如此心神不宁。而且，在 1527 年的罗马劫掠背后，有着大
量的预言式预测，我们得知查理五世（Charles Ⅴ）并没有忽略
这些。事实上，他的性格被证明像是一块强力的磁铁，能够吸
引最为吉利的预兆和卜文。他的敌人，至少是其中之一的萨卢
佐的弗朗西斯（Francis of Saluzzo）侯爵在一定程度上就是被这
些预言信念所压倒的。在这些事例中，对于奇思妙想的考量就
进入了实践政治的领域。这些事例选取自 15 和 16 世纪，对这
一时代做出正确的评价，就必须为预言背景赋予其应得的价
值。我们相信这一背景在很大程度上属于约阿希姆主义式的。

这些文字澄清了许多事。首先，里夫斯女士对这一问题研究
的原创性在很大程度上源于她对 15—16 世纪的强调。与她的前

辈不同,她的思考并非始于约阿希姆本人,而是始于约阿希姆在宗教改革前后的政治思想和行为上的长期影响。她从这个节点开始,后推到约阿希姆本人。这一方法无疑是正确的,换句话说,这是研究这一课题最富成效且具启发性的路径。这样就可以将所有的关注点集中在约阿希姆思想的影响上,不是在那些因为迫害和蔓延而变得半疯的异端当中,而是在那些具有实践能力且表现于那些在历史上留下深刻印记的人身上。在 1932 年的序言中,里夫斯女士仍认为那些人将这些奇思妙想视为一种娱乐和明显的迷信,但是她却将这些思想带入了舞台的中心。她对于政治的强调非常突出。可能在这里她想到了牛津历史学派的政治偏见。无论如何,这是对现实主义很有价值的提醒,其支撑了预言传统的"奇思妙想"。

这种政治导向的另一个重要影响是,它引起了对中世纪后期政治期待及恐慌的注意,约阿希姆所发展出来的独特历史架构得到了它应有的重视。所有其他的问题,包括约阿希姆的思想资源、他的异端因素或他对于方济各会和弗拉蒂切利(the Fraticelli)的影响等,都被放到了一个相对从属的地位。这一对于预言式历史模式(这一模式直到 1700 年的伊萨克·牛顿(Isaac Newton)时期仍然生机勃勃)之重要性的强调,提供了理解约阿希姆持续重要性的钥匙。

阅读这部 1932 年的论文时,我们会看到其后期作品的结构和重点的主线已经在这部论文中完全成型了。这部论文可以直接拿去出版,而且我相信这部论文的审阅人,波威克和克劳德·詹金斯(Claude Jenkins)教授也一定建议过出版。他们的建议最终没有实现也可能是很幸运的。因为那个时刻还不是最合适的。如果它当时就出版了,我们可能就不会再听到与之相关的消息了。这一延迟不仅意味着这部作品本身可以变得成熟,而且意味着这部书出来的时候,这个时代更能接受其中的信息。

里夫斯女士能够重新回到这个课题时,已经是十二三年之后了。直到 1945 年,她在伦敦和牛津教书,战争的压力和责任将她完全占据。与此同时，约阿希姆主义的研究在欧洲大陆并未裹足不前。在里夫斯女士看来，最为重要的就是1939年唐德利（L. Tondelli）出版的《图示之书》（*Liber Figurarum*），其中包含了约阿希姆历史普世计划之货真价实的图表式总结。这部书直到1945年才被译为英文，而那个时候里夫斯女士的研究已经超过它了。根据奥托·帕奇特（Otto Pacht）和弗里茨·萨克斯尔（Fritz Saxl）的一些提示，里夫斯已经研究过牛津大学基督圣体学院（Corpus Christi College，Oxford）中所藏的《图示》（*Figurae*）抄本。她在那里又看到了一份13世纪的抄本，那曾是约阿希姆院长的同时代人所有，一位方济各会编年史家萨利姆比比（Salimbebe）曾在1240年代恭敬地诵读过，他曾反复地查阅此书，寻找对当时正在发生的事件的解释。当她发现唐德利先生在正确的方向上已经走了这么长的路时，一定有些沮丧。但是里夫斯女士比他走得更远，这两种境况的结合提供了一种需要的刺激。

每个曾在战争中生活过的人都需要一种原初的刺激，使他们得以恢复知识的交流。对于里夫斯女士来说，牛津的抄本和唐德利的书就提供了这种动力，并将她带回了约阿希姆研究。

这一复兴的研究成果就是1950年发表在《中世纪和文艺复兴研究》（*Medieval and Renaissance Studies*）上的关于《图示之书》的长文。这篇文章迅即奠定了里夫斯在英国的约阿希姆研究权威的地位。这篇文章是一系列文章中的第一篇，这些文章为后来在1969年和1972年出版的两卷书做足了准备。到1969年，世界已经准备好迎接约阿希姆了。人们会问，托尔金（Tolkien）都来了，约阿希姆还会远吗？④ 除了他们都吸引了一代人之外，这些想象世界的造物主并没有什么共通之处。对这一代人来说，魔法、天文学、

223

---

④　此处指英国著名奇幻小说家、中古文学学者约翰·罗纳德·瑞尔·托尔金（John Ronald Reuel Tolkien，1892年1月3日—1973年9月2日），他在1951年到1955年间创作出版了风靡全球的《霍比特人》和《指环王》系列严肃奇幻小说。——译注

幻视和末日期盼比 17 世纪以来的任何时代都更为自然。这一普遍的脱离惯有理性的广阔基础,为对约阿希姆世界观的新理解奠定了基础。这种新的接受能力并不局限于年青一代的热情。在更为学术化的层面上,历史学家们更准备好对这些仅仅在四十年前还被视为迷信的东西进行理性的思考。政治的、宪政的和理性的历史框架几乎在各处都崩塌了,而且学术世界已经准备好寻求一种新的方式来组织过去。

当然,这些外部变化并未影响到玛乔丽·里夫斯思想的发展,或影响到她的出版时间。这些她在四十年前就已经形成的理念,只是需要更多的时间去完善成熟,而且优先于其他许多事务。她在这些年里并未对她的观点进行调整,以适应这个风气已经变化的世界,而是深入研究了许多在早先论文中仅仅简要提及的细节。尽管如此,1969 年版的观点在许多重要方面和 1932 年版的论文还是不同。

1969 年版的前言不再提及幻想或迷信是约阿希姆对历史解释的核心特征,而只谈到了对未来的态度、可预测性的规则以及在一切时代都是决定和行动之基础的希望和恐惧。她也谈到,约阿希姆并非一个变异者,而是若干关于过去、现在和未来态度的一个关节,这(在很大程度上源于 12 世纪后期的恐慌和知识预设)属于一个庞大且长期存在的历史思考流派的一部分。约阿希姆不再被呈现为一个有趣但异想天开的人,而是一个其预设条件并不比其他任何人更为荒谬的思想者,他的创造性想象力和系统化力量使他在欧洲历史思想中永远占据一席之地。到 1969 年的时候,似乎没有必要再为之辩解。这些态度和论证都可以被视为理所当然的。约阿希姆吸引了许多代的读者和多层面的复杂建构本身这个事实就够了,不需要来自历史学家的进一步辩护。

1972 年版的《菲奥里的约阿希姆的图示》(*Figurae of Joachim of Fiore*)与 1950 那篇文章的关系,类似于 1969 年那本书同 1932

年博士论文的关系。⑤ 这一研究完成并发展了对约阿希姆历史框架的解释，并将之以一种普世历史的视角展现了出来，其必须从整体加以理解，而不能简单地弃置于难以思量的灵薄狱中。这两部书合在一起，形成了迄今为止关于约阿希姆历史观念从最早期呈现到后来发展的最全面和最具洞察力的研究。毫无疑问，仍有许多工作要做，但基础已经奠定了。这些研究未来的发展有多种模式，可能最为直接的任务就是将约阿希姆置于更为广阔的预言式写作传统当中。⑥

当然，约阿希姆并非预言式世界观的最初来源：他只是这些想象在其转化的一个重要阶段里最为有力的诠释者。并非所有预言都是幻视式的，其来源多种多样，而所有这些都值得进行相关研究。如同所有那些拓宽了我们视野的历史学家一样，玛乔丽·里夫斯也开创了许多历史和预言研究分支的新领域。如同她在 1969年写道，"整体上来说，人类不能忽视他们的未来，如同失去他们的过去。因此，一个对所有时代的历史都共通的主题就是对未来的态度。这样的态度由当时的可预测性规则（contemporary rules of predictability）所决定"。这个从 13 世纪到 17 世纪的"当时的可预测规则"，在过去的五十年里成为了她研究的中心。这一研究主题可能在未来很长一段时间里吸引着学者们，而他们中许多投身于这个庞大而引人入胜之主题的学者也将回望玛乔丽·里夫斯，将她视为他们这片研究领域的开拓者。

---

⑤ 在这里，我们还应当提及里夫斯女士 1972 年作品的合作者，贝雅特丽齐·赫希—莱赫博士（Beatrice Hirsch-Reich）。她是一位独立学者和中世纪象征主义研究者。她的帮助在她识别了牛津手稿的内容后受到了里夫斯女士的认可。她们的合作一直持续到赫希—莱赫博士于 1967 年去世。在 1972 年作品的前言中，里夫斯女士对她的帮助予以了慷慨的赞扬，并表明这部书中的部分内容是由赫希—莱赫博士完成的。

⑥ 里夫斯女士在这个方向上业已做出了很大的贡献，这就是她最近出版的《菲奥里的约阿希姆和预言的未来》（*Joachim of Fiore and the Prophetic Future*，London，1976）。

XIII. 贝丽尔·斯莫利
（1905—1985）

I

225　　贝丽尔·斯莫利（Beryl Smalley）出生于 1905 年 6 月 3 日，是埃德加·斯莫利和他的妻子莉莉安（娘家姓鲍曼）夫妇六个孩子中的长女。她父亲是曼彻斯特的一位商人，继承了一个木材和造纸公司，年轻时曾是一名出色的曲棍球手，还曾代表柴郡（Cheshire）和英格兰队参见过比赛。他在贝丽尔出生时就已经相当富有，于是把家搬到德比郡（Derbyshire）奇德尔（Cheadle）的一处乡村小屋，后来又搬到了巴克斯顿（Buxton）附近特灵顿厅（Taddington Hall）的大宅子里。在这种环境中，他与峰区狩猎协会（High Peak Hunt）的伙伴们沉溺在狩猎的乐趣中，还于 1930 年到 1931 年担任过这个协会的主席。贝丽尔虽然在这种骑马及其他乡村的粗野娱乐中长大，却没有分享其中任何一项爱好。作为长女，她小时候要做大量照料孩子的工作，她也从未忘记这个诀窍。她是一个在阅读时会无意识地喃喃自语"是"或"不"的学者，这是在她幼年一边读书一边回答其他孩子们问题时养成的习惯。尽管有这些令人烦恼的事，她仍然非常热爱她的兄弟姐妹和他们的子女。但她显然是这个家庭中孤独的一员，她早期生涯的一些特点也反映出对幼年环境的反抗。

她先后在切尔滕纳姆女子学院（Cheltenham Ladies' College）和牛津大学的圣希尔德（St. Hilda）学院接受教育，于 1924 年开始在牛津主修历史。她在这里主要受到了其导师艾格尼丝·桑兹（Agnes Sandys）、后来的蕾丝（Leys）女士的影响。贝丽尔后来在《牛津杂志》（*Oxford Magazine*）中纪念艾格尼丝·桑兹的话可以在这里引用，这些话不仅描述了她的导师，同样也适用于她自己（*mutatis mutandis*）：

> 她在读本科的时候，深受牛津知识运动的影响。她成为了非常热诚的中世纪学者，而且受到了基督教社会主义的影响，当时这种思潮在牛津是一股非常活跃的势力。

当贝丽尔成为一名本科生的时候，曾经激励过早期那代人的基督教（Christianity）同社会主义（Socialism）间的联系近乎消失殆尽。这两种因素已经变异为天主教教义（Catholicism）和共产主义（Communism），且彼此处于水火不容之势。这两股势力随即在此后二十年中成为了贝丽尔的两项知识原则，但其中任何一项都未能取代她对中世纪的热情，这证明中世纪比其他两项都更为持久。作为一个学生，她是非常任性的。她说自己除了教会史或偶尔涉及到的外交事务的书之外，什么都不读。即使不完全按照她所说的字面意思去理解，她明显不喜欢读教学大纲所要求的东西。结果就是，她以一个平平的二等学位完成了本科学业。也许，桑兹女士对她最大的帮助就在于，将她介绍给了在她读本科最后一年前来到牛津讲学的波威克教授。那是 1927 年 1 月，波威克教授到牛津举办福特讲座（Ford Lectures）。这些讲座不仅在贝丽尔的一生中具有里程碑意义，对牛津的中世纪研究也是如此，因此值得我们在这个部分稍稍离题。

波威克选择了斯蒂芬·兰登（Stephen Langton）大主教的生涯作为自己的研究主题，想要为这位大主教在《大宪章》时期的挣扎过程及其对亨利三世少数派事件中的影响提出一些新的看法。但

226

在他的准备过程中，波威克越发意识到许多手稿被保存了下来，其中包括大量兰登在 12 世纪最后二十年于巴黎讲学时的内容。人们早就知道这些材料的存在，却从来没有人去研究，甚至那些研究经院哲学的史学家们都从未染指，更不用说那些专攻政治史和宪政研究的历史学家们了。波威克最先意识到，这些经院哲学的材料可能隐藏着塑造兰登政治态度最为重要的材料。这个灵感改变了他的讲演，也机缘巧合地改变了贝丽尔后来的一生。这个故事可以用波威克自己的话来讲述：

> 当我开始研究（兰登的）那些未刊发的讲座记录时，我发现这个主题与我脑中所想象的不一样，且更为重要。我原先以为，我只是提供对过去研究的重申，带有一些新的建议，却转变为对一个新鲜的、几乎从未被涉及过的领域进行尝试性的介绍。这个变化产生了一个令人高兴的结果，就是我能够聚集一个学生小组……其中一个人专攻兰登的《问答》（Questiones），另一个人聚焦于他的（《圣经》）评注，第三个人研究他在巴黎时的同时代人罗伯特·屈尔宗（Robert Curzon）。

贝丽尔就是这个段落中所提到的第二个人。研究中世纪圣经
227 的前景赋予她长期以来都在寻求的激情：这是与那些让她生厌的历史教学大纲中大相径庭的东西；这一研究将她带入了中世纪的核心知识传统，并且对传统上新教认为《圣经》是在宗教改革时才被重新发现的观点予以沉重一击，正是这一点使她得以祛魅。

II

为这些充满希望的前景所激励，她立即在曼彻斯特注册成为波威克的研究生，并在此后的三年中着手进行以"兰登和他同时代人的圣经评注"为题目的博士论文，并将这些评注"视为历史资料"（viewed as historical material）。最后这个短语值得引用，作为她很

快就放弃这个路径之意图的证据。

在此后的一年中。她住在家里，定期到曼彻斯特拜访波威克以进行讨论，并在剑桥和伦敦研读抄本，之后就去了巴黎。在巴黎，她在乔治·拉孔布（Georges Lacombe）的指导下从事了两年研究，这位导师将贝丽尔引入了经院神学抄本的斑斓世界中。整理兰登复杂多样且卷帙浩繁的圣经评述是一项非常艰巨且——至少从短期来看——不是非常有回报的工作。但是拉孔布的热情帮助贝丽尔获得了取得成功的意志，她在这项工作中获得的对作者和抄本的知识为她日后的研究奠定了基础。然而，她不得不从大量乏味繁杂的重复中找到极少的鲜明之处。用她自己的话来说：

> 兰登作品中有很大一部分是从各种注经（Gloss）、圣经征引中摘录出来，或者让人想起 12 世纪最劣质类型的布道词的寓意和道德解经的离题万里。很经常地需要读很多页这种东西，才能从字里行间发现一条有趣的问题（questio）或者兰登无可比拟的简洁有力的断言（dicta）。

她对自己早年间工作的评论给人一种精疲力竭之感，但同时又被一种对新发现的渴望感所支撑着。最初整理各种分卷、类型和对兰登评注进行校订的工作，以一种典范性的敏捷完成了。她在 1930 年获得了博士学位，其论文在 1931 年发表。这个时候，波威克建议她回到更为传统和更有市场的历史研究。他无疑提醒过她，她的研究任务曾经是要在圣经评注中发现"历史资料"。他尝试将她重新召回到这项工作上。但是她现在已经完全沉浸在经院思想当中难以脱身了。

一个大问题慢慢占据了她的思想。在阅读兰登的时候，她越发受到一个影响深远的早期却几乎不为人知的圣经注释的困扰，因为兰登常常提及这部作品。尤其是我上面引文中提到的那个"注解"：这到底是什么书？是谁写的？什么时候写的？它在什么时候通过何种方式变成了中世纪学校中的标准教科书？这就是她试图

228

想要去回答的问题。

对这些问题的最习以为常的传统答案是，这部注解在 9 世纪时由一个德国僧侣瓦拉弗雷德·史特拉博（Walafrid Strabo）汇编在了一起，他收集了大量教父文本并将其附到《圣经》的合适章节上。许多学者已经开始对这一传说表示质疑——因为它确实只是一个传说。尤其是格伦慈（H. H. Glunz），他在研究武加大译本圣经时就提出了一个观点，认为这部注解是 12 世纪初的产物。实际上，这个判断从广义上来说是正确的，但他的论证因若干错误和过于大胆的推测而受损，从而影响了他作品的名声。结果就是，整个主题仍处在巨大的混淆之中。要解决这一问题所涉及的资料相当浩繁，且深受各种匿名和托名作品的困扰，使人们很难知道在哪个方向才能找到一点新的思路。最好的线索就是贝丽尔在一个兰登的同时代人的作品中找到的。巴黎的导师吟唱者彼得（Peter the Chanter）大约在 12 世纪末期回望一百年前的时候写道：

> 很遗憾安瑟姆大师因为他的教士对他的要求，而使他没有能够完成对整部圣经的评注，因为他是院长。

这就是诸多标记中的一个，可能是一种胡乱的猜想，也可能是一种真实的传统。后来被证实是真的。随着贝丽尔在抄本研究上的进展，收集到的越来越多的资料都指向了 1080 年到 1120 年的拉昂学派，当时其正处于其最著名的导师安瑟姆的指导下。作为对整部圣经注解的资源，这在兰登开始他工作的时候以《标准注解》（*Glossa Ordinaria*）之名广为人知。

贝丽尔继续追踪着这条线索，继而在 1931 年到 1935 年间逐渐受到其他学者研究的支持。在这一阶段末期，斯莫利重构出了这些学校中的核心方法，最早源于安瑟姆和他的兄弟拉尔夫，之后被包括普世者吉尔伯特（Gilbert the Universal）、普瓦捷的吉尔伯特（Gilbert of Poitiers）以及彼得·隆巴德（Peter Lombard）在内的一系列学生和导师们所继续和扩充，直到最后传入兰登那一代的巴黎

229

导师们手中。她的这些研究成果出版为若干篇文章，现在已为中世纪学者所共知。

在完成这些研究之时，贝丽尔还曾于 1931 年到 1935 年间任教于皇家霍洛威学院（Royal Holloway College）。1935 年，因为剑桥大学的格顿学院（Girton College, Cambridge）已确定的候选人放弃了这个位置，她就成为了这个学院的研究员。这一新职位要求她尽快出版一部著作以满足学院的要求，从而使她能够获得永久聘任的资格。

在那个时候，她的研究重心是注解的起源，所以她最初的想法是写一部关于拉昂的安瑟姆和《标准注解》的书。可幸运的是，有两个考虑阻止了她。首先是，这样一部作品要基于一个不为人所知且难以卒读的教父作品征引汇编集，而关于作者的信息又所知甚少，这么一本书恐怕难以充满活力。第二个也是更令人高兴的原因是，在她最近的作品中，她发现了一个新人物，对她的个性产生了极大兴趣，还对她的未来产生了巨大的可能性：这个人物就是圣维克多的安德鲁（Andrew of St. Victor）。在这里，要着些笔墨来解释一下这个发现在她后来研究发展中所扮演的重要角色。

安德鲁是让贝丽尔最为感到赞赏且有共鸣的人。他是英格兰人，大约 1125 年在巴黎成为了圣维克多修道院的教士。在 1145 年返回英格兰之后，他成为了一个小型、偏远的维克多教士团体的领袖，这个地方当时叫做绍卜顿（Shobdon），就是后来的赫里福德郡（Herefordshire）的威格摩尔（Wigmore）。在巴黎圣维克多修道院时，安德鲁曾是圣维克多的休的学生，这位休是 12 世纪上半叶最为博学多才的思想家。除了各个方面的若干成就外，他最着迷的两种非常不同的圣经注解类型——寓意解经和字面解经。前者是传统的且非常流行，后者则方兴未艾且常被视为索然无味的。休的学生中，圣维克多的理查德（Richard of St. Victor）继承了第一种类型，并成为了中世纪最著名的作者之一。安德鲁则继承了第二种类型的研究，却在贝丽尔重新发现他之前几乎被完全遗忘了。她后来证明，安德鲁的作品对后来的圣经评注有很大的影响（虽然作者被人遗忘了)。但是,他作品中的晦涩乃至他的固执、郁闷和独立性都对贝丽尔具有浓厚的吸引力——也许她在他的身上看到了自己的形象:"(他写道)我决不会超过我自己力量的极限;我倾向于在我自己的基础上独自站立,而不是被在我自己之上的空虚所带走。"他表明,要将自己限制在理解《圣经》的字面意义上,因为他自认为无法与此前讨论灵性意义之汗牛充栋的作品相比。他也曾怀疑他所作的是否值得,但至少他有可能找到一丁点新的东西。

230　他并非一个聪慧绝伦的人,对于自然科学也毫无兴趣,对系统神学也兴味索然。对当时最为时兴的政治或教会论题,他未置一词。"他无疑相当的乏味",贝丽尔写道,"这正是他的美德。作为一名纯粹的学者,他在教科书中不为人知,几乎在现代的参考文献中也没有一席之地"。但是,她看到了这个目标人物的质朴背后有一个宏伟的理念:"在他之前,没有一位西方注经者打算对《旧约》进行纯粹字面的评注解释。"虽然这个目标看似谦虚,但是却将寓意解经转到了"真实发生过未经修改的"解释上,这本身就是伟大的 12世纪突破进入物理实体世界的象征,而这种突破标志着现代科学的开端。

因此,晦涩的安德鲁最终有一个伟大的未来等在他前面。他绝非那种超级天才式的人物。他缺乏许多能够在字面解释《圣经》上做出巨大贡献的历史学和语言学能力,但他毕竟开始了这项工作:"毕竟,作为西欧第一个想要知道《旧约》作者们究竟想对犹太人说些什么的人,他自然有其价值。"为了理解《旧约》的作者究竟想对他们同时代的犹太人说什么,安德鲁寻求了当时周边犹太人的帮助。在 12 世纪,他并非第一个这样去做的学者,但在他之前,没有人像他那样如此系统地在编写结构上运用与当时犹太学术之间的合作。

通过找到安德鲁,贝丽尔也在一处晦暗之所找到了她长期以来在探求的一个凝聚点。她曾经担心她的研究将要陷入到圣经注解发展的沼泽之中。现在,她找到的这位籍籍无名的人物,并将全部的同情之理解回应给他。在一个反犹太大屠杀成为文明崩溃最令人憎恶的症状时，她在那位转向犹太学者寻求帮助以理解《圣经》的前人中找到了共鸣，也寻求到了自己的慰藉。这种形式的协同在她后来的作品中起到了重要作用。更为直接的是，她也找到了她这本书的一个中心主题：从对圣经的寓意解经到字面解经的转变。因此，新发现的这个人物不仅成为了她书中的核心角色，也指向了超出这本书的未来之路。

到 1937 年秋天，圣维克多的安德鲁完全取代了单调乏味的拉昂的安瑟姆。就是从这个时候开始，一切都进行得非常顺利：关于教父和加洛林时代学者的介绍性章节很快就写完了；早期关于拉昂的安瑟姆和《标准注释》书的文章被改写为一个重要章节；安德鲁被置于中心位置；兰登和他的同时代人也很快处理完了。最后则是关于对圣经的字面解释在后期发展历史的速写，那时候主要是 13 世纪的托钵会士手中——这些之所以写得充满活力，都是因为没有太过于辛劳地加以研究——所有这些很快汇总到了一起。这部书在 1939 年完成，交到出版社时离战争爆发只有几周了。其最终在 1941 年 7 月出版，在带着极大疑虑的状况下，将之题为《中世纪时期的圣经研究》(*The Study of the Bible in the Middle Ages*)。

这并不是一个出版的好时机，也没有多少书评。而且这些书评中几乎没有一个是特别偏好这本书的。人们抱怨说，这本书的内容并没有满足被题目所激发出的期待，而且索引中存在相当多的错讹。只有一个书评人，利特尔（A. G. Little）发现了这部书的核心价值。他写道："人们不会期待一本这样题目的书会有趣。但是，斯莫利女士的这本书确是如此。人们能感受到弥漫其中的对新鲜发现的兴奋感，以及先驱们的大胆而快乐的精神。"这是对贝丽尔作品的击节赞赏。这本书是在一种新信仰影响下知识大发现的远航，而且是在一种身体病弱、充满恐惧乃至完全崩溃的状态下完成的，还夹杂着个人的苦难和公共危机。这一切带来了巨大的混乱。这部书本身的质量及其瑕疵都反映了这些处境。虽然评论者们很快就指出了后者，但现在每个人都能看出这部书的质量要重要得多。这部书将一个在很大程度上被忽视的课题和一种新发

231

现精神融汇在一起,考虑到其写作的动荡背景,则显得尤为令人心酸。

III

在这本书出版的时候,贝丽尔没有能够成功地获取一个永久职位。她在格顿学院的研究奖学金在 1940 年就结束了,在此后的三年里,她在博德林图书馆的 MSS 部门担任临时助理。直到 1943 年,当她原先的导师辞职后,她得以回到圣希尔达学院,成为其中的一员和导师。她在那里一直工作到 1969 年退休。

外在环境的变化影响了她的速度甚至激情,这在她的早期作品中非常明显。她的大部分时间都投入到繁忙的学院辅导和教学上了。在她退休之前的 12 年,也就是从 1957 年到 1969 年,她还担任了这个学院的副院长。她非常轻视后一个职务上的工作,但这些工作都非常耗费时间,而且有许多学院里的问题需要她注意。此外,虽然她谈及学生或和学生说话时都是以一种冷淡的态度,但她事实上在许多细节上非常关注学生的利益,而这些与那些更为专注的教师们相比,相对容易被人忽略。下文也还会再提及这些问题。我在此处要关注的是这些对她学术工作的影响,无论学术在她生命中占据多么重要的位置,她过去的那种热情和精力在这种状况下都消退甚至绝望了。这些变化有助于解释为什么她在战后的研究主要是由许多不同领域的新探索所促成,而没有继续她在第一本书中试图形成的综合性研究。与前期相比,1943 年之后基本上就是沿一条已经奠定好的路线平稳发展。中世纪学校中的圣经注解仍然是她学术研究的重要领域,但这个时期也添加了两个新领域,亦即中世纪的政治理论和中世纪的历史写作。接下来,我将要简要地讨论她在圣经研究上的拓展,同时也会涉及这一领域之外的涉猎。

她在后期圣经研究中值得注意的第一个里程碑出现在 1951 年,这就是《中世纪的圣经研究》第二版。主要添加的内容有两种类型：首先是一个新的人物在贝丽尔第二版中起到了非常重要的作用；其次，就是在时间上扩展到了托钵僧团体，这个从 1230 年以来圣经研究的主要掌管者。

这个新人物就是博山姆的赫伯特（Herbert of Bosham）。众所周知，他是托马斯·贝克特（Thomas Becket）大主教最坚定的支持者之一，写作风格极其冗长繁琐。也正因如此，他的那本大主教《生平》也被轻视了，他的学术著作也少为人知。格伦兹曾经提及赫伯特编辑的彼得·伦巴德对《圣咏集》和《书信集》注解。但是，关于对他的思想和目标给予大量关注且最终形成我们认识的任务则留给了贝丽尔。

为了完成这个目标，她的主要线索是在博山姆的一份哲罗姆版的《圣咏集评注》（*iuxta Hebraicam veritatem*）抄本中找到的。这个抄本由尼尔·克尔（Neil Ker）在圣保罗主教座堂发现，并告知了贝丽尔。当她阅读这部作品时，发现赫伯特简直就是另一个模子刻出来的圣维克多的安德鲁。像许多在贝克特冲突中站在胜利一边的人一样，他也在晦暗无着中度过了余生。正是在这些最后时日的闲暇中，他重新回到了他曾经在学校中就十分熟悉的圣经研究。他具有一种曾经直面伟大且对俗世兴趣索然的独立性。他总是允许自己拥有表达危险思想的自由，而这一点也受到了他一生大敌亨利二世国王不情愿的默认。现在，他将这种勇敢带入了圣经研究当中。在对《圣咏集》——这是过去圣经寓意解释者最钟爱的狩猎场——进行新评注的时候，他打破了这种传统，而只对其进行纯字面意义的注释。

或者同圣维克多的安德鲁一样，他在贫乏的退休生活中也遇到了同样的困难，即无法获得进行寓意解经研究所需的大量书籍，但是这不可能是一个主要原因。他被一种追根溯源的欲望所驱使。首先，他所选择评注的并非武加大译本圣经，而是希伯来本（*Hebraica*），这是最为接近原初希伯来文本的译本。他曾学过一些希伯来语（就学者能力素养方面来看，他比同时代的其他人都学得多）。而且，相较于其他人，他更多地借鉴了当时的犹太学术，更为全面审慎地

233

进入了他们的思考习惯。这就使他产生了许多奇妙的思索。他写道："假如，犹太人最终被证明是对的默西亚确实还没有来，那么教会信仰仍然是值得赞扬的吗？那么，圣体圣事仍然是更为纯洁且比动物献祭更可接受吗？"他同样也发现了圣保罗在一处改变了文本(Ps. 67：19)，使其成为更符合基督教的解释，随后他将之修正回其原来的意思。对于一位12世纪的神学家来说，这确实是一些奇怪的思想：它们展现出大量并未被说出口的质疑和犹豫，如果它们存在的话。我在这里提及这些是因为，这有助于我们理解为什么行动独立、探究不倦、独居研究的赫伯特如此强烈地吸引了贝丽尔。

第二版中另一个也更为重要的增进，就是将其扩展到囊括托钵僧，其中包括圣谢尔的休(Hugh of St. Cher)、圣昆廷的盖里克(Guerric of St. Quentin)、波纳文图拉(Bonaventure)、托马斯·道金(Thomas Docking)、大阿尔伯特(Albert the Great)以及托马斯·阿奎那(Thomas Aquinas)。在他们之中，她发现对圣经字面意义的兴趣延伸到了各个方向。这份名单就足以表明，对于神圣经文字面意义的强调不再像此前那个世纪一样，只来自于那些在经院世界边缘的独立学者。这些研究来自于学院之中，尤其来自于托钵僧，他们在当时是圣经教导的主要管理者。他们与新翻译的亚里士多德科学作品结合在一起，使其解释呈现出广博的学识。他们体现了对古代传说和古典文明的兴趣，并将他们的圣经研究用于提升新宗教修会中的牧灵关怀。

提及这些多样的灵感来源的原因在于，它有助于解释为什么我们在贝丽尔后期的作品中没能找到其早年作品中所呈现出的那条简单的发展脉络。她走得越远，这个主题就会变得更广阔、更难处理，也更是未加勘察过。此外，她从来都不是一个伟大的系统化者。她倾向于去找到一个人或一个题目的某一方面能够引发她的共鸣，之后就对这个题目尽其所能地追根究底，然后再让其他人从她停止的地方继续开始。这是她一直以来的工作模式：她所选择的媒介是论文，更倾向于一部纪念文集或者其他一些特殊的场合。

如果她出一本书的话,基本上就是一系列文章的合集。她一直非常清楚地意识到,在她战后的研究中,大量的材料和诸多学院事务的妨碍,使她只能在这张大帆上阐明几处要点。尽管如此,这些研究可以分别集合,且能够在三个主题之间相互区分,这些构成了未来发展的巨大前景。这些主题就是:首先,是对圣经字面意义持续增长的兴趣。其次是对那些独特人物的发现,他们的孤独、对公共声誉的厌烦,以及愿意为他们的独立性而承受痛苦的意愿,都构成了对她的独特吸引。最后就是在中世纪后期对《新约》兴趣的日渐增长,这标志着她圣经研究的最后一个阶段。在她大部分后期作品中,这三个主题相互混杂在了一起,但在叙述其他问题之前,我将分别简要叙述一下各个主题。

解经者们对圣经字面意义日渐增长的兴趣,衍生出了他们对于古代历史和神话事件的兴趣。很奇怪的是,这种对古代的兴趣是于笼罩在暴力冲突、瘟疫、战争和战争威胁阴影下的 14 世纪早期才出现了第一次繁盛发展。事实就是如此。贝丽尔被吸引去探究这个现象的部分原因在于,它出现在她的研究之路上,但更为有力的是这些早期古物学者中的一些人在其他方面吸引了她。尤其是牛津的多明我会会士托马斯·威雷斯(Thomas Waleys)和罗伯特·侯卡特(Robert Holcot),他们都极有个性,但又相当不同。

前一位像贝丽尔自己一样,是一位永不疲倦的旅行者。我们在 1333 年阿维农的教宗宫廷中第一次清晰地看到他,他利用在多明我会院讲道的机会,公开抨击教宗自己特别珍视的意见,亦即荣福神视(Beatific Vision)要延后到审判之日才能得以享见。这导致他被长期监禁在教宗监狱中。我不知道贝丽尔是不是完全赞同他的神学观点,但她确实同情他的困境并赞扬了他的圣经解读作品。就在这种困顿之中,他撰写了《道德寓言》(Moralitates),其中讨论了《旧约》大部分经文。他这部作品最重要的学术贡献是他对古代历史和古典神话的探究,威雷斯明显是那种容易惹上麻烦的人,但他性格中一种朴素天然且无忧无虑的品格受到了贝丽尔的青睐:"他所喜欢的讲演类型导致了神圣和世俗的奇怪融合……刺激了

234

他的阅读和对各种书籍的寻求……关于圣经的讲演能够同时满足他沉溺于世俗知识的兴趣和履行规定的义务。"虽然这并非最高形式的学术赞扬,却非常接近牛津导师们的真实生活。他的存在熔解了对中世纪铁板一块且非人性化的观点,而这正是贝丽尔一直欢迎的。

同威雷斯一样,罗伯特·侯卡特也是一名多明我会会士,但在其他方面却与之完全相反。当威雷斯花费人生大部分时间在海外,并卷入高层斗争之时,侯卡特可能最远的旅程不过是从牛津到剑桥,或者也可能是杜伦。他的整个成年生活,都在不同的多明我会会院做讲师,这些地方彼此间只有一到两天的路程。然而,虽然他的个人生活并不活跃,但他在知识上却非常活跃,从各种各样的古典和中世纪文献中收集独特的资料。贝丽尔认为他热爱猎奇胜过墨守成规。这种结合并非不合时宜,他所热衷的研究由圣经拓展到了古代文明和古物领域,这也成为了贝丽尔后期研究的重点。在 1960 年,她将若干研究结集为《14 世纪早期的托钵僧和古代研究》(*The Friars and Antiquity in the Early Fourteenth Century*)一书,威雷斯和侯卡特都在其中占据了显要位置。

我们看到,她所喜欢的人物都无法轻易地归入中世纪虔诚史或知识史的任何既定范式中。他们都有非常强烈的独特品位,他们在现在的牛津休息室中会比在中世纪的教室或修道院中更舒服。这种特征也同样适用于我在她后期作品中要提及的另一个例子,而这个人物可以被期待有更为远大的未来,这就是她对失传的威克里夫之《圣经》讲座的重新发现。

人们很早就知道威克里夫曾经讲授过《圣经》。事实上,作为一个学士,之后成为神学博士,除了 1370 年到 1382 年这一段外,他一直在牛津工作。但是,他几乎不可能没有开设过关于《圣经》的讲座。但是,当发现他不仅曾经在这些年中对整部圣经进行过讲解,而且他讲演的完整记录还被保存了下来,就成为了一个巨大的惊喜。这些抄本主要保存在牛津。这是贝丽尔发现的,而且几乎这个发现中的每一个细节都让人震惊。威克里夫讲演的广度在他那个时代无可比拟。我们原来所知道的最后一位讲授过整部圣经的人，是在威克里夫之前五十年的里拉的尼古拉斯（Nicholas of Lyre）。此外，这个世纪几乎所有的重要圣经讲授都出自托钵僧之手，威克里夫却不属于任何修会，只是一名在俗教士。这是一个奇妙的巧合，两百多年前的斯蒂芬·兰登恰恰是最后一个在圣经注解上拥有可与威克里夫相媲美广度的人，他也是一位在俗的博士。因此，历史的车轮和贝丽尔自己的研究一样，形成了一个完整的环。

这是一项令人惊喜到战栗的发现。这使我们第一次能够看到，这位纽曼之前牛津最具争议的人物，如何稳步、耐心地完成其规模庞大的日常工作，在知识危机日益深厚的环境中，十年如一日的焚膏继晷。这些材料还能告诉我们很多关于威克里夫和那时候牛津大学的信息，这些都有待于进一步研究。这些材料本身并未希望成为争议之物；它们只是神学课程中的基本资料。但是，无论谁随手翻开它，都会难以避免地看出这样的痕迹——一个卓越的人有一些新东西要说。

然而必须要提到的是，威克里夫是贝丽尔所发现的重要人物当中，唯一一个她没有对之表示同情的人。大致上来说，有两位中世纪人物让她感到强烈的厌恶。第一个就是菲奥里的约阿希姆。在她1941年第一版《中世纪的圣经研究》书评中，里特尔就注意到了这一点："她的慈爱似乎并没有在她对约阿希姆的讨论中体现出来，虽然约阿希姆在人类历史迷局中，做出了最为伟大的猜想之一。"约阿希姆不仅提到了事实，也谈到了对事实的解释。贝丽尔却对这些猜想毫无耐心；她想要的是确定性，即使这种确定性只是关于语法的某些点或者词汇的字面意义。她不喜欢古怪天才的宏大结构。

因此，威克里夫也被归入了与约阿希姆类似的鄙视当中。她喜欢威克里夫作品的质量，他也具有她所钟爱的人物——威雷斯和博山姆的赫伯特——那样的特性：他的勇气和独立，他在日复一日中的坚持不懈以及他的历史洞见。但是，她不能接受他的刺耳论调，

236

和他将圣经置于教会之上的思想。这太容易让她想起她自己第一次凭借自己的力量与之决裂的立场。她无法容忍他宣称,那种"临在于许多学者"的洞见之光事实上是来自于上帝的。结果就是,她认为威克里夫是"中世纪时期圣经文本最为武断的解释者"——从她这些年艰难研究的背景上来看,这是一个非常严厉的批判。即使威克里夫孤苦伶仃的去世,也没有能够获得她的同情,她也很满足于重复麦克法兰(McFarlane)的评价,这可能更表明了我们这个时代而非威克里夫那个时代对他的看法:"他在生命走向终结之时只是一个令人厌烦的人,因为没有新思想,而只能创造出更新的辱骂。"

关于贝丽尔的后期作品还有许多可以说的内容,但在这里只简单提及其视野就足够了。在她 1969 年题为"贝克特冲突和学派"(*The Becket Conflict and the Schools*)的福特讲座中,她重新回到了经院思想所带来的政治结果,这正是波威克在一开始时希望她做的。这种方向的变化反映了她自己对生命看法的转变,也体现在她若干篇后期文章当中。相似的是,她在 1974 年出版了一部《中世纪的历史学家》(*Historians of the Middle Ages*),反映了她对这一问题持续增长的兴趣。所有的历史学家必然会在他们生涯尾声时对早期其他历史学家的进程、目标和写作动力感兴趣。这是一部令人愉快的书,尤其是展现了她在插画手抄本方面的原创性和广博的知识。这同时也给了她一个机会,以向更广泛的大众读者展现她从大量无特色作者中抓取其非凡特征的天赋。她写道:"我希望能够传达中世纪历史编撰学令人眼花缭乱的丰富和多样性的观点。专家们可能认为我在那些怪胎上花费了太多的时间;但是学者们可以通过浏览质量平平的编年史和年代记来纠正我。"

最后,如果不把她最后坚持引入的最后一组研究纳入考察,则

237 无法完整介绍她的整个研究工作,这也是中世纪后期圣经字面解读中的一个重大发展:越来越多对《新约》的关注。这一发展对于《圣经》在中世纪后期的普及和实践运用具有巨大重要性。这引发了对《圣经》无谬误的巨大质疑,而这正是中世纪思想和实践的根

本性基础（虽然对现代来说并非如此）。如同在后期作品中的一贯风格，贝丽尔只能开启一条新的探究路线。但从长期来看，这一点将会被证明对加强我们之于中世纪的理解做出的重要贡献，如同她在长期和专注的研究中所做出的贡献一样。

IV

　　关于她的性格，作为导师的工作以及她给其同事和学生留下的印象，还值得再说几句。在谈及这些事情的时候，我首先必须提及这篇简短回忆文章的篇幅限制。她是一个非常自我的人，非常抗拒别人看到她太多的希望和畏惧、精神困惑和感情上的痛苦，即使是她的朋友和同事。她将这些事只保留给自己，部分是由于她更倾向独自作战，部分也是因为她将自己活动的诸多方面和她的个性都保存在密不透风的隔离室当中。她也不希望她死后被人知道得更多。在她去世之前，她曾要求销毁她所有的记录和所有未完成的稿子。尽管如此，除了关于她一生所存的最后表达之外，她性格中的温暖和简单，在这次回顾中也变得越加清晰。她个性中的神秘感仍然存在，但那种排斥感却消失了。回忆的池塘使一种未曾预料到的同情和爱产生出来，这些都应当被记录下来。而且，一种和谐和统一取代了原先在她生命中被碎片所占据的如此广大的位置。鉴于我将要提及的原因，她似乎应当会乐意我写一篇关于她作品的文字，她也一定知道这不可能不涉及那些曾感动过她的事件。但是，她并不希望她的隐私被不适当地侵犯。

　　我和她已经相识超过五十年了。我们在许多重要事情上有共同性：我们都经历了在30年代让人厌恶的事物出现之前，20年代末期那段短暂的阳光时代；我们有着在那些时日里牛津历史学派并不严格和各种刺激下类似的学术起步；我们都受到了波威克的影响，对历史进程中的问题产生了相似的兴趣——我们之间却仅有断断续续的联系。在很长的一段时间里，我们几乎完全丢掉了彼此。但在她生命的最后几年里，我们的共通性变得更为明显。我

238

认为这种认可的背后,有着她希望我在她去世后,为她写点什么的愿望。她希望被作为一个团体中的一员被纪念。她尝试在我们这个时代里找到某个普遍组织(universal group)的愿望最终落空了,她所找到的只剩下这个学术家庭。这个核心集团的组成者可以在她自己唯一保存的照片中得知。在比利·潘廷(Billy Pantin)、埃姆登(A. B. Emden)、卡鲁斯神父(Fr. Callus)和理查德·亨特(Richard Hunt)的映衬下,她看上去只是一个身材矮小的角色。这些是她最希望在回忆中与之联系在一起的人——尤其是最后一个。但他们都已经去世了,而且他们也是我的朋友,就只留下了我去讲述那些需要去讲述的故事。

在她的学术事业上,我已经说了我所能言的。但在她生命的后半程,我们必须转向她的学生和学院的同事们,这些人是她人格品质的主要见证者和赞美者。对她的学生而言,她展现出了一种迷人、可同时也令人生畏和挑剔苛求的人格,无论是在外表上还是在心理上。贯穿她一生的持久兴趣就是不断变化的模式和(我猜想)女性时尚的原则。就我能所记忆的最早时候,她惊人的典雅和面容上轮廓分明的肃穆使她成为了一个显著的目标。在那个时代里,对于"思想正确"的妇女来说,染发、涂指甲和化妆都是最令人厌恶的东西,她也默默地,但并非不被察觉地持有这种观点。当需要的时候,她也会把坚硬如钢的言辞灌到那些震惊的耳朵里,以明确表示她的异议。对于未经引导的观察者而言,她的面容带着几分异常鲜明的幽怨(wraith)——她非常瘦、严苛而疏远,但却能够被一眼看到。作为一个视觉对象,尤其是在战后那些紧巴巴的日子里,她被学院中许多少年所倾慕。

她的声音特别清晰,虽然语速慢,但非常精确。她的话语不多,却毫不含糊。她的判断果断,且常常比看上去的更为有力。对她的本科生来说,她同时是令人生畏和温和的。如同一个学生写道:"她能激起我同样多的热爱和恐惧。"在她读完一篇作业时,长长的停顿通常更倾向于是一个令人担忧的信号;然而这种恐惧很快就会被解除,她会一点点地解释,然后在屋子里来回取下书籍来论述它们。她一直坚守这一点，几乎从不会将她的兴趣强加于人，虽然她的学生急切地检查她的批注，试图从中找到马克思主义或天主教教义——或者也可能是佛教的东西。他们发现这些很难确知，但是这些都决不是新教主义或自由主义的东西；在这一点上，他们会说"非常确定"。

逐渐的，尤其是在他们毕业之后，他们会更理解她的另一面：她广博的善良和关心。关心是她作为一位导师的职责之一，而且在这方面她也有独特的天赋。她虽然并不热衷于喧闹，但她以一种朴素的方式表达着她的关心，并会为那些未成年的学生解决他们无尽的困难——对于已成年的学生来说，那是他们自己的事儿了。在她生命的后期，她也很愿意与他们保持联系。其中一个学生写道："她很愿意听到一些个人的事，比如结婚生子之类的，并且保持着大量的通信，尤其是在圣诞节的时候。"她在给另一个将要带着全家访问牛津的人写道："四个学院的女孩一直来我房间里喝茶，所以我非常喜欢为许多人提供服务和饮食。"

在她正式退休——确切地说是 1964 年——之前的若干年，她在牛津得到了一处退休后的公寓。这个地方立刻就成为了她向新老学生提供殷勤款待之地。她时刻准备着将这所公寓用于他们的家庭假期。她写道："我的公寓只能睡五个人，除非两个孩子能够分享一张单人床，或者你带着自己的垫子来。特莎（Tessa）也许可以和我住在学院里。那个时候学院里几乎空无一人，所以她也不会害怕。"

许多学生都回忆起了类似的事，而且这些都值得被写下来，因为它们展现了与她在公共场合非常不同的一面：她在这个世界所找到的一个异常独立性格中的私人性的温暖，而不是那样敌对，像是很难打交道或高深莫测的。

她的去世也与她的一生相符合。她的医生告诉她，她还只有几个月的生命，她则以感激和镇静接受了这个忠告。她写道："我这位医生的诚实给了我机会去完成每一件事……我的最后一本书要出版了……将不会有未发表的遗作（*Nachlass*）。"她计划尽可能多

239

地完成她的工作，并且销毁所有还没有完善到可发表状态的文章。这部题为《学院中的福音，约 1100 年到约 1280 年》(*The Gospels in the Schools*, *c. 1100 – c. 1280*)在她死后出版，这便是她在生命最后几个月中工作的主要成果。

在她去世之前，一切都准时地完成了。与此同时，她只接受绝对最小值的看护。她曾对她最亲密的同事门纳·普雷斯特维奇(Menna Prestwich)说，"临终是一种和其他一切事一样的体验"。其他人这样说可能是故作勇敢，对她来说则不过是对冷酷事实的陈述，而她却曾希望发现这不是真的。在 1929 年，她被接纳进了罗马天主教会，而在十到十二年之后，她又成为了共产党中的一员。除了她自己之外，这两种忠诚之间的联系对所有人来说都仍是一个不可思议的秘密。但在她临死的时候，她平静地与这两者都解除了联系。这些是她唯一想要在一个普世团体中找到家园的尝试。当这些都令她失望后，她再没有试图继续寻找，而是以一种毫不畏缩的勇气坚定不移地接受了她孤独的命运。她将自己的藏书全都遗赠给了她曾经的学院，并且提醒他们，"当然，没有追思会"。

索　引

译后记

理查德·威廉·索森(Richard William Southern,又译为"萨瑟恩")是英国 20 世纪最著名的中世纪史学家之一。在漫长的学术生涯中,他一直致力于中世纪盛期思想文化的构建。从 1953 年出版《中世纪的形成》以来,索森对中世纪盛期的整体结构、中世纪人文主义与经院人文主义,以及英格兰在 12 世纪文艺复兴中的独特地位及其影响进行了持续探索,对中世纪史的研究产生了重大而深远的影响。

1912 年 2 月 8 日,索森出生于英格兰纽卡斯尔的一个中产阶级家庭,是木材商人马修·亨利·索森(Matthew Henry Southern)和埃丽诺·夏普·索森(Eleanor Sharp Southern)的二儿子。他早年就读于纽卡斯尔的皇家语法学校,1932 年以一等荣誉学位毕业于牛津大学的巴利奥尔学院,1936 年又在牛津获得硕士学位。在牛津期间,索森得以亲炙一代中古史学大师弗雷德里克·莫里斯·波威克爵士(Sir Frederick Maurice Powicke,1879—1963),并在他的帮助下于 1933 年和 1937 年分别担任牛津大学埃克赛特和巴利奥尔学院的研究员。1940 年,索森应征入伍,在二战中从事外事工作,并曾以少校身份在意大利参与对德作战。战后他回到牛津,在 1961 年被任命为奇切利现代史教授(Chichele Professor of Modern History),后又在 1969 年担任牛津大学圣约翰学院院长,直至 1981 年退休。在此期间,他还曾于 1969 年到 1973 年担任英国皇家历史学会主席,并因他在中世纪研究中的重要贡献在 1974 年被封为爵士。

　　这部论文集是在索森去世后,由他的学生、圣安德鲁斯大学中世纪史教授罗伯特·巴特利特编撰的。本书所收录的主要是索森生前发表的若干篇重要论文和演讲稿,内容涉及史学史和史学理论、对前辈和同辈学人的回忆与评价,在外国史学史和西方中世纪历史理论与学术史发展研究方面具有重要意义。

　　在索森的思想世界中,11—13 世纪和 19—20 世纪是两个巨变的时代,而这部论文集就汇编了他对于这两个时代历史书写的思考。本书的第一部分收录了索森作为皇家历史学会会长所进行的四次主题讲演。在这四篇讲演中,索森以深邃的洞察力和渊博的学识对中世纪盛期的历史写作进行了全面梳理,使其呈现出清晰而连贯的脉络。这四篇演讲稿也成为了中世纪盛期史学史研究的经典文献。第二部分收录的文章多是索森在牛津大学等地所进行的讲演。他往往从个人经历出发,结合 19 世纪以来专业历史学在欧洲大陆和英国的发展,展现了历史学作为一门专业学科的建立过程,也表明了一位伟大的中世纪研究者对自身学科演变过程的反思。第三部分所收录的是索森对若干位英国重要中世纪史学家的回忆和追思。在对前辈和朋友们的追思中,索森不仅以生动的笔触描绘了一个个鲜活的人,更呈现出了 19 世纪到 20 世纪中世纪史研究的动态演变。同 12 世纪的历史书写者们一样,索森相信书写历史是一种艺术创作过程,要具有丰富的色彩、独特的表达和完备的形式。同时,他也深受 19 世纪以来实证史学的影响,强调历史研究的科学性。因此,当艺术和科学朝着不同的方向"将诸天分开",历史学便落在了这两者之间,索森一生的学术探索也正是对这一理念的实践。

　　本书的翻译源起于我在英国读书时期。在繁重的拉丁文阅读和论文写作之余,我常常做点自己喜欢的翻译,既可避免无所事事带来的空虚感,更能在翻译过程中获得不少启发和灵感。从读硕士期间,我就非常热爱索森的作品,他的兴趣、学识乃至文笔,都与我的心头所好甚为契合。而且,学术史和历史书写是我在中世纪研究中的主要兴趣点。于是，利物浦的夜雨和桌上散乱的烟叶见证了这部译本的雏形。

2017年初春，我回到国内，在上海师范大学开启了自己的教书生涯。陈恒教授过年期间和我说，已经将此书的版权买下，作为恭喜我到上师大光启国际学者中心工作的"小礼物"。如果没有陈老师的操作，这部小书可能仍然残缺不全地躺在我的电脑硬盘里。

作为新时代的青年教师，教学、科研及其他活动异常繁忙，更不必说时时侵扰的痛苦落寞焦虑之感。除了烟草和酒精之外，我也常常借助翻译索森的文字，遁入到12世纪或者19世纪，在那些先辈同行中寻求一些共鸣与慰藉。

索森的功力极为深厚，学识渊博且语言优美，这些恐怕是以我的能力很难通过翻译完全展现给读者的。索森作为皇家历史学会会长的四篇演讲是最早翻译完成的，其中的部分篇章曾在陈恒教授主编的《新史学》上刊发过。在翻译的过程中，我也多次向我的老师徐善伟教授、马丁·希尔（Martin Heale）教授请教，我的朋友谢华和张楠曾阅读过其中的部分篇章，刘招静和付亮等师友也曾多次指正，在此向各位帮助过我的师友们致谢。在统筹书稿期间，我在《史学史研究》上刊发了《理查德·威廉·萨瑟恩及其对中世纪思想世界的阐释》一文，既是对索森学术地位和学术遗产的反思，同时也算是后学对前辈小小的致敬。在这篇论文的修改和发表过程中，特别感谢刘林海、董立河教授的耐心帮助和指正。本书的翻译也受到了上海市浦江人才计划（2019PJC081）的资助。

当然，本书中所有错漏不当之处，都由我自己承担，也恳请诸位读者不吝赐教，使这个译本能够更加完善。

图书在版编目（CIP）数据

历史与历史学家：理查德·威廉·索森选集/[英]罗伯特·J.巴特莱特（R·J.Bartlett）编著；李腾译.—上海：上海三联书店，2020.4

ISBN 978-7-5426-6831-8

Ⅰ.①历… Ⅱ.①罗…②李… Ⅲ.①史学史-世界-文集②史学理论-世界-文集 Ⅳ.①K0-53

中国版本图书馆CIP数据核字（2019）第243553号

著作权合同登记图字：09-2019-917

历史与历史学家：理查德·威廉·索森选集

编　著 / ［英］罗伯特·J.巴特莱特

译　者 / 李　腾

责任编辑 / 殷亚平

装帧设计 / 一本好书

监　制 / 姚　军

责任校对 / 王凌霄

出版发行 / 上海三联书店

　　　　 （200030）中国上海市漕溪北路331号A座6楼

邮购电话 / 021-22895540

印　刷 / 上海展强印刷有限公司

版　次 / 2020年4月第1版

印　次 / 2020年4月第1次印刷

开　本 / 640×960　1/16

字　数 / 280千字

印　张 / 20.75

书　号 / ISBN 978-7-5426-6831-8/K·549

定　价 / 88.00元

敬启读者，如发现本书有印装质量问题，请与印刷厂联系 021-66366565